古典文獻研究輯刊

三五編

潘美月・杜潔祥 主編

第 17 冊

晚清日本漢文清史專著舉要
——增田貢《清史攬要》《滿清史略》比較研究

趙晨嶺 著

國家圖書館出版品預行編目資料

晚清日本漢文清史專著舉要——增田貢《清史攬要》《滿清史
略》比較研究／趙晨嶺 著 -- 初版 -- 新北市：花木蘭文化事
業有限公司，2022〔民 111〕
序 2+ 目 2+214 面；19×26 公分
（古典文獻研究輯刊 三五編；第 17 冊）
ISBN 978-626-344-119-4（精裝）
1.CST：清史 2.CST：比較研究
011.08   111010308

ISBN-978-626-344-119-4

古典文獻研究輯刊
三五編 第十七冊   ISBN：978-626-344-119-4

晚清日本漢文清史專著舉要
——增田貢《清史攬要》《滿清史略》比較研究

作　　者 趙晨嶺
主　　編 潘美月、杜潔祥
總 編 輯 杜潔祥
副總編輯 楊嘉樂
編輯主任 許郁翎
編　　輯 張雅淋、潘玟靜、劉子瑄　美術編輯　陳逸婷
出　　版 花木蘭文化事業有限公司
發 行 人 高小娟
聯絡地址 235 新北市中和區中安街七二號十三樓
　　　　 電話：02-2923-1455／傳真：02-2923-1452
網　　址 http://www.huamulan.tw 信箱 service@huamulans.com
印　　刷 普羅文化出版廣告事業
初　　版 2022 年 9 月
定　　價 三五編 39 冊（精裝）新台幣 98,000 元

晚清日本漢文清史專著舉要
——增田貢《清史攬要》《滿清史略》比較研究

趙晨嶺　著

作者簡介

趙晨嶺，1978 年生，中國人民大學史學理論及史學史專業博士，文化和旅遊部清史纂修與研究中心文獻信息處（清史圖書館）處長、副研究員，研究方向為歷史編纂學。曾入選文化部青年拔尖人才，參與國家古籍整理出版專項經費資助重大項目《清代教育檔案文獻》，任分卷主編，著有《〈清史稿·本紀〉纂修研究》，發表《〈清史稿·天文志〉纂修考》等論文。

提　　要

　　古代日本學術深受中國文化的影響，有用漢文著史的歷史傳統。晚清時期亦即明治年間，日本學者出版了多種用漢文寫成的清史專著，其中包括增田貢的《清史攬要》和《滿清史略》。

　　增田貢著書期間，與清朝駐日使臣黃遵憲、沈文熒及赴日學者王韜、王治本等相識，多次筆談並詩歌唱和。本書首先通過梳理筆談內容，分析其撰寫這兩部清史專著的背景情況。之後從《清史攬要》的體裁與結構、字數及標點，凡例，眉批，人物及形象刻畫，史事敘述共五個方面，對其主要內容進行解析。然後解讀《滿清史略》，從體裁與結構、字數及標點，凡例和序跋，眉批、註釋及按語，人物及形象刻畫，史事敘述，對華影響共六個方面，對兩書進行比較。

　　通過比較研究可知，《清史攬要》和《滿清史略》兩書均舛誤頗多，但各自從體例到內容都有其獨到的可取之處，具有較高的學術價值。

自　序

　　2020 年 6 月底，在抗疫稍得喘息之際，我從工作了九個月的服務處調到新成立的文獻信息處（清史圖書館）。次月，清史纂修史工作組成立，國家清史編纂委員會副主任馬大正、顧春擔任組長、副組長，我和其他幾位同志為成員。

　　組內工作次第展開，為深入研究百多年來的清史纂修史，我通讀了劉海峰老師《百年清史纂修史》一書，劉老師指出：「甲午戰爭前後，日本學者格外關注清朝史。」〔註1〕並列舉了幾部日本的清史論著，其註釋的指向是國家圖書館出版社 2008 年出版的《外國人著清史八種》。

　　出於對此書出版十多年了還沒看過的慚愧，我隨後就從清史圖書館借出了這套書。翻開一看，首先驚奇地發現其序言是馬大正老師所寫，題為《清史編纂成果發掘的有益嘗試》。馬老師指出：這些書「以往鮮為國人所知，今影印面世，對於人們瞭解二十世紀以前外國學者，特別是日本學者撰寫清史的成果，對清史編纂史研究無疑提供了一份寶貴的資料，實是清史研究者的一件幸事」〔註2〕。

　　翻閱書中內容之後，我深有同感，於是上網檢索了一下研究成果。不料大失所望，不但沒有專書，也沒有專門研究這些專著的碩博學位論文。有的論文提及書名，個別的引用幾句，評論一下，出版這麼長時間了居然沒什麼深入研究的成果。中文互聯網上沒有，也沒有找到日本以及英語學界的研究

〔註1〕劉海峰《百年清史纂修史》，安徽人民出版社 2014 年版，第 166 頁。
〔註2〕殷夢霞、李強選編《外國人著清史八種》，國家圖書館出版社 2008 年版，第一冊，第七頁。

成果。

　　失望之餘，我覺得自己可以做點什麼，不過有點忐忑。雖然這些都是漢文書，可畢竟是日本學者寫的，我並不精通日語，唯恐在深入收集資料方面遇到困難。正在彷徨之際，在微信讀書上看到了桑兵老師《交流與對抗：近代中日關係史論》中的一句話：「現在日本研究日本史的學人利用漢文多少存在一些困難障礙，研究中國史的日本學人則一般並不重視日本的漢文書。」大大鼓勵了我。

　　不久以後，我到馬大正老師辦公室去彙報纂修史的工作。一進門，赫然發現他案頭竟擺著一本《外國人著清史八種》，我記得清史圖書館裡只有一套啊，再看書脊，並無標籤。馬老師翻開書，說這是當時寫序出版社贈送的樣書，他專門找出來提醒我注意這些著作。我立即向他報告了自己的初步設想，馬老師非常支持。

　　爰有此書，是為序。

2021 年 10 月

目

次

導　言

日本人為什麼會用漢文寫歷史？這是本書首先需要說明的問題。

一、中國文化的傳入與日本史學的發展

北京大學王新生教授在其《日本簡史》中指出：「學術界較為普遍的看法是，在公元前 3 世紀前後的繩文時代末期和彌生時代初期，中國大陸正值秦朝統一並迅速崩潰時期，為逃避戰亂和秦朝苛政，居民紛紛外逃，引發連鎖性的移民潮。」〔註 1〕這一時期，被稱為「渡來人」的大陸居民開始大量移居日本列島，大陸的先進文化和生產力逐漸從日本西南向東北方向擴展。

大約在公元前後，日本九州島北部等較為先進的地區出現的諸多小國，開始與大陸政權交往，學習先進的生產技術及典章制度。相關史事主要記載在中國史書中。2 世紀末，以邪馬臺國為中心，由 30 多個小國組成的聯合王國逐漸形成。到 3 世紀末開始的古墳時代，以今奈良縣區域為中心的地區出現了一個較大的大和國，該政權將大陸移民中的手工業者和文化人編成各種「品部」，其中即包括記錄歷史的史部。大和國藉助漢字表達日本人名、地名，任命渡來人擔任官員從事歷史、文書等文字處理工作。

從 5 世紀開始，日本人嘗試用漢字表述日語的發音，首先創造出「萬葉假名」。6 世紀末，大和政權進一步加強中央集權，強化天皇政權。620 年，在聖德太子和大臣蘇我馬子共同主持下，開始以 6 世紀成書的《帝紀》《舊辭》為基礎編修國史，後來編成了《天皇紀》《國紀》等書，可惜後來在宮廷政變

〔註 1〕王新生《日本簡史》，北京大學出版社 2016 年版。引自微信讀書。

中被燒燬。

因 710 年天皇遷都開啟的奈良時代，日本文化深受唐文化的影響，史書用字則是日漢並行。712 年，利用假名表記的《古事記》成書。713 年，漢文地方志《風土記》成書。720 年，漢文編年體史書《日本書紀》成書。官方用漢文修史一直持續到 9 世紀的平安時代，此後又修成了《續日本記》《日本後記》《續日本後記》《日本文德天皇實錄》及《日本三代實錄》五部。另一方面，天皇朝廷大力提倡儒學，當時「大學」課程中，即有傳習漢文歷史的紀傳道。這就是日本人用漢文著史的歷史淵源。

二、明治年間日本漢文清史專著的編纂

延至千年之後的幕末及明治時期，漢文歷史教育依然在日本佔據重要地位。江戶時代的藩校教育以儒學為主，武士子弟要學習《史記》《漢書》《資治通鑑》等漢文史籍，宋末元初中國學者曾先之編纂的《十八史略》在日本歷史教育中成為普及讀物〔註 2〕。

明治維新之後，新政府以「邑無不學之戶，家無不學之徒」的方針推行普及教育，在「四民平等」的口號下，平民子弟有了受教育的機會。除了西學，儒家典籍和中國歷史也是教學內容的一部分。《十八史略》記事止於于南宋，之後的元明清該使用何種教材如何講授呢？

日本愛知縣立大學外語學部黃東蘭教授統計出 13 種明治時期日本出版的漢文中國史讀物〔註 3〕，其中有四種清史專著，包括：

1. 林正躬《清國史略》3 卷，京都：竹岡文祐刊行，1876 年，記事自清初至乾隆朝。
2. 增田貢《清史攀要》6 卷，東京：龜谷行刊行，1877 年，記事自清順治朝至同治朝。
3. 增田貢《滿清史略》2 卷，東京：鈴木義宗刊行，1880 年，記事自清初至同治朝。
4. 佐藤楚材《清朝史略》11 卷，甲府：溫故堂，1881 年，記事自清初至同治朝。

〔註 2〕參見喬治忠《〈十八史略〉及其在日本的影響》，《南開學報》2001 年第 1 期，第 81 頁。
〔註 3〕黃東蘭《儒學敘事下的中國史——以明治時期日本的漢文中國史著作為中心》，《江蘇社會科學》2016 年第 3 期，第 176 頁。

　　四種專著之中，林正躬《清國史略》最早，但僅到乾隆朝，相對最不完整。佐藤楚材《清朝史略》最晚，篇幅也最長。其餘兩種的作者均為增田貢。已經出版了六卷本的《清史擥要》，他為什麼要在三年之後再出一套兩卷本的《滿清史略》呢？僅僅是為了補充清初史事並刪繁就簡麼？他的兩部書都寫了些什麼？對清朝的人和事如何看待？這是本書想要解決的主要問題。

　　2008年，殷夢霞、李強將後三種專著收入《外國人著清史八種》一書，由國家圖書館出版社影印出版。這為本書的研究提供了極大的便利。其中增田貢《清史擥要》選用的是印作《清史攬要》的版本。此外，除了一種英國人著作之漢譯本，《外國人著清史八種》中還收錄了四種日本漢文書籍，其中邨山緯、永根鉉（亦即北條鉉）《清鑑易知錄》《清世祖章皇帝實錄》《大清三朝史略》三書均編成於18世紀末，時非晚清。值得注意的是，還有一種即三島雄太郎1903年版《支那近三百年史》，亦應屬於明治時期日本出版的漢文中國史讀物，也是晚清日本漢文清史專著之一。筆者或將在本書完成之後，以其及佐藤楚材《清朝史略》作為研究對象，分別進行解讀。

第一章　增田貢其人其事其詩：
與中國友人的五次筆談

　　作為日本清史學者的增田貢，長期未能進入學界的研究視野。2008 年，馬大正研究員在為《外國人著清史八種》所作的序言中，介紹了他的基本信息：「增田貢（一八二五～一八九九）名允孝，號岳陽，通稱貢。早年研習漢學，曾任田中藩家老，廢藩後任高等師範學校教諭，教授漢文，與王韜有交往。」〔註1〕

　　與增田貢有交往的中國友人，除了王韜，還有黃遵憲、何如璋、沈文熒等人。由於語言不通，當時他們的交往主要通過筆談進行。百多年後，陳錚編審根據日本東京都立中央圖書館特別資料室所藏增田貢編錄《清史筆語》的手稿本，整理、編輯、標點了相關資料，收錄在 2005 年出版的《黃遵憲全集》中。〔註2〕其中有增田貢記錄的自己前後共計五天的筆談活動，包括 1878年 10 月 15 日、1879 年 3 月 29 日、5 月 25 日、8 月 22 日、23 日。這個時間段，《清史擥要》已經出版，《滿清史略》尚未出版。按時間順序梳理這些筆談的內容，對於瞭解增田貢其人其事其詩，特別是他撰寫兩部清史專著的相關情況很有幫助。

〔註1〕殷夢霞、李強選編《外國人著清史八種》，國家圖書館出版社 2008 年版，第一冊，第六頁。

〔註2〕陳錚編《黃遵憲全集》，中華書局 2005 年版，第 797～807 頁。

第一節 1878 年 10 月 15 日

這天增田貢來到了位於東京芝山的清朝駐日使團駐地，參贊黃遵憲、隨員沈文熒及其兄沈蘭生、公使何如璋之弟何定求在座，還碰到了來訪的旅日學者王治本及其族弟王仁乾，筆談到晡時，也就是下午三點到五點之間方散。

一、與何定求筆談

何定求，字子綸。其兄何如璋（1838～1891），字子峩，廣東省潮州府大埔縣（今梅州市大埔縣）人，清朝首任駐日公使。

增田貢首先與初次見面的何子綸筆談，表示自己見過何如璋幾次，向何子綸發出邀請：「敝廬在下谷，暇日見顧否？」並問：「聞貴鄉係嶺南庾嶺，羅浮在近境乎？」

何定求回答：羅浮去敝鄉三百餘里。此山在惠州，僕是潮州。

增田貢問：潮有昌黎廟乎？鱷魚再生否？其萬安橋者，見蔡襄之記，今尚存乎？

何定求回答：鱷自韓公祭後，其患遂絕。昌黎廟在潮城之東山麓，郡人名其山為韓山，以表其遺德焉。萬安橋僕不甚悉，不知即是湘橋否耳？

增田貢表示自己看過何子綸所畫的梅花，藉此寫道：聞嶺南候暖，終歲不見雪。梅花應以初冬開。

何定求寫道：唐詩有句云「十月先開嶺上梅」，此足為證。

增田貢問：頃見足下答石鴻齋之書云：「日本原少佳麗，晨星落落，無足當意者。」僕意邦俗女子不用弓鞋，故其腳大。如其面，豈讓貴國耶？

何定求回答：僕不甚愛腳小者。敝國人取其裊娜。夫婦出自天然，何可以人力為耶？貴國本多佳麗，僕前言戲之耳。

增田貢寫道：嶺南女子雙耳垂環，所不解也。

何定求表示自己有同感：此是習俗使然，僕亦不解其故。

增田貢問關於太平天國運動的情況：舊年長毛賊亂，波及潮州乎？西洋人常來在埠乎？

何定求回答：長發之亂餘燼，於敝縣則被之，潮城則未也。西洋人開埠在潮之汕頭，在埠者不過四五十人而已。

增田貢問：足下修舉業，赴京試乎？潮州例年出進士若干人？

何定求回答：僕性魯少學，才疏識淺，舉業未習，然頗有其志。潮之貢

士，年或一二人耳，無多也。

增田貢問其兄何如璋的出身：大兄何公自狀元拔侍講乎？其雅號如何？

何定求回答：家兄號子峨，是二甲進士擢翰林。

增田貢問：一甲限三人，二甲三甲無定數乎？

何定求回答：一甲三人為大魁、榜眼、探花，二甲無定數，三甲亦無定數，惟出皇上之意耳。

二、與黃遵憲筆談

黃遵憲（1848～1905），字公度，別號人境廬主人，廣東省嘉應州（今梅州市）人，時任駐日參贊。

增田貢首先回憶上次攜遊，兩人都表示好久不見。一番寒暄之後，增田貢問使館遷址之事：聞貴館近日移永田，多事可想。待其苟完，攜饌候門如何？

黃遵憲回答：「遷居在一月中。俟舍館既定，當糞除以待。僅薄具茗酒，作平日歡，豈不妙事？」又表示想向增田貢借書：「《會典》有曰《會典則例》者，書凡數百本，有之否？」

增田貢回答：京校藏書數萬卷，意當在其中。他日搜抽乞教。

三、與沈文熒筆談

沈文熒（1833～1886），字梅史，浙江省餘姚縣（今屬慈溪市）人，時任使館隨員。

增田貢與沈文熒回憶前日的聚飲，為自己酒醉無狀表示歉意，並對他誇獎了初次見面的沈蘭生。隨後拿出自己帶來的五弓士憲所著《溫史摘評序》，請沈文熒評論。

沈文熒表示：簡而明，短而峭。使他人為之，恐千百言不了，而二百餘字該之，是善學《公》、《穀》、《檀弓》等文者。

四、與王治本、沈蘭生、王仁乾筆談

王治本（1836～1908），號桼園，浙江寧波慈城鎮人。王仁乾（1839～1911），號惕齋，王治本族弟。

增田貢首先憶起上次「千秋樓同遊」的「盛會」，表示想看王治本為此所作的詩。

王治本推辭：「席中曾作數詩，歸後不復錄草。」然後話鋒一轉，寫道：

「僕到貴邦二年，得蒙貴邦諸文士繆愛訂交者眾。最先相知者，小永井小舟、鷲津毅堂、永阪石埭、森春濤、中村敬宇、齋藤拜石、神波即山。其後得識者，宮島誠一郎、大野誠、石川鴻齋諸君。」

增田貢回答：「皆知，獨不識石埭。」羅列的這些人名有助於瞭解增田貢的社交圈。

增田貢看到几上有一本《無腸公子傳》，問該書作者之名。王治本表示是自己的戲作。

一旁的沈蘭生先作了自我介紹，增田貢表示自己跟其弟沈文熒「交情日密，可謂海外金蘭」，希望沈蘭生不要見外，拿出「新篇」給自己看。沈蘭生推辭，於是增田貢繼續跟王治本筆談。

增田貢猜測「墨義」的含義：唐試士之制有墨義。愚顧唐以《爾雅》等書為題，墨義恐令解《墨子》之義者乎？足下以為如何？

王治本回答：應試之文名墨卷，想墨義即此文義也。

增田貢問：王安石方田法中有均攤之語，均平分排之謂乎？僕以意推之，未知是否？

王治本回答：以有餘補不足之謂均，以其圓者使之方之謂。

增田貢問及捻軍起義：讀《粵匪紀略》，有河南一種賊，號捻匪。捻髮之謂歟？

王治本回答：捻，兩手相握，亦教匪之一名。

增田貢問：握手通情相固者，亦係其邪教乎？

王治本回答：如西法逢人兩手相握。

其實「捻」的本義為用手指揉搓，用於捻軍時是淮北方言，意為一夥、一股，或說源於遊民捻紙作法。《清史攬要》中述及「勦捻」之事，見本書第二章第四節。

增田貢問：又有廣東邊錢會匪，謂以金硃塗錢邊，此錢與人，以結黨之術，抑亦屬邪教歟？

王治本回答：無此名。

增田貢寫道：「貴邦人分明記之」，只是王治本不了解罷了。關於邊錢會，《清史攬要》有載，見本書第二章第五節。

增田隨後跟王仁乾打了招呼，表示「嘗訪貴寓，不遇，常以為憾」。王仁乾表示歉意，並向他發出邀請。

第二節 1879年3月29日

這天，增田貢去清使館，與黃遵憲筆談了半日。

寒暄之後，增田貢問：貴鄉係嶺南，去庾嶺梅關幾許里？瘴氣薰染，花候必早。

黃遵憲並未回答距離問題，只寫故鄉三月可穿單衣，「梅花十月既開，此時早既謝卻」。

增田貢寫道：「江上清風新霽開，綠楊深處見樓台。老漁未肯拋蓑笠，猶恐輕雷送雨來。」是彭玉麟克復金陵之詩也。時黃〔註3〕逆已熄，殘賊未全滅，故轉結隱然伏其意。毫無斧削痕，韻格極高，可謂絕調。余著《清史攬要》多載此老之戰功，而始不知其為文人。及獲此詩，益敬其為偉材。意今猶健在，官位亦必高。

彭玉麟（1816～1890），字雪琴，祖籍湖南衡陽，生於安徽安慶。湘軍水師的創建者。《清史攬要》所載其事見本書第二章第四節。

黃遵憲回答：是為奇偉絕特之士，以耿介高節聞於天下。今朝廷命之每半年巡歷長江水師，不為官而治事。彭公家居常嘔血，好作梅花詩，工畫。其印有「兒女心腸英雄肝膽」八字。

增田貢又問：久聞俞越〔註4〕先生之文名，請聞其為人。

俞樾（1821～1907），字蔭甫，浙江德清人，晚清學者。

黃遵憲回答：俞蔭甫先生舊官翰林，年老辭職，為江南書院山長，教弟子千人。博學多聞，又能文章。

增田貢寫道：我邦人遊上海（本名滬瀆，又春申江）者，往往與吳郡王韜紫銓〔註5〕結交，謂其人抱才不偶，專用意外國之事。新著傳播，其中多述日本（旁註：我）之近狀。先是，洪賊之亂，韜自赴上海，獻僱洋人用洋械之策。當剿賊，其軍果獲常勝之名。此人不止善文，亦幹用之才也。而棄捐在野，實為可惜。故我邦人某等憐其流落，資而迎之，欲結騷盟，行李當在海上也。余向著《清史攬要》，載其獻策之言，可謂未面之知己。待其至，亦益將傾肝膽。意諸公亦詳其為人？

王韜（1828～1897），原名王利賓，後改名王瀚，因上書太平天國被清廷

〔註3〕《黃遵憲全集》編註：「原文如此。黃當為洪之誤（日語黃與洪發音相同）。」
〔註4〕《黃遵憲全集》編註：「俞越，當為俞樾。」
〔註5〕應為「詮」。

通緝，為躲避追捕改名王韜，字紫詮，號弢園，江蘇蘇州人，近代思想家。

黃遵憲回答：此為江東一老名士，久不試場屋，近將來此矣。其平生境遇頗坎坷，中歲尤多事，故不復治科第。家貧，藉筆硯為生活。

第三節　1879 年 5 月 25 日

是日一早，增田貢訪王韜於築地精養軒，王韜出迎。這是兩人的第一次見面。

一、初見王韜

增田貢首先拿出自己給王韜的信，並贈一詩。

江東碩望紫詮王君足下：

貢閱貴著，其《甕牖餘談》載八戶宏光事。宏光傷足下之抑塞，說涉縱橫，而足下拒之。彼復自言江戶將軍之族子。將軍姓德川，何其壽張也。《瀛壖雜誌》記西洋器械，並及日本水龍之具，模寫生動，筆筆有神。用意外國，何其切也。又讀《弢園尺牘》，始信足下之利器斷盤錯。當洪賊之亂，沿江失守，足下慨然獻策曰：招募洋兵，人少餉費。不如以壯勇充數，而請洋官領隊，平日以洋法教演火器，務令精練。西官率之以進，則膽壯力奮，亦可收功於行間。議乃行，上海始有洋槍隊。米佛英之提督為之奮力，所向無前，號為常勝軍。其後金陵之克復基上海，上海之常勝，實足下獻策之功也。貢頃著《清史攬要》，同治元年之記揭綱曰：「賊侵上海，英佛米之水師提督合擊破之。」其目曰：「吳郡處士王韜獻策，始有洋槍隊之設，故得破賊。〔註6〕已有此功，未聞賞及之，亦得無類忘筌乎！天涯傾想，望洋眼穿矣。忽聞觀光駕至，貢之喜可知矣。乃待舍館定來候，欲證縞紵之盟，敢非仿宏光縱橫之辯也。　　　　　　　　　　　　　　　　　　　　岳陽增田貢再拜

並贈一律述事實。

> 獻策轅門拂海氛，曾無茅土報功勳。
> 養成壯勇洋槍隊，收拾威名常勝軍。
> 欲使鳳鳴向冬日，忽看鵬翼背西雲。
> 楚材晉用吾能解，江表偉人推此君。

〔註 6〕漏下引號。

　　王韜寫道：前讀《清史攬要》，於同治元年忽睹鄙名，驚喜交至。繼知出閣下手筆，則又感甚。因嘆曰：「此海外一知己也。」自此臨風懷時不能忘。顧溟渤迢遙，安能覿面於萬里之外。今弟泛槎來遊，每見貴國文士，必詢閣下近況。擬偕省軒先生〔註7〕一謁閣下，作登堂之拜，行執贄之禮。乃文旌惠然枉臨，何幸如之！復讀大著，過蒙獎譽，初何敢當。主主臣臣，弟甫里一逋客，天南一廢民。窮而在下，老境頹唐，於文字學問，殊無真得。不知閣下何所見，而推愛若是，至投縞紵。弟願附譜末，曷勝幸甚。

　　岳陽大人青及

愚弟王韜拜手上

　　增田貢又寫道：僕雖無似，願為東道，到處說項斯。

　　明日張大使見訪，先生亦臨。

　　張大使指清政府駐日副使張斯桂（1817～1888）。其人與正使何如璋一起被載入《滿清史略》，詳見本書第三章第五節末尾。次日張斯桂與王韜等人拜訪增田貢並筆談事，寧波大學張明碩士已有論述。〔註8〕

　　王韜寫道：猥蒙寵招，曷敢不趨赴。借杯杓以助清談，並將數年之忱託管城子以寫之，幸甚。

　　今日成齋諸同人約作後樂園之遊，閣下同往否？

　　增田貢尚未回答，王韜又寫一紙：成齋氏諸同人見招，願攜先生同去。

二、後樂園詩會

　　增田貢後來記述：會寺田、池田某亦至，促余欲同遊於礫川後樂園，乃連車。至，日將午。黃遵憲先生至，出迎。

　　增田貢問：明日張斯桂公、王韜先生有顧弊廬之命，先生賜光臨否？

　　黃遵憲回答：前者梅史與君訂廿一日之約，師丹善忘，未及與言，弟實不知也。廿二日走橫濱，方就道，梅史忽憶先生之言，約僕同往。僕實不暇，為代辭。歸後方知參差，僕亦代為愧嘆。亦欲致書述意，相遇於此。明日之約，僕實不得暇。僕於月曜、火曜日最忙也，惟祈鑑原，卜日再訪高齋。　遵憲拜

　　增田貢寫道：弟午後每閑。命日報至，必清室候駕，當為文字飲。

〔註7〕指日本學者龜谷行（號省軒）。
〔註8〕張明《張斯桂研究》，寧波大學2014年碩士論文，第63～65頁。

　　黃遵憲問：僕有《日本雜事詩》凡一百五十首，欲以呈正，但急切欲謄清稿。若能抽暇於十日中賜正擲還，則感荷不已。未審諾之否？

　　增田貢表示：宋景濂〔註9〕、張山耒〔註10〕各有《日本竹枝》數首，而以身不到此，猶有不盡善者。先生東來，洞覽我國史至此浩多，一何盛，使人瞠若。請速得拜觀。

　　關於後樂園，增田貢解釋：此園名「後樂」，故水戶侯源光國〔註11〕所築。明朱之瑜請援來，不還，為客卿。園門「後樂」之扁，之瑜所書。明人與貴邦為讎，使九原有知，則恐不喜逢諸公之觀。

　　朱之瑜（1600～1682），字魯璵，又作楚璵〔註12〕，號舜水，浙江紹興人，日本學者私諡文恭先生。其人《滿清史略》有載，見本書第三章第四節所述鄭成功史事。

　　增田貢記錄了此行諸人詩作：

　　　　後樂園即事錄呈大吟壇誨正　　增田貢未定稿
　　　　夷齊廟畔樹蕭森，追想西山後樂心。（丘有夷齊廟。）
　　　　煙際游魚跳碧沼，風前小鳥喚幽林。
　　　　堂開綠野賓朋盛，園比平泉草木深。
　　　　今日欣看名士集，礫川盛景可追尋。

　　王韜的詩：

　　　　名園雅集得追陪，今日同傾河朔杯。
　　　　四面環山皆樹木，一樣近水占樓台。
　　　　清風百世臣心苦，史筆千秋生面開。
　　　　喜見東西賓主美，鯫生何幸泛槎來。〔註13〕

　　增田貢次韻：

　　　　思昔黃門紛後陪，暑天退食喚荷杯。
　　　　叢松謖謖招風閣，環水晶晶得月臺。
　　　　魯璵（旁註：文恭）扁題迎客揭，夷齊廟貌向人開。

〔註9〕宋濂（1310～1381），字景濂，明初文臣。
〔註10〕張潮（1650～1709），字山耒，清初文學家。
〔註11〕源光國（1628～1701），日本水戶藩主，編著《大日本史》。
〔註12〕參見劉曉東《「楚璵」與「魯璵」：朱舜水的家國之思——兼及前近代東亞海域世界的「境界人」問題》，《史學集刊》2020年第6期。
〔註13〕當用問號。

今日名園添一勝，西方美士抱琴來。（欄上註：改「名園今日添佳事，
清國衣冠探勝來」。）

黃遵憲寫了一首長詩：

陪諸君遊後樂園有感而作乞均正　黃遵憲

泓崢蕭瑟不可言，周遭水木圍亭軒。

初夏既有新秋意，褰裳來遊後樂園。

主人者誰源黃門，弊屨冠冕如丘樊。

夷齊西山不可得，欲以此地為桃源。

左攜舜水右淡泊，想見時時顧空尊。

嗚呼源平霸者起，太阿倒持飯將軍。

黃門懿親致自异，聊借蕨薇怀天恩。

一編帝紀光日月，開館彰考非為文。

高山九郎好痛哭，相繼呼天叩帝閽。

布衣士，二三子，其力卒能使天王尊。

即今賓主紛□尊，一堂款晤都溫溫。

豈知當時圖後樂，酒觴未舉淚有痕。

遺碑屹然頹祠古，夕陽叢鴉噪黃昏。

欲起朱子使執筆，重紀米帛貽子孫。（明治二年賜源光國子孫米帛。）

〔註14〕）

王韜和詩：

四月四日攜公度先生燕集後樂園即步原韻以博一笑　王韜

陬生東遊拙言語，叔度霞舉何軒軒。

幸陪遊屐來此間，惟名士乃傳名園。

園為源公之創〔註15〕，生薄晃紱潛丘樊。

野史亭開勤薈萃，有異遺山於金源。

惟公好士古無匹，時招俊彥倒醉樽。

公學所造冠諸子，自足撥戟成一軍。

舜水先生寄高躅，眷念家國怀君恩。

我來訪古心慷慨，誰歟後起扶斯文。

〔註14〕《黃遵憲全集》編註：「末有增田補註云：『貢按，高山之誤也。』」

〔註15〕《黃遵憲全集》編註：「似脫一字。」

平泉綠野此彷彿，待留苔蘚侵階闥。

泰西通市法一變，坐令西學羣推尊。

乾綱獨秉太阿利，豈復跋扈如桓溫。

園中題字出遺老，摩挲猶有前朝痕。

陰森古木坐濃綠，時未向晚日已昏。

飲罷驅車偕子去，霸才誰是江東孫。〔註16〕

增田貢和詩：

右賡韻　　　貢

園號取於宋相言，寧知又引清使軒。

池塘竹樹依然在，孰與洛陽留名園。〔註17〕

義公桃李常在門，角巾私第脫籠樊。

夷齊廟畔清風起，石梁如虹竟泉源。

物換星移修外好，鹿鳴一唱酒滿樽。

江東豪士嶺南俊，旗鼓騷壇兩將軍。

延陵東里縞紵契，金蘭相應亦君恩。

鳥啼魚躍日如歲，薰風細細水成文。

灌木鬱蔥含煙霧，幽趣恰如叩禪闥。

一斗百篇筆落紙，可知聯翩文士尊。

自今來多占佳境，好使池邊釣石溫。（欄上注：故詩來多釣石溫。）

盤恒偕体後樂意，不用先優多淚痕。

今日東西訂雅集，付與畫圖傳子孫。

三、對是日詩作的解讀

2004年，瀋陽師範大學張永芳教授發表《黃遵憲遊日本東京後樂園詩考論》，詳細解釋了黃遵憲的詩意和修訂情況，然後寫道：「遊後樂園時，增田貢先有一七律紀盛，王韜、增田貢復各有七律贈答，所作不過紀行預宴，乃應酬之作。之後，黃遵憲作有此詩，雖有應酬之意，已別有所感，寄託遙深。隨後，王韜與增田又各和詩一首。兩人的和作，都未探及黃氏懷古之苦心，其實難稱知己；不過，他人並無撰史之志，哪能真正體察黃氏懷古背後的內

〔註16〕當用問號。

〔註17〕當用問號。

心所感呢？」〔註18〕

　　單就「撰史之志」而言，黃遵憲有《日本國志》，增田貢有《清史攬要》《滿清史略》，王韜有《法國志略》《普法戰紀》，三人所撰都是別國史，的確可稱知己。

　　另外，張老師據「日本東京女子文〔註19〕大學講師陳捷提供的打印件」「增田貢《清讌筆語》」所錄的詩作，字句略有不同。黃遵憲詩註「明治二年賜」，文中一處誤為「明治二年踢」。王韜和詩中「醇樽」為「罍樽」，「撥戟」為「挑戰」，「階」為「陛」。「園為源公之創」可據王韜《扶桑遊記》補為「園為源公之所創」。增田貢和詩中「今日東西訂雅集」前，兩個版本都缺了2句，其餘「石梁」為「石梁」，「鹿鳴」為「鹿鳴」，「紵」為「綻」，「鳥啼」為「烏啼」。其中應有誤字。

第四節　1879 年 8 月 22 日

　　這天，增田貢到駿臺跟王韜告別。

一、上午與王韜話別贈稿

　　增田貢寫道：向著《清史攬要》，猶有遺漏，故編《清國史略》。猶尚有缺闕，故輯《清史覽要〔註20〕拾遺》。蓋《攬要》所無《史略》有，《史略》所無《拾遺》有。集而大成，將出一佳著。而足下夙嘉鄙意所寓，而有潤色之命。故一併遺其草本，以託此著之結局。西皈稍閑，速相蒐閱，上梓之日，遞寄一部是祈。且如貢序文，亦宜加斧正。《清史覽要》為六卷，新加《史略》、《拾遺》之佳處，上若干卷。猶不失原名而可。

　　由此可知，當時增田貢因所著《清史攬要》有遺漏之處，又編了兩部書稿，一為《清國史略》，一為《清史攬要拾遺》，請王韜斧正。後來出版之書叫《滿清史略》，或許是發現《清國史略》之書名，已經被林正躬用過了。

〔註18〕張永芳《黃遵憲遊日本東京後樂園詩考論》，《遼寧教育行政學院學報》，2004
　　　　年第 11 期，第 110～111 頁。
〔註19〕疑為衍字。
〔註20〕《黃遵憲全集》編註：「覽要，當為攬要。」

二、午後與沈文熒、黃遵憲筆談

增田貢記述是日中午之事：赴大河內君墨水之宴，餞王韜。韜失約不來。沈文熒、黃遵憲、王治本來。清酌於千秋樓，筆語至二更。

黃遵憲問：《清史攬要》近有續稿否？

增田貢答：前著猶有遺漏，故準擬狗續，未脫稿。貴邦之近事願相報，將增加之。

黃遵憲表示：亟欲讀之。《攬要》中一二錯誤，亦所不免。如近來劉公錦棠方從左侯以平定西域，功封二等男爵，今在烏魯木齊。而大著中云其人既戰亡，此亦誤也。雖然，舉世方尚西學，閣下獨考究我史，可謂平然能自樹立。況以一人之力，偏〔註21〕一代之史，是固未易無瑕疵。而大著大端要無誤，所以難能可貴也。

增田貢寫道：咸同賊亂之記，據官將軍所紀之《澳門月報》。原文紛紜，且間俗語，初學之徒未易讀，因往往改之正文。一手之擾，猶治亂絲，故不免有疵纇。夫以邦人紀邦事猶有此病，況據軍中日報，紀萬里海外之事。區區偏裨之生死，與我固如無關係。雖然，拜命之辱，不敢改竄耶！嗣後一一見告是祈。

這段筆談涉及增田貢著史的史料來源及致誤原因。

黃遵憲表示：得暇當一一校正，敬遵命。

沈文熒寫道：近年軍務，僕輩尚能記憶，所知之事，當訂正之。劉錦棠之叔松山於同治十年克復金積堡一役陣亡，恐因此而誤。

經筆者查閱，劉松山、劉錦棠事不見於《清史攬要》及《滿清史略》，若非當事人記憶有誤，應是經過修訂而被刪除。

增田貢寫道：此類又必多。雖貴邦軍報亦不免有誤。百聞不如一見。以類閣下目擊之事見告，謹不相從乎？

讀貴邦史，多載烏魯木齊之事。貢竊以為漢西域車師地。

黃遵憲回答：即車師地。沈梅史曾到哈密，於西域事頗熟。

席間，沈文熒不吃魚，要了些熟雞蛋，連吃了好幾個。增田貢開他的玩笑：昔荀變食二雞子，為干城將。閣下西略哈密，東使日本，豈止小國衛臣之為。〔註22〕其食數枚不飽，不亦宜乎？

〔註21〕《黃遵憲全集》編註：「偏，原文如此，當為編。」
〔註22〕當用問號。

沈文熒回答：若僕大啖雞子，使衛侯聞之大駭，而子思亦當以百口保之矣。

兩人談笑所用的典故出自《資治通鑑》「子思諫衛侯」一節。

增田貢恭維他：閣下儀貌魁傑，兼以文武才略。李揚材〔註23〕之徒聞威名而肝膽破裂矣。

沈文熒並不謙虛：前在關中，曾以七騎卻賊軍三百。又在平涼以單騎入賊圍三重也。

增田貢誇讚：何其勇也！他日請聞其功狀之詳。今所謂平涼，漢之涼州乎？而康熙亂王輔臣黨於吳三桂所叛而據乎？

沈文熒回答：高涼宋之高平關。王輔臣謀叛，即在其地。

增田貢又問：彭玉麟之事，有傳於我者。其雅號或為雪岑，或為雪琴，不知孰是？

沈文熒告訴他是雪琴。

增田貢寫道：冰輪當檻，燈影疏密在樹間，金龍山塔亦彷彿可辨，夜色特覺清絕。此處頗似秦淮否？

沈文熒回答：墨江遊人頗眾，誠繁華之藪澤。然秦淮河房燈船之勝，當偕公一遊方佳。

增田貢又寫：賊平已經年，秦淮風物意當復舊。今猶有唱後庭花者乎？閣下帆浙之日，僕從行欲一遊。

沈文熒回答：當偕渡滄海，以溯金陵。

增田貢寫道：神已馳在鍾山頂。

第五節　1879 年 8 月 23 日

次日，因王韜將回家鄉長洲，增田貢與何如璋、張斯桂、黃遵憲、沈文熒一起餞行。

一、向中國友人贈詩

增田貢首先向王韜贈詩：

　　　　清氣樓祖帳贈王紫詮

〔註23〕据徐珂《清稗類鈔》：「光緒乙亥（1875），叛將李揚材作亂越南。」

　　　二州橋畔會群英，清氣樓高嶽雪明。

　　　河朔千觴發豪興，陽關一曲托哀情。

　　　風頭穩送長洲客，潮勢遙連滬瀆城。

　　　自是各天對孤月，相思付與斷鴻聲。（欄上註：唯付遠鴻聲。）

　　　送王弢園還江蘇

　　　遙為暑路日光（旁註：晃山）遊，洗得煩襟瀑布流。

　　　泰斗名聲動東海，鯤鵬心跡向西洲。

　　　鱸亭稅笠清風夕，鶴市呼杯明月秋。

　　　縞紵結來不勝解，堪思李郭共仙舟。（鱸亭鶴市，王氏鄉土之名勝。）

　　據增田貢記述，日本學者龜谷行對這兩首詩的評語是「合璧連珠」。

　　增田貢隨後向在座的清朝外交官贈詩：

　　　是日清使一行亦臨席上賦呈各位

　　　避暑乾坤清氣樓，豪遊送客返長洲。

　　　銀河此去應非遠，漢使星槎半日留。（呈何如璋）

　　　枕水高樓暮色清，客中送客若何情。

　　　秋風已及蒓鱸候，想像夢魂飯四明。（呈張斯桂，張四明人。）

　　　水樓呼酒避塵埃，殘熱依然夕日頹。

　　　應想浙江潮熱壯，涼天雪陣憾山來。（呈沈文熒，浙江人。）

　　　澄空如鏡夕陽開，百尺江樓涼氣催。

　　　欲洗嶺南炎熱想，蓮峰白雪入欄來。（呈黃遵憲，嶺南人。）

二、與黃遵憲、沈文熒筆談

　　黃遵憲首先向增田貢表示：欠閣下詩債太多。僕畏暑喜懶，又兼多俗冗，故遲緩如此。然既諾，必不能食言。乞諒之。

　　岳陽先生

　　　　　　　　　　　　　　　　　　　　　　　　　　　　　　　　　憲白

　　增田貢寫道：先生聰敏有雅操，實一坐顏回。聞已著《日本紀事詩》百餘篇，遲緩之言不敢信。

　　黃遵憲繼續謙虛：僕迂拙，故訥然若不出諸口，閣下誤以為雅人也。署中昨檢閣下所著《清史攬要》，讀之益欽仰。閣下所有詩債，必當急償之。

　　增田貢寫道：拙著必有所不適貴意，請一一垂教。如急償，謹俟後命。

增田貢向沈文熒表示：前日安井翁墓額貴託之事，傳之門生輩，聞歡聲如雷。頃川田甕江製翁之碑文，而評論坌湧，字數未定，以是致稽緩。不日送額式來，則與呈陳司馬之書一併欲煩遞送。甕江又囑貢曰：前日以沈公許貢之事語之何公，公亦領。故再自閣下通之何公，則閣下之義顯，而貢等之請亦隨著，實為兩便。是甕江所望於閣下也，請諒之。

川田甕江（1830～1896），日本漢學者，東京昌平校教授，增田貢的好友。《滿清史略》的第一篇序即其所作，詳見本書第三章第二節。

沈文熒寫道：拜諾。

增田貢問：閣下稱陳寶渠為司馬，司馬浙江總兵之謂乎？

沈文熒回答：司馬係同知之稱。

筆談至此告終。

本章結語

從上述增田貢的活動，可以瞭解到他跟中國友人的關係。通過筆談中他所提出的問題，可以瞭解增田貢對中國文化的熟悉程度。參與筆談的人物、提及的《清史攬要》內容，將在本書後幾章重點研究。

第二章 《清史攬要》述要

　　明治十年（1877），亦即清光緒三年左右，增田貢編撰的《清史攣要》在日本出版。本書研究的文本則是 2008 年收入《外國人著清史八種》，由國家圖書館出版社影印出版的《清史攬要》一書。本章將從該書的體裁與結構、字數及標點，凡例，眉批，人物及形象刻畫，史事敘述共五個方面對其主要內容進行解析。

第一節　《清史攬要》的體裁與結構、字數及標點

　　本書導言中引用的黃東蘭老師《儒學敘事下的中國史——以明治時期日本的漢文中國史著作為中心》一文中記述：「增田貢《清史攣要》6 卷，東京：龜谷行刊行，1877 年，記事自清順治朝至同治朝。」〔註 1〕而翻檢《清史攬要》目錄及正文之後，筆者首先對其記事時間範圍產生了疑問。

一、《清史攬要》的體裁與結構

　　《清史攬要》分為六卷，抄錄其目錄如下：

卷一　順治（自元年至十八年）

卷二　康熙（自元年至六十一年）

　　　　雍正（自元年至十三年）

〔註 1〕黃東蘭《儒學敘事下的中國史——以明治時期日本的漢文中國史著作為中心》，《江蘇社會科學》2016 年第 3 期，第 176 頁。

　　卷三　乾隆（自元年至六十一年〔註2〕）

　　　　　嘉慶（自元年至十五年）

　　卷四　嘉慶（自十六年至二十五年）

　　　　　道光（自元年至三十年）

　　　　　咸豐（自元年至五年）

　　卷五　咸豐（自六年至十一年）

　　卷六　同治（自元年至十三年）〔註3〕

　　根據此目錄並察看其正文，可知該書體裁屬於編年體史書中的綱目体，按年依時敘事，每事先述其要，再述其細，優點是一眼即可觀其大略，缺點是每每略有重複。

　　從目錄看，「記事自清順治朝至同治朝」是沒有問題的，而翻閱正文，可見其開篇首敘「清國之先」，而後述清太祖、太宗朝史事的篇幅有 7 頁，較其後順治等朝史事相對簡略，也沒有按之後總述、分述的格式分行分段，而是遇肇祖、興祖、景祖、顯祖及太祖、太宗字樣各空三格。這 7 頁內容並未體現在目錄中。據此分析，有可能此《清史攬要》是《清史擘要》修訂後的版本。

二、《清史攬要》的字數及標點

　　《清史攬要》影印本每頁 15 行，每行 30 字。其中個別字旋轉九十度〔註4〕，可見其底本為排印本而非刻本。全書無標點，僅在前 14 頁有毛筆圈出的句讀，當為後人在影印底本上所加。本書引用時所用的現代標點均為筆者所加。各卷的頁數及年數為：

　　卷一，第 7～44 頁共 37 頁，記事自明萬曆十一年（1583）起共 79 年；

　　卷二，第 45～84 頁共 39 頁，自 1662～1735 共 74 年；

　　卷三，第 85～126 頁共 41 頁，自 1736～1810 共 75 年；

　　卷四，第 127～174 頁共 47 頁，自 1811～1855 共 45 年；

　　卷五，第 175～218 頁共 43 頁，自 1856～1861 共 6 年；

　　卷六，第 219～262 頁共 43 頁，自 1862～1874 共 13 年。

　　可見各卷的頁數相差不大，其分卷是朝年和字數綜合考慮的結果。這一

〔註2〕應為「六十年」。

〔註3〕殷夢霞、李強選編《外國人著清史八種》，國家圖書館出版社 2008 年版，第五冊，第3～4頁。以下凡只註頁碼者，均為該書該冊。

〔註4〕如第 155 頁「繼」字、第 217 頁「處」字等。

點也可以從打破了朝年分卷的第三、四、五卷看出來。全書記事總體上前略後詳，而最詳者為卷五，咸豐朝太平天國戰爭史事。

各頁分段留白按 20% 計算，估算各卷正文的字數為：約 1.2 至 1.6 萬字。合計全書正文約 8.5 萬字。另有凡例及眉批，其字數見下兩節。

第二節 《清史攬要》的凡例

增田貢為《清史攬要》擬就的凡例共五條，茲引述並分析如下：

一、此編所記專主清，故至明弘〔註5〕光、隆武、永曆，唯提其大要，不復詳之。

此條論及作者對南明史事的定位，在該書中屬於略記。

二、此編專在詳清國治亂盛衰之跡，故儒林、文苑、隱逸之流，雖其事可傳，今略之而不載。

此著內容主要是政治史，對文化史從略。這應該也是作者後來補撰《滿清史略》的一個原因。

三、祥瑞妖孽之類，彼土人好言之，今概不錄之。

作者認為清人好言「祥瑞妖孽」，此書概不收錄。其實仍有遺漏，如第 157 頁的眉批「邪法起霧」「雷震妖賊」及對應的正文內容。

四、此編專詳邊功武略之跡略，內閣獻替之事非敢略也，無書之可徵也。

該書詳於「邊功武略」之類的邊疆史、軍事史，而對清廷高層政治運行、人事變動等內容雖亦有涉及，但由於無書可徵，並不詳備。

五、此編起於清順治終同治，大凡八代二百三十年，又附之以滿清開國之記，以明其所由起。

作者統計該書記載自順治元年（1644）至同治十三年（1874），共計二百三十年事。所附的清初「開國之記」，並未計入年數。如筆者上節統計，是書實際記事 292 年，將近三百年。

第三節 《清史攬要》的眉批

眉批是《清史攬要》的一大特色，其內容主要是正文的關鍵詞，根據正文內容每頁多寡不一，至少一個，最多的一頁竟達 23 個。

〔註5〕缺最後一筆避清高宗乾隆帝弘曆諱，而後「永曆」未避。

一、眉批數量及分類

經筆者統計，《清史攬要》全書眉批超過 2100 個，每個 2 至 9 字，合計約 1.3 萬字。其中僅有兩條眉批是勘誤：

一在乾隆「五十二年，阮惠襲破孫士毅，復安南。詔封惠為王」上眉批：「此條與五十三年錯置。」〔註6〕應指下文「五十三年，兩廣總督孫士毅克安南，再封黎維祈」一條。

一在全書末尾，同治十三年所記：「琉球先王舜天者，日本人皇後裔，大里按司朝公子，為浦添按司。」眉批「『朝公』或為『朝』」。〔註7〕其實無誤。

勘誤之外的眉批，本書將其分成以人物為中心及以史事為中心兩類。

二、眉批包含的人物

該書眉批包含人物近千個，詳見下表：

《清史攬要》眉批包含人物一覽表

序號	人名或稱謂	眉批頁碼、內容及正文補充	備 註
1	努爾哈齊	7 太祖，攻尼堪外蘭，中五十創；8 破九國兵，攻葉赫，七大憾，薩爾（滸）大戰；9 尚閒厓戰，渾河戰；10 遼陽戰，都遼陽；11 寧遠戰，太祖殂，軍謀，五大臣，八旗戰法，賞罰法，耕戰。	詳見下節
2	尼堪外蘭	7 攻尼堪外蘭。	
3	楊鎬	8（明遼東經略）楊鎬。	《滿清史略》（以下簡稱《史略》）有
4	杜松	8（總兵）杜松；9 杜松死。	
5	李如柏	8 李如柏。	
6	馬林	8 馬林。	
7	劉綎	8 劉綎；9 劉綎陣法。	
8	代善	9（大貝勒）冒旗幟。	
9	姜功烈	9（朝鮮之帥）姜功烈降。	
10	熊廷弼	9 熊廷弼，邊備；10 起廷弼。	
11	袁應泰	9 袁應泰代；10 袁應泰死節。	

〔註6〕第 107 頁。
〔註7〕第 260 頁。

12	賀世賢	9（明總兵）賀世賢。	
13	尤世功	9 尤世功（歿於陣）。	
14	童仲揆	10（總兵）童仲揆。	
15	陳策	10 陳策（秦邦屏亦來援）。	眉批無秦邦屏
16	張銓	10（御史）張銓（不屈死）。	
17	祖大壽	10 圍清平（孫得功、祖大壽往援）；12 大壽降。	
18	劉渠	10（總兵）劉渠。	
19	祈秉忠	10 祈秉忠（戰沒）。	
20	王化貞	10（廣寧巡撫）王化貞逃。	
21	孫承宗	10（大學士）孫承宗。	
22	袁崇煥	10 袁崇煥，築寧遠；11 刺血書；12 逮崇煥。	
23	皇太極	11 太宗立，錦州戰；12 紅衣礮，大凌河戰，崇德元年，大清；13 伐朝鮮，朝鮮降，大破明兵。	詳見下節
24	滿桂	11 滿桂。	
25	尤世祿	11 尤世祿（背城列火器）。	
26	宋偉	12 宋偉。	
27	吳襄	12 吳襄。	
28	祖大弼	12 萬人敵。	
29	孔有德	12 孔有德降；37 孔有德死。	《史略》有
30	耿仲明	12 耿仲明降。	
31	尚可喜	12 尚可喜降；48 平南撤藩；54 尚可喜死。	《史略》有
32	毛文龍	12 毛文龍。	
33	阿濟格	13 偪燕京。	
34	盧象昇	13 盧象昇。	
35	曹變蛟	13 曹變蛟、邱民仰（藥）死。	
36	邱民		
37	福臨	14 世祖，順治元年；15 頒時憲曆；16 都燕；18 黃河清，祭金主陵，更孔子神牌，旌明王承恩，修明史；21 剃頭之令；31 滿漢婚姻；37 釋奠；38 號砲警備；40 衙門鐵牌，試武舉；43 議親征；44（詔）圖（梁化鳳）形進，帝崩，好儒。	部分應屬多爾袞，詳見下節
38	多爾袞	14 祭孔子，定儀仗，多爾袞；16 山海關大戰，葬明帝。	詳見下節

39	希福	14 譯（遼金元）史。	
40	馮銓	14 馮銓仕清。	
41	王應登	15 陳七事，王應登。	
42	湯若望	15 湯若望。	
43	吳三桂	15 吳三桂乞援；16 山海關大戰，屠三桂家；36 吳（三桂）劉（文秀）勝敗相當；42 師入曲靖；45 三桂如死；49 三桂反，號周易服；49～50 孫延齡降三桂；50 害宏烈家；51 造艦鑄錢；55 長沙戰，象陣；57 三桂僭號，廬舍萬間，三桂死。	詳見下節
44	李自成	16 山海關大戰，賊大敗，屠三桂家；19 賊三敗，自成斃。	詳見第五節
45	朱由崧	16 明福王立；20 福王降。	正文誤為「朱由松」
46	史可法	17 史可法；史可法死節。	《史略》有
47	偽太子	17（劉姓者）偽太子。	
48	孔胤植	18 孔孟孫。	
49	孟聞璽		
50	葉臣	18 葉臣等破賊。	
51	多鐸	18 豫親王；20 屠揚城，燈筏之計。	《史略》有
52	阿濟格	19 英王。	
53	高傑	19（瓜州鎮將）高傑。	《史略》有
54	鄭鴻逵	20 鄭鴻基（明總兵鄭鴻逵）。	眉批誤
55	黃得功	20（明靖南侯）黃得功。	《史略》有
56	左良玉	20 左良玉；26 左闖之兵降。	
57	袁繼咸	20（督師）袁繼咸（不屈死）。	
58	博洛	21（貝勒）博洛。	
59	朱常淓	21 明潞王。	《史略》有
60	朱常清	21 淮王降。	
61	朱聿鍵	21 唐王立；27 唐王殂。	《史略》有
62	朱以海	21 魯監國；25 監國脫；35 魯王走廈門；	《史略》有
63	黃道周	21（禮部尚書）黃道周；26 黃道周死。	《史略》有
64	蘇觀生	21（戶部主事）蘇觀生。	
65	張國維	21（兵部尚書）張國維。	
66	朱大典	21 朱大典（起兵）。	

67	熊汝霖	21（給事中）熊汝霖。	
68	孫嘉績	21 孫嘉績（起紹興）。	
69	錢肅樂	21（吏部員外）錢肅樂。	
70	張煌言	21（行人）張煌言；47 張煌言絕命詞，窮海孤臣。	詳見下節
71	王翊	21（諸生）王翊（起寧波）。	
72	王之仁	21（定海總兵）王之仁；25 王之仁死。	
73	張名振	21（石浦游擊）張名振；30 取舟山；38 張名振卒。	《史略》有
74	陳子龍	22（故明給事中）陳子龍。	
75	沈猶龍	22（總督）沈猶龍。	
76	夏允彝	22（吏部主事）夏允彝。	
77	黃蜚	22（水師總兵）黃蜚。	
78	吳志葵	22 吳志葵（起兵松江）；23 志葵敗，禽吳志葵。	
79	吳易	22（兵部主事）吳易。	
80	孫兆奎	22（舉人）孫兆奎（起吳江，行人盧象觀奉宗室子瑞昌王盛瀝起宜興）。	眉批無盧象觀、朱盛瀝
81	朱盛濆	22 通城王（起太湖）。	
82	葛麟	22（中書）葛麟。	
83	王期昇	22（主事）王期昇。	
84	荊本徹	22（主事）荊本徹。	
85	沈廷揚	22（員外郎）沈廷揚（起崇明）。	
86	王佐才	22（副總兵）王佐才（起崑山）。	
87	侯峒曾	22（通政使）侯峒曾。	
88	黃淳耀	22（進士）黃淳耀（起嘉定）。	
89	徐石麒	22（吏部尚書）徐石麒。	
90	陳梧	22（平湖總兵）陳梧（起嘉興）。	
91	閻應元	22（典史）閻應元（陳明遇起江陰）；23 江陰城守，閻典史死節。	詳見下節
92	金聲	22（僉都御史）金聲；23 徽寧陷。	
93	邱祖德	22 邱祖德。	
94	尹民興	22 尹民興。	
95	吳應箕	22 吳應箕（起徽州寧國）。	
96	李成棟	23 李成棟；27 李成棟；30 江西廣東俱反；33 成棟亡。	《史略》有
97	洪承疇	23（洪承疇）禽瑞昌王。	

98	朱常㳜	24 樊山王。	
99	朱常淇	24 高安王。	
100	孔聞謤	24（陝西巡撫）孔聞謤。	《史略》有
101	豪格	24 豪格。	
102	張獻忠	24 豪格（征張獻忠）；36 獻賊餘孽。	詳見第五節
103	孫守法	24（明副總兵）孫守法。	
104	王恩光	24（鄖陽總兵）王恩光。	
105	武大定	24（固原副將）武大定。	
106	賀珍	24 賀珍（起兵）。	
107	孟喬芳	24（總督）孟喬芳。	
108	傅託	25（貝勒）傅託。	
109	方國安	25 方國安敗。	
110	馬士英	25 誅馬士英、阮大鋮。	《史略》有
111	阮大鋮		
112	何騰蛟	25（明大學士）何騰蛟。	《史略》有
113	鄭芝龍	26 芝龍抑制；27 鄭芝龍反；38 鄭芝龍兄弟降；45 誅鄭芝龍。	
114	楊廷麟	26（明總督）楊廷麟軍振；27 楊廷麟敗。	
115	萬元吉	26（兵部侍郎）萬元吉。	
116	蘇觀生	26（大學士）蘇觀生。	
117	黃鳴駿	27（明大學士）黃鳴駿。	
118	努山	27（清前鋒統領）努山。	
119	田川氏	27（鄭成功母）田川氏。	
120	鄭成功	27 國姓爺，鄭成功起兵；35 鄭成功大舉；37 祭孝陵；41 七十二鎮，戈船鐵人；43 鄭師入金陵，謁孝陵。	詳見下節
121	朱聿鐭	27 唐王立。	《史略》有
122	朱由榔	27 桂王立；28 桂王走；29 王還桂林（下條漏「鄭」字）；34 桂王走南（甯）；40 桂王走雲南。	《史略》有
123	瞿式耜	28（廣東巡撫）瞿式耜，瞿式耜守桂林，瞿式耜遘克。	《史略》有
124	呂大器	28（兵部尚書）呂大器。	
125	丁魁楚	28 殺（明兩廣總督）丁魁楚。	
126	焦璉	28（參將）焦璉；34 焦璉死。	《史略》有
127	陳邦彥	28（明給事中）陳邦彥。	

128	張家玉	28（兵部侍郎）張家玉。	《史略》有
129	陳子壯	28（明大學士）陳子壯。	
130	佟養甲	28（總督）佟養甲。	
131	彭遇颺	28（明御史）彭遇颺。	
132	王祁	28（明鄖西王將）王祁（善戰）。	
133	朱禋㳟	29 岷王降。	
134	滿達海	33（巽親王）滿達海。	
135	金聲桓	30 江西廣東俱反（江西總兵金聲桓）；33 聲桓、成棟亡。	《史略》有
136	高一功	34 高陳相讎。	
137	陳邦傳	34 高陳相讎；37（李定國）誅陳邦傳。	
138	陳錦	35（總督）陳錦，平寇策。	
139	孫可望	36 獻賊餘孽，四賊封王；38 象陣；39 可望跋扈；42 孫可望降。	詳見下節
140	李定國	36 獻賊餘孽，四賊封王；37 誅陳邦傳；41 李定國破孫可望。	詳見下節
141	劉文秀	36 獻賊餘孽，四賊封王；36 吳劉勝敗相當。	《史略》有
142	黃梧	41（鄭成功將）黃梧降。	
143	施琅	41 施琅降；62 平臺策；63 施琅始敗，以三路，舟戰法，洋占，鹿耳門漲。	詳見下節
144	竇名望	43 竇名望、王璽（戰）死。	
145	王璽		
146	甘輝	44 甘輝（被執）死。	
147	梁化鳳	44 燒海舟，圖形進。	《史略》有
148	鐸尼	44（信郡王）鐸尼。	
149	玄燁	48 罰鰲拜，勘囚，平南撤藩；57 令親征；60 誅尚之信；62 誅耿精忠，帝射虎，三箭山，射二十九兔，避暑設網；64 閱河蠲賦，親征；65 立火器營，再親征，帝拊士；66 手繪陣圖，幔城，網城，勒功虜山，老胡歌；67 三親征，拓境千餘里，南巡；68 廢太子；73 千叟宴，帝登遐，不如省事。	詳見下節
150	王氏	45（明太后）王氏（不食薨）。	
151	龔彝	45（戶部尚書）龔彝（觸地而死）。	
152	朱慈煊	45 桂王太子，焚王子。	
153	鄭經	46 鄭經；殺鄭世襲；耿鄭交惡。	《史略》有

154	朱聿鐥	46（禽）石泉王。	
155	李國英	46（四川總督）李國英。	
156	富喀禪	46（西安將軍）富喀禪。	
157	朱盛濙	46（禽）東安王。	
158	穆里瑪	47（靖西將軍）穆里瑪。	
159	李本深	47（提督）李本深。	
160	卞三元	47（總督）卞三元。	
161	鰲拜	48 罰鰲拜。	《史略》有
162	南懷仁	48 南懷仁。	
163	米思翰	49（戶部尚書）米思翰。	
164	明珠	49（尚書）明珠。	漏「兵部」
165	莫洛	49（刑部尚書）莫洛；51 殺莫洛。	
166	朱國治	49（殺巡撫）朱國治。	
167	甘文焜	49（雲貴總督）甘文焜死節。	
168	楊起隆	49（楊起隆）稱朱三太子。	
169	傅弘烈	49（故慶陽知府）傅宏烈起義；50 害宏烈家；60 傅宏烈死。	避弘曆諱，《史略》同。詳見下節
170	馬雄鎮	49（殺巡撫）馬雄鎮。	
171	孫延齡	49～50（廣西鎮守）孫延齡降三桂。	《史略》有
172	馬雄	50（提督馬雄）害宏烈家。	《史略》有
173	耿精忠	50 閩藩反；54 耿鄭交惡；62 誅耿精忠。	《史略》有
174	范承謨	50（福建總督）范承謨，承謨不屈；55 范承謨死節。	詳見下節
175	李之芳	51（浙江總督）李之芳。	
176	岳樂	51（安親王）岳樂；55 長沙戰。	
177	王輔臣	51（陝西總督）王輔臣反。	《史略》有
178	于成龍	52（前武昌知府）于成龍單騎抵賊營，斬（大冶賊黃）金龍；火燒鬚吾死日；據鞍草檄。	詳見下節
179	黃金龍	52 斬金龍。	
180	尚之信	54 尚之信反；56 尚之信反正；60 平南王，誅尚之信。	《史略》有
181	嘛尼	55（蒙古人）嘛尼死義。	
182	王道隆	55（舊卒）王道隆死烈。	
183	高大節	55 驍賊高大節。	

184	傅喇塔	56 傅（喇塔貝）子軍律。	
185	碩岱	57（統領）碩岱城守。	
186	王進寶	58（提督）王進寶。	
187	趙良棟	58（提督）趙良棟；61 趙良棟力戰，良棟軍律。	詳見下節
188	佛尼勒	58（將軍）佛尼勒。	
189	黃芳世	58 黃芳世死。	
190	姚啓聖	58（福建總督）姚啓聖。	
191	殷化行	59 兵難於退。	詳見下節
192	劉國軒	59 海澄城守；63 國軒終敗。	《史略》有
193	萬正色	59（水師提督）萬正色。	
194	馬承蔭	60 馬承蔭反，（將軍莽依圖）誅馬承蔭。	眉批無莽依圖
195	彰泰	61（貝子）彰泰。	
196	郭壯圖	61 象陣敗。	
197	吳世璠	61 世璠自殺。	《史略》有
198	鄭克𡒉	61（鄭經卒於臺灣，其下殺長子）克𡒉。	
199	陳永華	61 陳永華（憂死）。	
200	鄭克塽	61 鄭氏內亂；63 鄭氏平。	《史略》有
201	東野沛然	63（周公後）東野沛然（世襲五經博士）。	《史略》有
202	夏逢龍	64（撫標親兵）武昌變，禽夏逢龍。	
203	齊國政	64（應城知縣）齊國政。	
204	瓦岱	64（都統）瓦岱。	
205	徐治都	64（湖廣提督）徐治都。	
206	噶爾丹	64 駝城；65 害使臣；66 虜遁；67 噶酋死。	《史略》有
207	索額圖	65 俄羅斯界。	
208	費揚古	66 昭莫多大戰。	
209	阿努	66 殪（可汗之妃）可敦。	
210	拉錫	68（侍衛拉錫）探河源。	
211	李光地	68 李光地（為文淵閣大學士）。	
212	李天極	68 李天極伏誅（雲貴總督貝和諾禽斬之）。	《史略》有
213	胤礽	68 廢太子，允礽遂廢。	《史略》有
214	潘至善	69（游擊）潘至善。	
215	佛尼勒	70（將軍）佛尼勒戰死。	《史略》有

216	胤禛	70 征青海。	正文誤為「允禔」
217	祁里德	70（征西將軍）祈里德。	眉批、正文字均誤
218	阿喇納	70 阿剌納。	眉批、正文字均誤
219	岳鍾琪	70 平藏，神兵降，岳鍾琪奇兵，噴一腔血；73 岳鍾琪破番；76 破羅酋，岳鍾琪偉勳，青海壯圖，獸走有賊；77 岳鍾琪青海大功，石堡城，定番縣；78 平烏（蒙）蠻；80 破烏（魯木齊）虜；88 岳鍾琪威名；89 岳鍾琪入苗營；90 苗進茶，宿帳，金川平；91 岳將軍卒，一門列戟，祈天泉湧，察亡，好吟詩；92 武穆後。	詳見下節
220	朱一貴	71 朱一貴反。	
221	劉得紫	72（游擊）劉得紫。	
222	許雲游	72（副將）許雲游。	
223	崇功	72（副將）崇功。	
224	賴池	72（奸民）賴池反。	
225	施世驃	72 施世驃，良民幟。	詳見下節
226	藍廷珍	72（總兵）藍廷珍，（四）鯤身。	詳見下節
227	侯觀德	72（義民）侯觀德。	
228	李直三	72（義民）李直三。	
229	陳徵	73（義民）陳徵。	
230	林亮	73（守備）林亮。	
231	董方	72（千總）董方。	
232	陳策	73（守備）陳策。	
233	陳鵬年	74（河道總督陳恪勤卒）陳青天。	正文全用「恪勤」，似誤為名
234	胤禛	74 科場之弊，謝際世，孫嘉淦，狂士，服其膽；76 祭明陵；77 殺年羹堯，幽太弟；78 奇臣天賜；79 賢良祠；82 賜甲劍，任鄂爾泰；83 顧命。	詳見下節
235	謝濟世	74 謝際世（為御史，尋褫其職）。	眉批、正文字均誤，《史略》同
236	孫嘉淦	74 孫嘉淦，狂士，服其膽；86 孫嘉淦，治水法。	詳見下節
237	甘汝來	75 甘汝來（為太平知府）。	

238	年羹堯	75 年羹堯破青海；77 撤外戍，殺年羹堯。	《史略》有，眉批無
239	武格	75（都統）武格。	
240	宋可進	75（參將）宋可進。	
241	馬有仁	75（守備）馬有仁。	
242	黃喜林	75（總兵）黃喜林。	
243	李紱	75 李紱（為廣西巡撫），陣法六，五子礮。	詳見下節
244	羅卜藏丹津	76 破羅酋，衣婦衣走；92 禽達、羅二酋。	76 正文「卜」誤為「水」；92 正文為「木」，《史略》同
245	滿寶	77（閩浙總督）滿寶，禁洋教。	
246	胤（允）禵	77 幽太弟（允禵）。	《史略》有
247	鄂爾泰	78 鄂爾泰平苗，奇臣天賜；82 賜甲劍，任鄂爾泰；87 鄂爾泰相業。	詳見下節。《史略》有，眉批無
248	頗羅鼐	78 前後藏。	
249	阿爾布巴		
250	汪橚	78 汪橚舉父。	《史略》有
251	汪雲		《史略》有
252	黃廷桂	79（貴州提督）黃廷桂。	
253	張廣泗	79 張廣泗；85 平貴苗；86 張廣泗大捷；87 湖廣苗平；88 殺兩大將（張廣泗、訥親）。	《史略》有
254	曾靜	79 曾靜（圖）反（伏誅）。	詳見下節
255	哈元生	79（總兵）哈元生，殺二強酋；82（是頁正文一處「生」誤為「成」）破黔苗；83 苗亂。	《史略》有
256	黑寡	79 殺二強酋。	《史略》有
257	暮未		《史略》「未」誤為「末」
258	韓勳	79（參將）韓勳。	
259	定壽	80（副都統）定壽。	
260	傅爾丹	80 傅爾丹大敗；82 傅爾丹又敗；91 察亡。	《史略》有
261	策零	80 穿脛盛囊；83 厄魯特平。	《史略》有

262	策凌	80 策凌破虜；81 斷髮誓天，燕然山。	《史略》有
263	劉廷琰	81（參將）劉廷琰。	
264	康天錫	82（把總）康天錫。	
265	高其倬	81（總督）高其倬。	
266	王丹津	82（副將）王丹津。	
267	尹繼善	82（總督）尹繼善。	
268	弘曆	85 起楊名時；87 求遺書，議討準部；88 殺兩大將（張廣泗、訥親）；90 紫光閣，（南巡）賜經史；93（南巡召）王昶；94 誅三將；96 蔥嶺以西入貢；99 殺楊應琚；100 御製輓詩；101 誅額鄂；102（沈德潛）以詩終始，祭尹吉甫，土爾扈特來歸；104 畫形紫光閣；105 獻俘；108 封阮光平；109 嘉義縣，吉祥螺；111 駐藏；112 英吉利貢，內禪，千叟宴；115 上皇上昇。	詳見下節
269	楊名時	85 起楊名時（於滇南）。	正文「阻」誤為「祖」，《史略》有
270	朱軾	85（大學士）朱軾，遺疏。	
271	史貽直	85 史貽直，解事（人）少。	
272	雷鋐	87 雷鋐（為編修）。	
273	莎羅奔	88 金川反。	
274	訥親	88 殺兩大將（張廣泗、訥親）。	
275	張廷玉	89 張廷玉（卒）。	時間誤，《史略》亦誤。詳見下節
276	胡寶瑔	90（左副都御史）胡寶瑔。	
277	舒赫德	91（戶部尚書）舒赫德。	
278	阿睦爾撒納	92 阿酋降，阿酋反；93 阿酋詭計。	《史略》有
279	班第	92（定北將軍）班第，班第死。	
280	達瓦齊	92 達酋敗走，禽達、羅二酋。	
281	鄂容安	92 鄂容安（死之）。	
282	達爾黨阿	93（將軍）達爾黨阿。	
283	兆惠	93 兆惠；94 黑水營，兆惠苦戰；95 伐樹得丸，井水，窖粟，圍解；96 平囘部。	詳見下節
284	圖倫楚	93（侍衛）圖倫楚。	

285	王昶	93（南巡召）王昶。	
286	波羅尼都	94 囘酋反，沙土柳條築城，葉爾羌城；96 和卓木兄弟死。	譯作「布那敦」,《史略》同
287	霍集占		《史略》有
288	雅爾哈善	94 誅三將。	
289	順德訥		
290	馬得勝		
291	明瑞	95 明瑞；99 征緬；100 目受傷不挫，象奔，吹破（字誤，正文為「波」）倫，明瑞戰死。	詳見下節
292	高天喜	95（總兵）高天喜。	
293	富德	95 富德，嚙冰救渴；96 平囘部。	
294	阿里袞	95 阿里袞援師，虜敗。	
295	潘思榘	95（祭故福建副都御史）潘思榘。	
296	楊錫紱	96（湖南巡撫）楊錫紱，化苗。	
297	陳宏謀	96 陳宏謀（為兵部尚書），吏治。	避弘曆諱改名
298	秦蕙田	97（太子太保、尚書）秦蕙田（卒）。	
299	納世通	97（參贊）納世通。	
300	葉依木	97（葉爾羌鄂對之妻）葉依木智略。	
301	賴黑木圖拉	97 囘部復亂；酋中箭；烏什平。	
302	王世芳	98（訓導王世芳）百七歲。	《史略》有
303	湯老	98（湖南湯老）百四十歲。	《史略》有，歲數不一
304	楊應琚	99 殺（大學士）楊應琚。	《史略》有
305	哈國興	99（總兵）哈國興；101 哈國興定議。	
306	王連	99（黔兵）王連（先躍入）。	
307	孔拉阿	100 孔拉阿（中鎗死）。	
308	觀音保	100 觀音保、明瑞戰死。	詳見下節
309	額爾登額	101 誅額（爾登額）、（總督）鄂（甯）。	
310	鄂甯		並非此人。詳見下節
311	方觀承	101（直隸總督）方觀承知才，儲備。	

312	傅恒	101（大學士）傅恒，江水赤。	詳見下節
313	沈德潛	102 以詩終始。	《史略》有
314	尹吉甫	102 祭尹吉甫。	
315	渥巴錫	102 土爾扈特來歸。	「渥」寫為「握」
316	紀昀	102 紀昀（為總纂官）。	《史略》有
317	溫福	102（定邊大將軍）溫福；103 溫福陣歿。	《史略》有
318	阿桂	103（內大臣）阿桂，金川平，阿桂破蠻；105 金川平；106（大學士）阿桂平（回）；116 阿桂卒。	詳見下節
319	海蘭察	103 海蘭察；109 海蘭察。	詳見下節
320	錢陳羣	103（刑部尚書）錢陳羣（卒），錢陳羣（二十餘年為東南縉紳）領袖。	
321	王倫	104（奸民）王倫反。	《史略》有
322	萬朝興	104（總兵）萬朝興。	
323	音濟圖	104（侍衛）音濟圖。	
324	烏氏	104（殲）女賊烏氏。	
325	索諾木	105 索酋降。	《史略》有
326	劉統勳	105 劉統勳。	
327	鄭昭	106（暹羅遺民憤緬無道，推其臣）鄭昭（為主）。	
328	李湖	106（廣東巡撫）李湖（撫平海盜）。	
329	阮惠	108 阮惠襲孫士毅，封阮光平。	《史略》有
330	孫士毅	108 阮惠襲孫士毅；110 孫士毅。	《史略》有
331	柴大紀	109 柴大紀城守。	《史略》有
332	林爽文	109 禽林、庄二魁。	《史略》有
333	庄大田	108 鳳山盜；109 禽林、庄二魁。	108 正文「大」誤為「太」
334	黎維祁	110 黎維祁遁。	
335	福康安	111 福康安，六克；112 禽吳酋父子，福、和兩將卒於軍。	詳見下節
336	宋如椿	111（同知）宋如椿（死之）。	
337	吳八月	112 禽吳酋父子。	
338	吳廷義		正文未述被擒事

339	額勒登保	112（將軍）鄂勒登保。	正文亦用「鄂」
340	和琳	112 福、和兩將卒於軍。	
341	朱珪	113 朱珪（為安徽巡撫），防變；115 不沾直；121 服官五十餘年。	詳見下節
342	畢沅	113（湖廣總督）畢沅，賊平；115 畢沅，撫苗，拓地二萬里。	詳見下節
343	謝振定	113（罷御史）謝振定，直聲震。	
344	顒琰	113 直聲震；114 殺和珅；115 天子之孝；129 旋蹕，罪己詔。	詳見下節
345	和珅	114 殺和珅；121 王杰（與和珅）。	《史略》有
346	曹錫寶	114（御史）曹錫寶。	
347	劉清	114（南充知縣）劉清得民，宿賊營，劉青天；115 有國士風；129（山東鹽運使）劉清，文吏善戰。	詳見下節
348	姚之富	116 姚、徐二賊。	
349	徐天德	116 姚、徐二賊，禽天德。	《史略》有
350	宜綿	116（陝甘總督）宜綿。	《史略》有
351	恒瑞	116（將軍）恒瑞。	
352	羅思舉	116 羅思舉，一人走數萬，羅必勝；117 賊破膽；136 羅思舉力戰。	詳見下節
353	王三槐	117 平王賊。	
354	明亮	117（將軍）明亮。	
355	德楞泰	117（將軍）德楞泰。	《史略》有
356	舒亮	117 舒亮（擊殲五千人）。	
357	百齡	117 百齡惠政；124 百齡；單騎平賊；詫為天人。	詳見下節
358	朱射斗	118 朱射斗殺諸賊，力疾立功。	《史略》有
359	楊遇春	118 楊遇春；119 楊遇春連捷，遇春力戰；120 良將風；122 楊遇春，楊遇春敗；129 楊遇春破賊，髯將軍；133 楊遇春大克，天贊我，結髮數百戰；134 二楊。	詳見下節
360	劉權之	118 劉權之；131 劉權之（卒）。	《史略》正文有，眉批無
361	董誥	118 董誥（為文華殿大學士）。	
362	武億	119 武君億，惠政，卻金。	正文亦誤，《史略》同

363	蔣攸銛	119 蔣攸銛；127 蔣攸銛；135 蔣攸銛卒，薦賢。	詳見下節
364	阮元	119 阮元，得士盛；130 阮元平賊；132 阮元平盜，禁鴉片，洋人憚之；134 阮元靖邊。	詳見下節
365	孫玉庭	120 孫玉庭，決積獄；133 孫玉庭，閱歷五十年。	詳見下節
366	李崇玉	120（盜魁李）崇玉逸。	
367	傅鼎	120 傅鼎，破苗巢；123（明）沈希儀遺法，大小百戰，囊沙習步，飛隊，養士法。	詳見下節
368	李長庚	121 李長庚，破蔡牽，霆船，長庚大勝；124 破蔡賊；125 李長庚烈戰死。	詳見下節
369	蔡牽	121 破蔡牽；124 破蔡賊；蔡賊自盡。	詳見下節
370	朱濆	121 賊朱濆。	
371	王杰	121 王杰；122 五典試。	詳見下節
372	楊芳	123 楊芳單騎說賊；130 楊芳，楊芳連捷；133 楊芳平回；134 二楊。	詳見下節
373	許松年	124 許松年，全臺灣。	
374	王得祿	125（長庚裨將）王得祿。	
375	吳熊光	125 吳熊光；137 吳有光（卒）。	137 正文亦誤，《史略》卒年誤
376	阮福映	125 阮福映，禁鴉片煙天主教。	
377	鄧廷楨	126 鄧廷楨（為西安知府）。	《史略》記另一事
378	戴衢亨	127 戴衢亨卒，軍機大臣，大魁秉政。	《史略》有
379	李文成	127 天里教；128 捕賊首。	應為「天理教」，《史略》同誤
380	林清	127 天里教。	同上
381	強克捷	128 強克捷，捕賊首。	《史略》有
382	旻寧	128 皇次子殪賊；134 受俘禮，誅容安；142 清英定和議。	詳見下節
383	綿志	128（貝勒）綿志。	
384	湯金釗	131 湯金釗；175 湯金釗，鹿鳴宴，寫二百字。	《史略》有
385	董教增	131 董教曾（卒）。	詳見下節。正文亦誤，《史略》同

386	嚴如熤	131 嚴如烜，疆吏首。	詳見下節。正文亦誤，《史略》同
387	趙慎畛	132（總督）趙慎畛。	
388	林則徐	132 林則徐，林青天；137 林則徐撫江西，以兵法勒試人，林則徐督湖廣；138 林則徐禁鴉片；139 林則徐謫，縱橫三萬里，起林則徐；143 林則徐督陝甘，演巨礮；144 賞老卒，林則徐鎮雲貴，分良莠，繪像祀；147 林則徐卒，賊聞半散，冰天雪窖，英易與，俄為患，星斗南，軍民失倚，賊不足平，文忠行狀；148 蜀中名將（則徐善謀，必祿善戰）；164～165（吳文鎔與林則徐並）負天下望。	詳見下節
389	張格爾	133 囬人叛。	《史略》有
390	慶祥	133（將軍）慶祥敗。	
391	容安	134 誅（伊犁參贊）容安。	《史略》有
392	朱桂楨	135（廣東巡撫）朱楨桂。	正文亦錯置，《史略》351 同誤
393	長齡	135 長齡。	《史略》有
394	趙金龍	136 趙金龍作亂，殺金龍。	《史略》有
395	盧坤	136（湖廣總督）盧坤。	
396	王鼎銘	136（知縣）王鼎銘（死之）。	
397	余步雲	136（貴州提督）余步雲。	
398	趙仔青	136 禽仔青。	
399	盤均華	136 誅均華。	
400	曾勝	136（雲南副將）曾勝。	
401	陳家海	136 平（奸民陳）家海。	
402	黃爵滋	137 黃爵滋請禁鴉片。	《史略》有
403	陳化成	138 陳化成守吳淞，陳佛；141 陳化成死節，與（汝）福（皆）不薄。	詳見下節
404	伊里布	138 伊里布；139 褂琦、伊職。	《史略》有
405	琦善	139 褂琦、伊職；155 琦善；162 攻鎮、揚，罪琦善等。	《史略》有
406	綿愷	139（親王）綿愷。	眉批、正文「愷」均誤為斜玉旁

407	葛雲飛	140 葛雲飛，雲飛等血戰，藥桶焚敵。	詳見下節
408	王錫朋	140 王錫朋。	詳見下節
409	徐保	140（義勇）徐保。	
410	鄭國鴻	140 鄭國鴻。	詳見下節
411	長喜	140（都統）長喜（死之）。	
412	韋逢甲	140 韋逢甲；141 好官。	《史略》有
413	張惠	141 張惠。	
414	周恭壽	141 周恭壽，恭壽死烈。	
415	徐雲	141（都統）徐雲（刎死）。	
416	劉鳳姑	141 劉鳳姑（殉節）。	《史略》有
417	劉七姑	141 劉七姑（殉節）。	
418	胡娘	141 胡娘（殉節）。	
419	龔齡增	142（守備）龔齡增。	
420	裕謙	142（欽差大臣）裕謙。	
421	祥雲	142（副將）祥雲。	
422	海齡	142（副將）海齡。	
423	鄧紹良	143 鄧紹良，裳甲血赤，將略；146 鄧紹良；151 鄧紹良；161 黃池捷，單騎卻賊；186 鄧紹良殉難。	《史略》有
424	魏源	143 魏源，聖武記，海國圖志。	詳見下節
425	李星沅	144（總督）李星沅。	《史略》有
426	洪秀全	145 洪秀全謀亂，添丁會，天父，升天受福，三賊相合；146 秀全復反；147 賊僭號；149 僭號偽封；152 船燈照江，演城上；153 賊去武昌，賊棄九江，金陵陷；154 欲襲北京；180 賊酋相殺；250 洪賊遁，洪賊服毒死。	詳見下節
427	馮雲山	145 三賊相合；150 斃馮雲山。	《史略》有
428	韋昌輝	145 三賊相合；180 賊酋相殺。	
429	賈令甯	145（知縣）賈令甯。	
430	金廷彪	146（武舉）金廷彪。	
431	李殿元	146（副將）李殿元。	
432	張鏞	146（巡檢）張鏞。	
433	田繼壽	146（千總）田繼壽。	

434	奕訢	147 求賢；156 堅清法；157 上策；167 戒輕進；206 帝避熱河。	詳見下節
435	向榮	147 向榮；148 向榮；155 金陵大捷；177 向榮病；179 向榮卒，才足辦賊，千百戰；180 賊賀向榮死。	詳見下節
436	王崇山	147（守備）王崇山。	
437	林汝舟	148（林則徐子）林汝舟。	
438	張必祿	148 張必祿，蜀中名將（則徐善謀，必祿善戰）。	《史略》有
439	賽尚阿	148 賽尚阿，遏必隆刀。	
440	巴清德	148（都統）巴清德。	
441	達洪阿	142 臺民殺英人；148（副都統）達洪阿。	142、143 正文誤為「洪達」
442	開隆阿	148（侍衛）開隆阿。	
443	長瑞	148（天津鎮總兵）長瑞。	
444	長壽	148（甘肅涼鎮總兵）長壽。	應為涼州鎮
445	江忠源	148 江忠源，弊衣槁項；150 江忠源解圍，斃馮雲山，江忠源破賊；156 解南昌圍，江妖來；159 田家鎮敗；163 憚威不近，援鳳潁，義聲震天下，力疾登陴，江忠源死節；164 軍律，書生倡義，會剿策，國藩識忠源。	詳見下節
446	江忠濬	148 江忠濬。	詳見下節
447	烏蘭泰	148 烏蘭泰；149 莫家村捷，地雷策，見旗不近，飲臂血誓，烏蘭泰中礮。	《史略》有
448	秦定	148（總兵）秦定；151 秦定。	
449	洪大全	149 礫洪大全。	原名焦亮
450	鄒鳴鶴	150 廣西守，鄒鳴鶴。	
451	吳鼎昌	150（藩司）吳鼎昌。	
452	馬龍開	150（副將）馬龍開。	
453	楊秀清	150 凌雲梯，呂公車；151 舊新兄弟；180 賊酋相殺；239 高壘大濠。	《史略》有
454	余萬清	150（湖南提督）余萬清棄道州。	
455	李啓詔	150（桂陽知州）李啓詔死節。	《史略》有
456	駱秉章	151 長沙城守，駱秉章；196 駱秉章。	《史略》有
457	鮑起豹	151（提督）鮑起豹。	
458	張亮基	151（巡撫）張亮基。	

459	和春	151 和春；170 復廬州，數百戰；179 和春；188 和春，金陵一捷；189 金陵二捷，金陵三捷；202 和春死。	《史略》有
460	江忠濟	151 江忠濟；160 崇陽捷，雙刃呼躍，江西城守；176 江忠濟戰死，三千人不降。	詳見下節
461	張協中	151（參將）張協中（戰沒）。	
462	瞿騰龍	151（副將）瞿騰龍（力戰）。	
463	董振鐸	151（知府）董振鐸（死之）。	
464	劉宏庚	151（知縣）劉宏庚（死之）。	
465	博勒恭武	151（提督）博勒恭武敗走。	
466	常大淳	152（知府）常大淳（自盡）。	
467	馮培元	152 馮培元（殉難）。	
468	杜受田	152（太師）杜受田（卒）。	
469	翁心存	152（戶部尚書）翁心存（兼順天尹），畿甸警備。	《史略》有
470	徐豐玉	153（道員）徐豐玉（殉）。	
471	張汝瀛	153（道員）張汝瀛（殉）。	
472	李源	153（知州）李源（死之）。	
473	許連城	153（都司）許連城（殉）。	
474	金雲門	153（知府）金雲門（罵賊死）。	
475	陸建瀛	153（總督）陸建瀛（敗）走；154 殺陸建瀛。	
476	恩長	153（總兵）恩長戰死。	
477	蔣文慶	153 殺（巡撫）蔣文慶。	
478	蕭三娘	153（蕭三娘率）女兵百人。	
479	米行	153（壯士）米行。	
480	福珠隆阿	154（提督）福珠隆阿（殉）。	
481	劉因儽	154（知縣）劉因儽（投水死）。	
482	吳賡	154（主事）吳賡（被難）。	
483	張濬文	154（郎中）張濬文（被難）。	
484	陳廷柏	154（同知）陳廷柏（被難）。	
485	祥厚	154（將軍）祥厚（殉）。175 祥厚（應為「祥林」）。	《史略》有
486	霍隆武	154（副都統）霍隆武（拒戰）。	
487	吳文鎔	154 湖城守，（兩湖總督）吳文鎔，與城存亡；164 堵城敗，吳文鎔死節；165（與林則徐並）負天下望。	詳見下節

488	林鳳祥	154 鎮、揚陷，欲襲北京；158 吉林騎殺傷吉、林二酋。	
489	陳轉	155 爨陳賊。	
490	楊殿邦	155（漕運總督）楊殿邦（攻揚州）。	
491	陳金綬	155（直隸提督）陳金綬（合勦）。	
492	慧成	155（閩浙總督）慧成（戰揚州）。	
493	查文經	155（總督）查文經（圍揚州）。	
494	雷以諴	155（左副都御史）雷以諴（別成一軍）。	
495	曾國藩	155 曾國藩治鄉兵，效戚繼光隊伍法，湘勇營，出俊傑；161 曾軍陷彭蠡；162 曾國藩治水師，快蟹長龍；163 水勇十營；164 國藩識忠源；166 武昌同日復，五采帆，懸重賞；167 孔壟九江捷，曾國藩勞軍，懸釜待炊；184 曾國藩喪；189 曾國藩起復；190 援建寧；198 江西保障；203 曾國藩督兩江；205 江皖軍務歸曾國藩；209 蘆村捷；217 曾國藩兼制浙江；218 舉李鴻章；236 焚浮橋，曾國藩討山東賊；256 查洋工，曾國藩為直隸總督；258 曾國藩卒。	詳見下節
496	張芾	156（巡撫）張芾（拒守）；205 張芾（久）無（成）效。	《史略》述死事
497	陳孚恩	156（尚書）陳孚恩（拒守）。	
498	林福祥	156（知府）林福祥（出戰）。	
499	師長鑣	156 樓船代雲梯，（參將）師長鑣；184 師長鑣。	
500	雙來	156（總兵）雙來戰死。	
501	馮景尼	156 罪馮景尼；162 馮（景尼）師兵潰。	
502	吉文元	157 河南諸城陷；158 吉林騎殺傷吉、林二酋。	
503	正倫	157（殺參將）正倫。	
504	章光熊	157（殺同知）章光熊（知縣錢文偉）。	眉批無錢文偉
505	陸應穀	157（河南巡撫）陸應穀（拒戰）。	
506	徐軍師	157 邪法起霧，雷震妖賊。	
507	余炳	157 懷慶城守，（知府）余炳，一城繫安危。	
508	裴寶鏞	157（知縣）裴寶鏞（固守）。	
509	勝保	157 勝保；158 破帽燒鬣，智勇兼綜，儒將之風，神雀刀；159 復深州，數十捷；164 以圍為攻，獨流捷；165 曹縣捷；222 壽州捷。	詳見下節
510	張錫蕃	158（殺河東巡撫）張錫蕃。	應為河東道

511	晏宗望	158（殺知縣）晏宗望。	
512	綿愉	158 忠親王。	應為惠親王，正文無誤
513	訥爾經額	158 罪（總督）訥爾額。	正文亦漏字
514	僧格林沁	158 僧格林沁；169 河北平；205 僧王破英佛；233 僧格林沁；254 僧王戰死。	詳見下節
515	金門	159（黃州知府）金門（罵賊被害）。	
516	俞舜卿	159（漢陽知府）俞舜卿（抱印投水死）。	
517	李榟	159（知州）李榟（戰死）。	
518	杜文浩	159（知縣）杜文浩（戰死）。	
519	徐豐玉	159（知縣）徐豐玉（戰死）。	
520	張汝瀛	159（知縣）張汝瀛（戰死）。	
521	劉鴻庚	159（知縣）劉鴻庚（殉難）。	
522	文謙	159（長蘆鹽官）文謙（迎戰）。	
523	秦日綱	159 舒城陷。	
524	呂賢基	159（刑部侍郎）呂賢基；160 僚屬皆殉。	《史略》361 亦述陳言事
525	廣音太	159（游擊）廣音太（死之）。	
526	伍登庸	159（游擊）伍登庸（死之）。	
527	馬三俊	160（邑紳）馬三俊（迎戰）。	
528	李續賓	160 李續賓，湘右營；161 名震天下，望幟走，復武昌；182 李續賓；183 梅花洲捷；李續賓獻策；188 九江捷；193 李續賓殉節。	詳見下節
529	謝邦翰	160 謝邦翰（戰死）。	
530	曾國華	161 曾國華，敗石賊；184 曾國華；193 曾國華等九人殉。	詳見下節
531	石達開	161 敗石賊；172 高壘與城埒；188 八賊窟穴；237（楊）應剛（禽）石賊。	見第五節
532	薩炳阿	162（副都統）薩炳阿（率馬隊）。	
533	毛三元	162（總兵瞿騰龍、都司）毛三元（率步隊）。	瞿騰龍前有眉批
534	松齡	162（副將）松齡（由水路）。	
535	佟鑑	162（副都統）佟鑑（死之）。	

536	謝子澄	162（知縣）謝子澄（死之）。	正文一處誤為「謝之澄」
537	賴漢英	162 揚城賊脫。	
538	胡以晄	163 廬州陷。	
539	劉豫鈐	163（布政使）劉豫鈐（死）。	
540	馬良勳	163（參將）馬良勳（死）。	
541	戴文瀾	163（參將）戴文瀾（死）。	
542	興福	163（副將）興福（死）。	
543	陳源	163（知府）陳源（死）。	
544	艾延輝	164（縣丞）艾延輝（死）。	
545	鄒漢勳	164（同知）鄒漢勳（死）。	
546	劉富成	164（都統）劉富成（手刃數人）。	
547	崇綸	164 罪（巡撫）羅綸。	詳見下節。《史略》365 同誤
548	楊鄭白	165（知縣）楊鄭白（全家殉難）。	《史略》有
549	張積功	165（知州）張積功（與副將德慶皆戰死）。	眉批無德慶
550	魏文霸	165（知州）魏文霸（罵賊被殺）。	
551	岳興阿	165 岳興河（布政使岳興阿殉難）。	眉批字誤
552	曹懋堅	165（按察使）曹懋堅（殉難）。	
553	青麟	165（巡撫）青麟不終（被罪死）。	
554	景星	165（知府）景星（死之）。	
555	塔齊布	166 岳州捷；167 興國黃梅捷，面中石；170 塔齊布卒，無堅敵；171 臂涅忠臣報國字，絕技（火槍雙刀長矛）。	詳見下節
556	陳輝龍	166（鄧州總兵）陳輝龍（戰死）。	
557	沙鎮邦	166（游擊）沙鎮邦（戰死）。	
558	褚汝航	166（運使）褚汝航（被傷死）。	
559	夏鑾	166（同知）夏鑾（被傷死）。	
560	何若禮	166（千總）何若禮（被傷死）。	
561	黃明魁	166（親兵）黃明魁。	
562	曾天養	166 刺曾酋。	
563	楊載福	166 楊載福；184 楊載福。	
564	唐訓方	166 唐訓方。	

565	李光榮	166 李光榮（沖中營）。	
566	楊昌泗	167 楊昌泗（攻漢陽）；181（總兵）楊昌泗。	
567	許賡藻	167（知府）許賡藻（拔黃州）。	
568	羅澤南	167 興國黃梅捷；171 復義甯，羅澤南連捷；172 義甯捷，平賊策，通戰，坐地破賊，詭計收勝，羅澤南連捷，毀石壘；176 羅澤南戰死，羅澤南遺命，究濂洛，二百餘戰，制敵如大學，左氏注腳，書生拒巨寇。	詳見下節。「義甯」正文亦作「義寧」
569	李鴻章	168 李鴻章，嫺韜略，復含山；218 舉李鴻章；221 李鴻章援上海；229 重固大捷；242 李鴻章大克；255 李鴻章代曾國藩；260 利通、鴻章相見，李鴻章請遣公使於日本。	詳見下節
570	莫青雲	168（千總）莫青雲。	
571	輯順	168（佐領）輯順。	
572	何桂珍	168（道員）何桂珍，想望風采，鶴城捷。	詳見下節
573	李兆受	168 李賊降；197（副將）李世忠；218（提督）李世忠；223 李世忠；231 李世忠烈戰。	亦作李兆壽、李昭壽，降清後賜名世忠，詳見下節
574	吉爾杭阿	169（巡撫）吉爾杭阿（復上海）；177 吉爾杭阿。	
575	虎嵩林	169（參將）虎嵩林（攻浙江）。	
576	石景芬	169（道員）石景芬，（徽州知府石景芬）復徽歙。	
577	劉存厚	169（知府）劉存厚（施地雷壞城）。	
578	謝安邦	169 斬謝、劉二賊。	
579	劉麗川		
580	陶恩培	169（巡撫）陶恩培（死之）。	
581	多山	169（知府）多山（死之）。	
582	陶德壽	169（游擊）陶德壽（死之）。	
583	何桂清	169（巡撫）何桂清；201 何桂清；203 何桂清免。	
584	扎拉芬	170（西安將軍）札拉芬，隨州敗。	用字不一
585	官文	170 官文代楊霈；178 官文；181 武昌漢陽同日克復；187 官文（破賊蘄州）；188 官文勵將士；217 用降賊。	《史略》有
586	楊霈	170 官文代（總督）楊霈。	《史略》有
587	福濟	170（巡撫）福康安（復廬州）。	正文亦誤
588	鄭魁士	170 鄭魁士（等架梯先登廬州城）。	
589	莽阿布	171 莽阿布（戰死）。	

590	吳錫光	171（都司）吳錫光死。	
591	胡林翼	171 胡林翼，禽陳賊，火龍船；177 武昌捷；舉火破賊；181 武昌漢陽同日克復；183 蘄州大捷；196 小池捷；216 胡林翼卒，需才喻。	詳見下節
592	陳大為	171 禽陳賊。	
593	彭三元	172 彭三元（攻通城）。	
594	普承堯	172 普承堯（攻通城）。	
595	楊岳斌	172 楊岳斌；183 楊岳斌。	
596	劉騰鴻	173 劉騰鴻；179（總兵）劉騰鴻，瑞州捷。	
597	劉希洛	173（知府）劉希洛（歿於陣）。	
598	周鳳山	173（副將）周鳳山，藤牌手。	
599	世焜	175（知府）世焜（陣亡）。	
600	祥林	175 祥厚（參將祥林陣亡）。	眉批字誤
601	舒保	177（都統）舒保公；188 舒保；213 舒保破陳賊；229 舒保。	177 正文亦誤
602	松壽	177（知縣）松壽（歿於陣）。	
603	繃闊	177～178（副都統）繃闊（投江死）。	
604	彭玉麟	178 彭玉麟；184 易賈服；188 九江捷；203 樅陽捷；213 復武昌；222 彭玉麟取東梁山；230 花山捷。	詳見下節
605	都興阿	178 都興阿；205 都興阿；221（將軍）都興阿。	
606	張國樑	178 張國樑勵諸將；184 句容捷；195 浦口捷；九洑州捷；200 取二關；202 狙擊國樑。	《史略》作張國梁
607	劉于淳	179（道員）劉于淳，劈山礮。	
608	程智泉	179（參將）程智泉（歿於陣）。	
609	沈葆楨	180（江西巡撫）沈葆楨，廣信城守；235 沈葆楨（援師）；253 左宗棠等五人封爵賞。	見第五節
610	林普晴	180（沈葆楨妻）林氏（林則徐之女），躬汲爨。	
611	李元度	180（同知）李元度；213（總兵）李元度。	
612	林源恩	180（同知）林源恩（攻賊）。	
613	吉順嵩	181 吉順嵩（勦巢縣賊）。	
614	于昌麟	181 于昌麟（勦巢縣賊）。	
615	鄭魁士	181 鄭魁士；186（總兵）鄭魁士。	
616	王國才	181（總兵）王國才。	

617	曾國荃	182 曾國荃；189 白鷺洲；221 曾國荃；222 曾國荃取西梁山；226 曾國荃取二關；230 曾國荃傷丸；237 九洑（洲）捷。	詳見下節
618	劉之能	182（守備）劉之能（破賊）。	
619	畢金科	182 畢金科，陶溪捷。	
620	張金璧	182（千總）張金璧（破賊）。	
621	李能通	182 李能通（破賊）。	
622	李續宜	183 李續宜；185 李續宜，賊入彀中，黃岡大捷；186 太湖捷。	詳見下節
623	黃翼升	183（游擊）黃翌升；229 重固大捷，（提督）黃翼升。	183 正文亦誤
624	魯占鰲	184（副將）魯占鰲（擊賊大破之）。	
625	李定泰	184（副將）李定泰（擊賊大破之）。	
626	金光筋	184（道員）金光筋（擊賊）。	正文字亦誤
627	多隆阿	185 多隆阿；186 太湖捷；194 荊橋十捷；222 廬州捷；229 樊城克；246 多隆阿傷死，天下惜之。	詳見下節
628	傅振邦	185（總兵）傅振邦，噴火。	
629	鮑超	185 王（家）河捷；209 石門捷；211 集賢五捷；226 寧國捷；232 鮑超來；236 取和州；253 左宗棠等五人封爵賞。	詳見下節
630	吉順	186（總兵）吉順（破賊）。	
631	李成謀	186（總兵）李成謀（火攻）。	《史略》有
632	陳玉成	186 陳賊敗；199 結捻匪；201 四賊來援；213 破陳賊；216 冒裝官幟；222 誅二陳。	《史略》有
633	葉名琛	187（總督）葉名琛。	
634	巴篤斯	187（英領事）巴篤斯（發兵）。	
635	林紹璋	188 八賊窟穴。	
636	黃文金	188 八賊窟穴；252 羅大春、劉光明（擊破黃文金）。	《史略》有
637	張朝爵	188 八賊窟穴。	
638	韋志俊	188 八賊窟穴；198 韋賊降。	
639	林啓榮	188 八賊窟穴，礫林、李二賊。	
640	陳得才	188 八賊窟穴；223 賊入武關；252 陳賊自殺。	《史略》有
641	李興隆	188 礫林、李二賊。	
642	李若琳	189 李若琳；193 李若琳；195 浦口捷。	

643	富慶阿	189（總兵）富慶阿（破賊）。	
644	陳維漢	189（知府）陳維漢（破賊）。	
645	劉坤一	189（江西巡撫）劉坤一（破賊）。	
646	保泰	189（按察使）保泰（防賊）。	
647	顧飛熊	189（參將）顧飛熊（等克賊浦城）。	
648	吳全美	189（總兵）吳全美（攻破峨橋）。	
649	張玉良	189（副將）張玉良（陷陣）。	
650	馮子材	189 馮子才；201 馮子材；248 馮子材。	189 正文亦誤，191 正文仍誤
651	鞠殿華	190（總兵）鞠殿華（等大破賊）。	
652	晏端書	190（浙江巡撫）晏端書（檄諸將赴援）。	
653	蕭開甲	190（總兵）蕭開甲（死之）。	
654	武成功	190（知府）武成功（死之）。	
655	彭大壽	190（守備）彭大壽（擊破之）。	
656	張運蘭	191 張運蘭；253 張運蘭戰死。	《史略》有
657	孔繼鑅	191（同知）孔繼鑅（陣亡）。	
658	宣維祈	191（知府）宣維祈（陣亡）。	
659	陳昇	191（副將）陳昇（陣亡）。	
660	富明阿	191（總兵）富明阿（殊死防戰）。	
661	詹起綸	191（守備）詹起綸（殊死防戰）。	
662	溫紹原	191～192（運使）溫紹原（死之）。	《史略》有
663	李守誠	192 李守誠（縊）。	
664	羅玉斌	192（總兵）羅玉斌（戰死）。	
665	馮明本	192（知縣）馮明本（戰死）。	
666	葉枀	192（典史）葉枀（戰死）。	
667	王家幹	192（都司）王家幹（戰死）。	
668	夏定邦	192（都司）夏定邦（戰死）。	
669	余城恩	192（守備）余城恩（戰死）。	
670	海從龍	192（千總）海從龍（戰死）。	
671	張德勝	192 張德勝；198（營官）張德勝斬吳賊。	
672	周觀銘	192（知縣）周觀銘（督戰陣亡）。	

673	劉神山	193（逼將）劉神三（戰死）。	應為副將，正文人名無誤
674	彭友勝	193（參將）彭友勝（戰死）。	
675	胡廷槐	193（游擊）胡廷槐（戰死）。	
676	鄒玉堂	193（游擊）鄒玉堂（戰死）。	
677	杜廷光	193（游擊）杜廷光（戰死）。	
678	李續燾	193（總兵）李續燾（斫營）。	
679	彭祥瑞	193（副將）彭壽祥（斫營）。	正文亦誤
680	薛三元	194 薛賊（以江浦城）降。	
681	蕭啓江	194（總兵）蕭啓江（破賊）。	
682	李卿穀	194（按察使）李卿穀（殉湖北）。	
683	李孟羣	195（知縣）李孟羣（死之）。	「羣」《史略》用「群」
684	吳毓衡	195 吳毓衡，椎牛饗士，毓衡死節。	《史略》有
685	左宗棠	196 左京堂，左宗棠；213 左宗棠連捷；235 左宗棠；253 左宗棠等五人封爵賞。	詳見下節
686	蕭翰慶	196 蕭翰慶；203 蕭翰慶敗死。	196 正文無
687	劉長佑	196（道員）劉長佑；198 劉長佑。	
688	魏喻義	196 魏喻義。	
689	余星元	196（副將）余星金。	正文無誤
690	郭沛霖	196（前淮揚道員）郭沛霖（死之）。	《史略》有
691	周佩濂	196（知縣）周佩濂（死之）。	《史略》有
692	周汝諮	196 周汝諮（從死）。	
693	周炳濂	196 周炳濂（從死）。	
694	金國琛	197 金國琛（先登）。	
695	趙道煥	197 趙道煥（破賊）。	
696	田興恕	197 田興恕（破賊）。	正文「恕」誤為「怒」
697	胡福發	197（副將）胡福發（躍馬衝突）。	
698	吳汝孝	198 張德勝斬吳賊。	
699	格洪額	198（營官）格洪額。	
700	曹澍鍾	198（巡撫）曹澍鍾。	
701	蔣益澧	198 蕭益澧；239（藩司蔣益澧）；246（總兵蔣益澧）；253 左宗棠等五人封爵賞。	198 正文亦誤

702	藍承宣	199 磔藍賊。	
703	袁甲三	199 袁甲三（為欽差大臣），屢奏大捷，誅二張。	
704	張元龍	199 誅二張（捻首張元龍）。	
705	張先	199 誅二張（偽丞相張先）。	
706	哈芬布	200（副將）哈芬布（擊走之）。	
707	羅遵殿	200（巡撫）羅遵殿（死之）。	
708	王友端	200（布政使）王友端（死之）。	
709	戴熙	200（兵部右侍郎）戴熙（死節）。	
710	瑞昌	200～201（將軍）瑞昌（破賊）；217 瑞昌、王有齡殉難。	《史略》有
711	王玉林	201（守備）王玉林（攻武林、錢塘二門）。	
712	來存	201 來存（破賊）。	
713	李秀成	201 五賊勁勇（李秀成為之魁首）；208 傷秀成；214 李賊敗；250 禽李賊，誅仁達、秀成。	《史略》有
714	楊輔清	188 八賊窟穴；201 五賊勁勇，四賊來援；218 楊賊傷。	
715	李世賢	201 五賊勁勇，四賊來援；213 破李賊；249 破李賊。	正文「世」部分誤為「侍」，《史略》同誤
716	劉官芳	201 五賊勁勇。	
717	賴文鴻		
718	古隆賢		
719	王有齡	201（浙江巡撫）王有齡；217 王有齡殉難。	
720	劉成元	201 劉成元（銜枚赴金壇）。	
721	熊天喜	201 熊天喜（復廣德）。	
722	田宗興	201 田宗興（破分水）。	
723	陳坤書	201 四賊來援；248 襲生陽（禽陳坤書）。	
724	周天爵	202（廣西巡撫）周天爵。	
725	王浚	202（提督）王浚（向戰丹陽，中丸死）。	
726	徐有壬	202（巡撫）徐有壬（死之）。	
727	施氏	202～203（妾）施氏（從死）。	
728	徐曾庚	203（族弟）徐曾庚（從死）。	
729	徐振翼	203（次子）徐振翼（從死）。	
730	鮑鄂	203（幕友）鮑鄂（從死）。	

731	楊安	203（家丁）楊安（從死）。	
732	朱鈞	203（按察使）朱鈞（投井）。	
733	張鏡淳	203（教授）張鏡淳（殉）。	
734	周沐潤	203（知縣）周沐潤（破賊）。	
735	萬勝宗	203 誅萬勝宗。	
736	趙景賢	204 趙景賢三捷；226 死守，景賢罵賊；234 趙景賢殉節；235 賊葬景賢。	詳見下節
737	瑞春	204（湖州守）瑞春。	
738	劉仁福	204 磔反將（副將劉仁福）。	
739	周夒	204（知府）周夒（死之）。	
740	全興	204（參將）全興（死之）。	
741	應寶時	204（同知）應寶時；257 應寶時。	《史略》有
742	李淮	205（知縣）李淮（死之）。	
743	周天孚	205（參將）周天孚（死之）。	
744	向奎	205（副將）向奎（馳援）。	
745	江清驥	205（按察使）江清驥（擊卻之）。	
746	榮志	205（副將鄂世堂赴援），（知縣）榮志（傷）。	眉批無鄂世堂
747	蔣顯敭	205 蔣顯敭（力戰而死）。	
748	奕訢	206 恭親王議和；258 恭親王等。	
749	翁同書	207（巡撫）翁同書（等拒戰）。	《史略》有
750	黃鳴鐸	207（副將）黃鳴鐸（火攻）。	
751	福咸	207（道員）福咸（死之）。	
752	周天受	207 周天受（巷戰而死）。	
753	周天培	207 周天培（戰河北而死）。	
754	周天孚	207 周天孚（死於金壇之敗）。	
755	封九貴	207（副將）封九貴（戰沒）。	
756	傑純	207（副都統）傑純（擊破之）。	
757	林福祥	208（浙江布政使）林福祥（等擊破之）。	
758	阿隆阿	208 阿隆阿；246 阿隆阿傷死。	
759	吳桂先	208 斬桂先。	
760	吳熊	208（知縣）吳熊（死之）。	《史略》有
761	吳鑲	208（子）吳鑲（死之）。	
762	馬星恒	208（典史）馬星恒（死之）。	

763	安和	208（知縣）安和（死之）。	
764	趙榮祺	208（知縣）趙榮祺（死之）。	
765	趙燕棠	208（長子）趙燕棠（死之）。	
766	胡琅笙	208（幕客）胡琅笙（死之）。	
767	周炳勳	208（吏目）周炳勳（死之）。	
768	蕭國煦	208（訓導）蕭國煦（死之）。	
769	江忠義	208 江忠義；238（提督）江忠義。	
770	劉宗元	208（同知）劉宗元（死之）。	
771	林天福	209 禽林天福。	
772	成大吉	210 成大吉再捷；245 成大吉。	
773	龔德樹	210 斬龔瞎子。	亦作龔得樹，《史略》有
774	朱品隆	210 朱品隆；218（總兵）朱品隆；240 朱品隆病。	
775	何長治	210（邑紳）何長治。	《史略》有
776	沈維城	210（邑紳）沈維城（許子蘭）。	眉批無許子蘭
777	方聚興	210（守備）方聚興（破賊）。	
778	巴棟阿	211（將軍）巴東阿（破賊）。	正文名無誤
779	曾紹霖	212（游擊）曾紹霖（迎戰）。	
780	吳亮才	212（守備）吳亮才（入壘招降）。	
781	江長貴	212（提督）江長貴（破賊）。	
782	易咸臨	213（都司）易咸臨（先登）。	
783	羅寅	213（都司）羅寅（先登）。	
784	胡裕發	214（總兵）胡裕發（拒戰）。	
785	譚仁芳	214（參將）譚仁芳（破賊）。	
786	穆圖善	215（將軍）穆圖善；249（副都統）穆圖善。	
787	羅大春	216（副將）羅大春（被傷而）遁；247 羅大春；252 羅大春。	
788	吳澄	216（知縣）吳澄傷。	
789	劉瑲琳	216 礫劉賊。	
790	劉維楨	217（官文）用降賊。	
791	劉岳昭	217 劉岳昭（等從東北門入）。	

792	張錫庚	218（學政）張錫庚（死節）。	
793	饒廷選	218（浙江提督）饒廷選（死節）。	
794	文瑞	218（處州總兵）文瑞（死節）。	
795	莊煥文	218（鹽運使）莊文煥（死節）。	眉批錯置，正文無誤
796	潘曾瑋	218（刑部郎中）潘曾瑋（入朝定洋兵會勦之議）。	
797	龐鍾璐	218（欽差大臣）龐鍾璐。	
798	鄒郇膏	218（上海知縣）鄒郇膏（赴援軍敗）。	
799	載淳	218 崩立；251 賊平告祭；254 救荒；255 勦捻賊；256 曾李換任	詳見下節
800	華爾	219 米人華爾、白齊文；228 華爾戰功，華爾中丸。	詳見下節
801	白齊文	219 米人華爾、白齊文；220 米人白齊文，投賊為謀主，北略策，逮齊文。	詳見下節
802	何伯	219 英人何伯；228 何伯破賊。	詳見下節
803	卜羅德	219 佛人卜羅德；224 佛將（佛國提督卜羅德）戰死。	詳見下節
804	吳煦	219（上海守）吳煦，募呂宋人。	
805	王韜	219（吳郡處士）王韜，洋法練兵策。	詳見下節
806	雷正綰	220（總兵）雷正綰（破賊）。	
807	賈臻	221（布政使）賈臻（拒戰）。	
808	范文英	221（游擊）范文英（裹創堵禦）。	
809	曾貞幹	221（同知）曾貞幹（破賊）。	詳見下節
810	陳士才	222 誅二陳（陳玉成、陳士才）。	《史略》有
811	阿揚阿	223（參將）阿揚阿（會勦）。	
812	張國均	223（知縣）張國均。	
813	高天寵	223（知縣）高天寵（迎擊）。	
814	廖秩瑋	223（知縣）廖秩瑋（攻北門）。	
815	曹士鶴	223（知縣）曹士鶴（與）妻萬氏（殉難）。	
816	萬氏		
817	陳茂	223（縣丞）陳茂（戰沒）。	
818	李慶琛	224（知府）李慶琛、（同知）周士濂殉難。	《史略》有
819	周士濂		
820	哈連升	224 漢中守，（提督）哈連升。	

821	度端禮	224（總兵）度端禮（復台州）。	正文一處誤為「白州」
822	張景渠	225（道員）張景渠；244 張景渠。	
823	秦如虎	225（總兵）秦如虎（環攻）。	
824	吳兆祥	225（知縣）吳兆祥（奮登）。	
825	劉銘傳	225（都司）劉銘傳；239 劉銘傳。	
826	鄧賢芳	225（知縣）鄧賢芳（奮擊）。	
827	陸二	226（趙景賢）僕陸二（自刎）。	
828	宗國永	226（總兵）宗國永（橫衝陣）。	
829	王其昌	227（知縣）王其昌（死之）。	《史略》有
830	王詔	227（知州）王詔（赴援）。	
831	張遇春	227（參將）張遇春（擊走之）。	《史略》有
832	張志邦	227（都司）張志邦（馘一酋）。	《史略》有
833	唐焵	228（知府）唐焵（擊卻之）。	
834	盧得勝	228（副將）盧得勝（赴援）。	
835	金國琛	228（提督）金國琛（赴援）。	
836	周伯	229（新任提督）英人周伯。	
837	程學啓	229 重固大捷，程學啓；245 程學啓傷死。	《史略》有
838	穆正春	229（總兵）穆正春（破賊）。	
839	周万倬	230（總兵）周万倬（驍勇）。	
840	訥欽	230（總兵）訥欽（擊破之）。	
841	慶明	230（知縣）慶明（復房縣）。	
842	蕭慶衍	231（提督）蕭慶衍（擊賊銅城）。	
843	胡中和	231（提督）胡中和（等合擊）。	
844	蕭慶高	231 蕭慶高；243～244（提督何勝必）蕭慶高。	
845	何勝必	231 何勝必（分道進攻）。	《史略》有
846	劉嶽	232（梟司）劉岳（攻雙龍場）。	231 正文為「劉嶽」
847	郭集益	232 郭集益（等三千人降）。	
848	朱桂秋	232（總兵）朱桂秋（敗賊）。	
849	丁羲	232（候選訓導）丁羲（死之）。	《史略》有
850	易開俊	232（涇縣守將）易開俊。	
851	宋國永	232（總兵）宋國永（守營）。	

852	梁美材	232（總兵）梁美材（潛伏斷賊後）。	
853	邱振家	233（監生）邱振家（破賊）。	《史略》有
854	方傳理	233（知縣）方傳理（破賊）。	
855	葉炳忠	233（提督）葉炳忠（等復紹興）。	
856	湛恩榮	233（游擊）湛恩榮（飛騎衝突）。	
857	李耀光	233（守備）李耀光（從砲丸中躍馬先登）。	
858	張文德	233（總兵）張文德（擊賊）。	
859	萬化林	234 萬化林（以水師破賊）。	
860	李鶴章	235（統領）李鶴章；237 顧山捷，乘月破賊。	《史略》有
861	蔣凝學	235 蔣凝學（設伏）。	
862	王文端	235（總兵）王文端（戰七里橋斬李遠繼）。	查無此人，李遠繼並非此時歿
863	韓進春	235（參將）韓進春（力戰）。	227、228 正文「巡撫韓進春」誤
864	李臣典	236（總兵）李成典（奪旗直前）。	250 正文亦誤
865	勞崇光	236（雲貴總督）勞崇光。	
866	沈宏富	236（總兵）沈宏富（會勦）。	
867	唐友耕	236（總兵）唐友耕（破石達開）。	《史略》有
868	楊應剛	237（總兵楊）應剛（禽）石賊。	
869	劉士奇	238（副將）劉士奇（奮戰）。	
870	李榕	238（鹽運使）李榕（會勦）。	
871	夏基鴻	238（都司）夏基鴻（血戰）。	
872	劉秉璋	238（編修）劉秉璋。	
873	潘鼎新	238（道員）潘鼎新（等攻楓涇）。	
874	楊鼎勳	238（副將）楊鼎勳（破賊）。	
875	馬格里	238 英人馬格里（以開花砲多斃悍賊）。	
876	戈登	239（洋將）戈登、龐發（燬十餘壘）；244 戈登。	詳見下節
877	龐發	239 戈登、龐發。	
878	徐文秀	239（游擊）徐文秀（破賊）。	
879	熊登武	240（總兵）熊登武（夜襲）。	
880	郭松林	241（總兵）郭松林（等破李秀成）。	

881	俞俊明	241（總兵）俞俊明。	
882	成發翔	241（總兵）成發翔（等破賊）。	
883	藍二順	241 破藍賊。	
884	藍大順	241 破藍賊；246 藍賊平。	
885	藍斯明	241（總兵）藍斯明（破藍二順）。	
886	李雲麟	242 李雲麟（破賊）。	
887	陳東友	242 陳東友（會攻）。	
888	周壽昌	242 周壽昌（禽黃子澄）。	
889	周盛華	242 周盛華（中矛死）。	
890	周盛波	242 周盛波（以功後為甘肅涼洲鎮總兵）。	「洲」應為「州」
891	周盛傳	242 周盛傳（積功至提督）。	
892	李氏	242（周盛華妻）李氏（罵賊被害）。	
893	李朝斌	243 李朝斌（水師）；249（總兵）李朝斌。	
894	德克碑	243 洋將德克碑；246 德克碑。	
895	劉蓉	244（陝西巡撫）劉蓉。	243 正文誤為「劉鎔」
896	曾堯	244 曾堯。	
897	曾克勝	244 曾克勝（等斬馘二千餘人）。	
898	唐義訓	244（總兵）唐義訓（擊卻之）。	
899	王開琳	244 王開琳（馳至）。	
900	呋樂德	244 英將（英國總兵）呋樂德。	
901	達爾第福	244（英國副總兵、副將）達爾第福（銳進陣亡）。	實為法國人，《史略》406 同誤
902	德克統達	244（洋將）德克統達。	
903	美敘羅殿	244（洋將）美敘羅殿。	
904	吳勝清	244 吳勝清（等四面圍攻）。	
905	何安泰	245（總兵）何安泰（中丸歿）。	
906	趙克彰	245（總兵）趙克彰（被圍）。	
907	楊朝林	245（總兵）楊朝林（赴援）；248 楊朝林。	
908	劉士奇	245（程學啓部將）劉士奇（等力戰）。	
909	管泧	246（主事）管泧（斬藍大順）。	

910	高連升	247 高連升（復德清）。	243 正文誤
911	項大英	247 誇二酋（項大英、方正宗）。	「誇」依正文應為「誅」
912	方成宗		正文字誤
913	吳毓芬	247（道員）吳毓芬。	
914	吳毓蘭	247 吳毓蘭（克招仙橋）。	
915	黃仁翼	247（提督）黃仁翼（復新城）。	
916	梁洪勝	247（總兵）梁洪勝（馳援）。	
917	張之萬	248（巡撫）張之萬。	
918	龔生陽	248 龔生陽（禽陳坤書）。	
919	詹啟綸	248（總兵）詹啟綸（破丹陽）。	
920	譚勝達	248（總兵）譚勝達（戰東壩）；253 譚勝達。	
921	王永勝	249 王永勝（夾擊）。	
922	張正全	249（總兵）張正全（傷臂仍裹創督攻）。	
923	李祥和	250 李祥和（攻取龍脖子山）。	
924	吳宗國	250 吳宗國（冒亂丸開地道）。	
925	武明良	250 武明良（身先士卒）。	
926	王遠和	250 王遠和（攻偽天王府）。	
927	劉連捷	250 劉連捷（由神策門梯而入）。	《史略》記另一事
928	羅逢元	250 羅逢元（從聚寶門登）。	
929	李金洲	250 李金洲（從通濟門登）。	
930	陳湜	250 陳湜（等攻旱西、水西兩門）。	
931	易良虎	250 易良虎（取水旱兩門）。	
932	袁大升	250 袁大升（護偽玉璽）	「護」應為「獲」
933	洪仁達	250 誅仁達。	
934	朱九妹	251 朱九妹（謀殺楊秀清，事覺被害）。	《史略》有
935	王憶香	251（秦淮妓）王憶香。	《史略》作「王憲香」
936	姜玉順	252 姜玉順（合擊）。	
937	喬松年	252（巡撫）喬松年（破賊）。	
938	英翰	252（臬司）英翰（破賊）。	
939	郭寶昌	252 郭寶昌（破賊）。	

940	張得勝	252 張得勝（破賊）。	
941	何紹彩	252 何紹彩（破賊）。	
942	劉光明	252 劉光明（擊破黃文金）。	
943	黃少春	252（總兵）黃少春（克洪橋）。	
944	莫桂元	252 莫桂元（破黃文英）。	
945	王德榜	252 王德榜（率浙軍）。	
946	席寶田	252（按察使）席寶田；253 左宗棠等五人封爵賞。	
947	洪仁玕	253 禽二洪。	《史略》有
948	洪仁政		《史略》有
949	郭毓龍	253（知州）郭毓龍（擊破之）。	
950	周家良	253（游擊）周家良（禽洪福瑱）。	
951	洪天貴福	253 誅洪賊之子（洪福瑱）。	其名沿清官書誤，《史略》同
952	石清吉	254 石清吉戰死。	
953	孔祥珂	255 衍聖公孔祥珂。	
954	慈禧太后	256 皇太后。	詳見下節
955	張文祥	256 盜殺馬新貽（刺客張汶詳害之也）。	正文名誤
956	馬新貽		
957	清原宣嘉	257（從三位外務卿）清原宣嘉。	以下均詳見第五節
958	藤原宗則	257（從四位外務大輔）藤原宗則。	
959	柳原前光	257（從四位外務權大丞）柳原前光等。	正文一處誤為「藤原前光」，「丞」應為「丞」
960	安井衡	257（日本宿儒）安井仲平。	《史略》有
961	大久保利通	258 日本辦理大臣大久保利通；260 利通、鴻章相見。	
962	西鄉從道	258（陸軍中將）西鄉從道。	
963	威妥瑪	258 英公使威氏。	
964	尊敦	260 琉球舜天。	
965	利勇	260 逆臣利勇，滅天孫氏。	
966	尚泰	260 薩人執琉球王。	
967	王凱泰	261 王凱泰請遣公使領事；262 商之利害。	詳見第五節

需要說明的是，上述人物並非《清史攬要》中出現的所有人物，而是大部分重要人物和一些雖非重要但作者認為值得眉批的人物，因為還有諸多僅出現一兩次的人物沒有眉批，也有個別有一定歷史影響的人物沒有眉批，舉例如下：

如康熙年間參與平定布爾尼之亂的圖海，正文中記載兩事：康熙「十四年」〔註8〕，「蒙古察哈爾反，命大學士土圖海討平之。察哈爾等部拒命，時京師禁旅已無可遣，乃發滿洲家丁數萬，命土圖海討蒙古，半年平之」〔註9〕。十五年，「定遠大將軍土圖海破王輔臣，降之。土圖海往菻西師……」〔註10〕。其名出現四次以上，均誤，且未眉批。「土圖海」可能是「公圖海」之誤，因為圖海後來被封為公爵，為何沒有眉批則不得而知。

又如太平天國戰爭中守衛南陽的河南巡撫鄭元善，書中記：「陳得才圍南陽，巡撫鄭元善拒戰破之。」〔註11〕該頁眉批「南陽守」之後，是役前來增援的副將盧得勝、提督金國琛均在眉批留名，而鄭元善全書均未眉批。

三、眉批涉及的史事

該書眉批中涉及的史事可謂五花八門，為對其分類進行比較研究，筆者抽取了一些關鍵字詞進行檢索，詳見下表：

《清史攬要》眉批所涉部分史事一覽表

序號	抽取的關鍵字詞	眉批頁碼、內容及正文補充	備 註
1	戰	9 尚閒崖戰，河水赤；10 渾河戰，第一血戰；11 寧遠戰，血渠；……	詳見第五節
2	大戰	8 薩爾（滸）大戰；16 山海關大戰；66 昭莫多大戰；109（臺灣）夜大戰；230 金陵大戰；249 金陵大戰。	
3	大捷	155 金陵大捷；183 蘄州大捷；185 黃岡大捷；229 重固大捷；234 崑山大捷。	

〔註8〕當在十三年。
〔註9〕第53頁。
〔註10〕第55頁。
〔註11〕第228頁。

4	賊	16 賊大敗；19 賊三敗；36 獻賊餘孽，四賊封王；……	詳見第五節
5	屠	20 屠揚城。	詳見第五節
6	城守	23 江陰城守；31 長沙城守；59 海澄城守；151 長沙城守；154 湖城守；157 懷慶城守；160 江西城守；180 廣信城守；191 六合城守；204 湖州城守。	
7	日本	24 日本漂民；220（白齊文）自日本來；256 大日本國書；258 日本領事官；260 日本師凱旋，（日本州郡之士）請效軍前，日本人皇（後）裔，經書日本刻。	詳見第五節
8	象	38 象陣；55 象陣；61 象陣敗；100 象奔；107 象載寶。	
9	荷蘭	46 荷蘭船。	詳見第五節
10	俄	65 俄羅斯界；147 俄為患；207 與地俄人。	詳見第五節
11	礮	12 紅衣礮；75 五子礮；179 劈山礮；229 炸礮（正文用砲）；242 炸礮（正文用砲），245 洋人礮；248 開花礮。	
12	砲	38 號砲警備；71 鄭氏砲。	
13	炮	152 釘炮門（正文用砲）；207 購槍炮。	
14	苗	82 破黔苗；83 苗亂；85 平貴苗；87 湖廣苗平；96 化苗；111 貴州苗；115 撫苗；120 破苗巢；123 苗兵三長。	詳見第五節
15	回	94 回酋反；96 平回部；98 回部復亂；107 回民反；133 回人叛。	
16	藏	71 平藏；78 前後藏；110 全藏（大震）；111 駐藏。	
17	臺	59 臺兵敗；62 平臺策；108 臺灣反；124 全臺灣；142 臺民殺英人；258 降臺番十八社。	
18	英	112 英吉利貢；125 英吉利船；126 火攻破英人；138 英人入寇，禽英王女；141 壞英船；142 清英定和議；142 臺民殺英人；144 廣民逐英人；186 捕人英船；187 英佛入天津；206 京師英佛警；207 禽英將；218 英佛會勦；223 英佛米兵。	以下均詳見第五節
19	浩罕	135 浩罕納貢；142（布噶爾伐）敖罕亡。	
20	天地會	108 天地會；130 天地會匪；136 天地會。	

21	白蓮教	111 白蓮教賊；113 白蓮教。	
22	天理教	127 天里教。	
23	邊錢會	179 邊錢會。	
24	伊（西班牙）	138 焚伊（斯把爾亞）國船。	
25	米（美國）	220 米領事。	
26	佛（法國）	256 殺佛人。	

　　需要強調指出的是，列出上表是為了研究書中的記事及作者的觀點。以上並非眉批中包含的全部關鍵字詞，且書中也有一些史事並未給出眉批。

　　另外，該書一則涉及地名的眉批記事中採用了作者或者說日本讀者相對更加熟悉的簡稱：「賊犯趙」，對應的正文為「賊由潞城、黎城入直隸境，進至深州」〔註12〕，這種方式後來在《滿清史略》的註釋中大量出現，詳見本書第三章第三節。

第四節　《清史攬要》的人物及形象刻畫

　　如前所述，《清史攬要》是一部編年體史書，其基本體例是依時敘事。不過人是社會活動的主體，史書在記事的同時，免不了要記行記言。作者在編纂過程中通過對史料的採擇，其筆下歷史人物的形象也同時被刻畫出來。

一、《清史攬要》中的清朝皇帝形象

1. 清太祖努爾哈齊

　　全書開篇首先追述了清太祖的先世「清國之先在遼金之末，生於長白山下，姓為愛親覺羅，國號滿洲，數傳至肇祖……」〔註13〕，該書稱清太祖姓「愛親覺羅」，而邨山緯、永根鉉（北條鉉）摘抄實錄而成的《清鑑易知錄》〔註14〕《大清三朝事略》〔註15〕中均寫作「愛新覺羅」，國內的《清實錄》及《清史稿》也是一樣。「國號滿洲」，其實定名滿洲是在後世皇太極時期。

　　書中肇祖之後列舉興祖，其後記述「景祖名覺昌安，饒才智，漸併諸部。景祖三子為顯祖，名塔克世。顯祖子為太祖，名努爾哈赤」。

〔註12〕第 158 頁。
〔註13〕第 7 頁。
〔註14〕第一冊，第 19 頁。
〔註15〕第六冊，第 11 頁。

　　該書將清太祖之名寫作「努爾哈赤」。據北京市社科院閻崇年研究員考證，這一譯名最早見於乾隆年間成書的蔣良騏《東華錄》中。〔註16〕本書中將按照《清史稿》的寫法，稱其為「努爾哈齊」。〔註17〕不過亦有學者認為應按照清代官書寫作「弩爾哈齊」。〔註18〕

　　努爾哈齊「有雄才，善用兵」，因覺昌安、塔克世被害，「慨然往攻（尼堪）外蘭」，「僅有顯祖遺甲三十副、兵百人而已」。「明萬曆」〔註19〕「十五年，攻哲陳部，阻漲渾河，聯繩而渡，跨堞而戰，身中五十餘創，遂克之。十六年，復克完顏部，滿洲五豪部皆服，遂有建州，兵食強富。又收鴨綠江部，而葉赫等九國忌之，合兵三萬來侵。」〔註20〕

　　此時與「國人大懼」作為對比的是：「太祖酣寢達旦，自出戰克……軍威大震〔註21〕」，表現了努爾哈齊的胸有成竹。

　　之後「絕明貢」，「滅輝發國，取烏拉，尋征葉赫」，「遂誓師讎明」，「年五十八建元天命，國號滿洲」，「休兵二年，以三年興師伐明，以七大憾誓告天地」。指揮薩爾滸之戰，「是役明傾天下之力，盡徵宿將猛士，而五日間三路皆敗，清兵僅損數百人。兩朝之興亡，實始於是戰」。此時國號並非滿洲，應為金。

　　遼陽之戰，「袁應泰引水注濠」，「太祖命塞水源，渡濠冒礮而登城……」，「於是遼河以東七十餘城俱下，遂遷都遼陽」。直到寧遠城下，袁崇煥「令閩卒發西洋巨礮，一發決血渠數里，傷數百人……」，「太祖不懌，是年卒，年七十四」。書中未列努爾哈齊的生年，此年齡亦不對。努爾哈齊（1559～1626），享年六十八歲。

　　作者於此綜述努爾哈齊「事無不舉」「戰無不克」「用無不給」三個方面的原因：「太祖每有征伐，與諸貝勒適野而謀，畫地而議，上馬而傳令，以五大臣議政，十大臣理事，無留獄，無壅情，令簡而速，故事無不舉。臨敵七旗

〔註16〕閻崇年《清太祖漢譯名考》，見王崗主編《北京歷史文化研究》，人民出版社2012年版，第43頁。

〔註17〕參見張杰《清太祖名為「努爾哈齊」論》，《遼寧大學學報（哲學社會科學版）》2011年第1期，第64～70頁。

〔註18〕參見張佳生《清太祖名諱漢字寫法考論》，《大連民族學院學報》2013年第2期，第119～126頁。

〔註19〕此處書中如清乾隆朝後書籍例避乾隆帝弘曆諱。

〔註20〕第7～8頁。

〔註21〕應為「振」。

卻走，一旗拒戰，即以七旗佐領之丁給一旗。一旗卻走，七旗拒戰者，亦如此。一旗內半卻走，半拒戰者，亦如之。罪親不貸，功疏不遺，令信而必，故戰無不克。興京內城居宗室勳戚，外城居宿衛親兵萬餘，此外遠近十餘萬戶散處遼河東西，無事耕獵，有事徵調，戰勝分俘受賞，人自為兵，人自為饟，無養兵之費，故用無不給。」最後總結其生平：「起兵二十載而國基建，又十載而王業大定。」〔註22〕

2. 清太宗皇太極

書中並未述及努爾哈齊死後的汗位之爭，首先表現了皇太極繼位後的武勇，同時反襯了袁崇煥的形象：「進攻錦州，不克，袁崇煥守城……背城列火器，諸將以險請退，太宗怒命侍衛持盾大呼馳進，諸軍殊死衝突」，依然未克，「遂收兵而還」。作者總結：「自清起兵，明軍望風潰，議戰守，自崇煥始。」〔註23〕

面對袁崇煥守軍的火器優勢，皇太極積極學習，鬥智鬥勇，一方面「遂縱反間，明逮崇煥」，一方面「始鑄紅衣礮，命漢軍演火器，與明軍戰大凌河。敵陣堅不動，太宗自率兩翼勁兵先衝」。戰陣之中異常兇險，明將祖大弼，「號萬人敵，嘗以五百騎突錦州，刃及太宗之馬」。〔註24〕但這些兇險並未影響皇太極繼續親征。

崇德「二年，親率兵十萬伐朝鮮」，六年「親統大軍赴援」，「太宗又料杏山兵奔寧遠，張伏破之，先後殺五萬三千餘人，海中浮屍如雁鶩，清兵昏夜僅傷十人耳」。七年，清兵入松山，「錦州亦降，旋克杏山。于是明國大震，始決和議」。「竭天下兵餉大半以事關東」。其中崇德六年條開頭誤為「太祖」。〔註25〕

除此以外，作者僅在段末書「是年，太宗殂，世祖繼立」〔註26〕，沒有刻畫皇太極的整體形象，也未交代他身後的皇位之爭。

3. 清世祖福臨

書中開始並未提及福臨是幼年即位，而寫「世祖使睿親王伐明」，「世祖

〔註22〕第8～11頁。
〔註23〕第11頁。
〔註24〕第12頁。
〔註25〕第13頁。
〔註26〕第14頁。

遣兵援（吳）三桂」。順治元年，「遣官祭先師孔子，春秋為例。定攝政王及諸王貝勒等儀仗」。直到「命攝政王多爾袞率師往圖中原」一條引用勅諭，才說「朕年沖幼」，敘事不夠清晰。

在多爾袞奏捷後，「帝發盛京，定都於燕，祭告天地。詔中外大赦，盡除明弊政，文臣衣冠暫從明制」。〔註27〕

順治「二年正月，黃河清。自河南孟縣至梅子村，清二日。」「於順天府行鄉飲酒禮。命祭金太宗、世宗陵。更孔子神牌為大成至聖文宣先師。旌故明殉難太監王承恩。給香火地六十畝，立碑旌其忠，葬故帝陵側。詔修明史。博選文行鴻儒充總裁、纂修官。」〔註28〕三年「四月，除貫穿耳鼻刑。」〔註29〕

順治五年「八月，許滿漢官民之婚姻。諭禮部：欲滿漢官民和睦，莫如聯姻一事。凡滿漢官民有欲聯姻者，皆從其願。」〔註30〕次年敘多爾袞薨，未述親政事。實際上多爾袞去世在順治七年底，福臨於八年正月親政。

九年「帝幸大學，釋奠先師孔子，視學。遣官祭明殉難諸臣。」〔註31〕十二年「六月，立內十三衙門鐵牌以制宦官」。「十月，帝親試武舉人騎射。帝嘗幸南臺賜宴羣臣，持弓曰：『我朝定天下，此弓也。每年出獵二三次，練習騎射，身雖無暇，心念此不忘。』」〔註32〕

十六年因「鄭成功取鎮江入金陵」，「東南大震」，「帝幸南苑集六師議親征」。〔註33〕後因總兵梁化鳳破鄭成功「有首功，詔圖其形以進」。

「十八年，帝崩，太子玄〔註34〕曄〔註35〕即位。」作者在此追記：「帝篤好儒學，建學齋于宮中，披覽常至夜分，製《資政要覽》。崩年二十四。」〔註36〕福臨生於 1638 年 3 月，逝於 1661 年 2 月，虛歲可說二十四，實際上不到 23 歲。

〔註27〕 第 14～17 頁。
〔註28〕 第 18 頁。
〔註29〕 第 25 頁。
〔註30〕 第 31 頁。
〔註31〕 第 37 頁。
〔註32〕 第 40 頁。
〔註33〕 第 43 頁。
〔註34〕 缺最後一筆，下同。
〔註35〕 並非太子，應為「燁」。
〔註36〕 第 44 頁。

4. 清聖祖玄燁

書中並未明言康熙帝玄燁亦是幼年即位，名字也不對，卷一末尾是「玄曄」，卷二開篇是「玄煜」〔註37〕。

康熙「六年，內大臣鰲拜有罪褫職」。是年玄燁親政未述，擒鰲拜事在康熙八年。「八年，以西洋南懷仁為欽天監副。」「九年，命刑部詳勘罪因。」〔註38〕

關於平定三藩：「十二年，平南王尚可喜請撤藩歸老，許之。」「吳三桂、耿精忠聞之不自安，疏請撤藩，以探朝旨。……上念藩鎮非利，又念其子孫宿衛必無反，特允之。」「變聞京師，詔削三桂官爵，賜（其子）吳應熊及長孫死。大學士索額圖請誅建議撤藩者，帝不許，詔止閩粵兩藩勿撤。」〔註39〕十七年，「帝怒諸軍曠日持久，下親征之令」。「……則三桂已死，其孫世璠自滇至始發喪僭號，改元洪化，擁柩歸滇。至是始罷親征之議。」〔註40〕二十年，「吳世璠自殺」，「雲貴川湖悉平，命班師，大赦天下」。〔註41〕

二十一年，「帝奉皇太后行幸溫泉，兼巡寨〔註42〕外。帝駐蹕於察漢城，親射圍，中一虎。西巡發龍泉關，崇崖竦峙，乃停駕而射，連飛三矢，至逾岩頂三百餘步，居民呼其地為三箭山。又獵信安，發三十矢，獲兔二十九」。歸來之後，「帝避暑瀛臺，諭羣臣命遊釣。諭部院曰：『朕思天熱移瀛臺，今天下少安，卿等勤職。宋時會諸臣於後苑賞花釣魚，傳為美談。今設網以待卿等遊釣，以見朕一體燕適之意。』」〔註43〕

「二十三年，帝東巡，以周公後東野沛然世襲五經博士。」其後先敘玄燁問東野沛然何以不姓姬及周公廟位置的對話，又記：「帝悅，御製祭文命恭親王（常寧）致祭。又幸孔子廟，行三跪九叩頭禮。」〔註44〕

「二十七年」，「帝南巡閱河，遂至會稽」，「親祭禹廟，蠲江南賦二百二十餘萬」。事當在次年。「帝親征破噶爾丹，不豫，班師。」〔註45〕事當在二十九年。

〔註37〕第 45 頁。
〔註38〕第 48 頁。
〔註39〕第 48～49 頁。
〔註40〕第 57 頁。
〔註41〕第 60～61 頁。
〔註42〕應為「塞」。
〔註43〕第 62 頁。
〔註44〕第 63 頁。
〔註45〕第 64 頁。

三十一年，「以前征準噶爾時火礮便利，立火器營，朝鮮國王進鳥銃三千桿，詔永免黃金及藍青紅木棉等貢」。三十五年，「帝親征噶爾丹」，「親統禁旅出中路」，「親拊士卒，相水草，師逼虜境」，……「大學士伊桑阿力請回鑾，帝怒曰：『朕祭告天地宗廟出征，不見虜而返，何以對天下？且大軍一退則虜盡銳向西路，不其殆乎？』遂疾趨克魯倫河，手繪陣圖，指示方略。噶爾丹望見御營黃幄龍纛，環以幔城，又外為網城，軍容山立，大驚，拔營夜遁。帝親率前鋒追之三日」。「帝親撰銘勒察罕拖諾山及昭莫多之山而還。次歸化城，躬犒勞西路之師，大享士，獻厄魯特之俘，彈箏箚歌者畢集。有老胡工箚口辨有膽氣，兼能漢語，賜之潼酒使奏技，音調悲壯，歌曰：『雪花如血撲戰袍，奪取黃河為馬槽。滅我名王兮虜我使歌，我欲走兮無駱駝。嗚呼！北斗以南奈若何？』乃伏地謝。帝大笑，遂班師。」〔註46〕此歌應採自徐珂《清稗類鈔》。

「三十六年帝復親征，噶爾丹自殺」，「所部盡降，自是阿爾泰山以東皆隸版圖，拓喀爾喀西境千餘里，凡三駕而朔漠平」。

「三十八年帝巡閱河工，遂至杭州。帝曰：『今四海太平，所最重者治河一事也。』」「四十二年正月巡視南河。登泰山，至杭州，回幸江甯。」〔註47〕

「四十四年二月，上南巡閱河。」四月，「直隸巡撫李光地劾雲南布政司張霖假稱奉旨販賣私鹽，得銀百六十餘兩。上命光地審擬。霖論斬，籍沒家產。陞光地為文淵閣大學士。」此案贓銀實約為一百六十萬兩。該書未述四十六年南巡事。

四十七年，「太子允礽暴戾淫虐多不法，帝召羣臣泣廢之，幽於成〔註48〕安宮」。「四十八年復立允礽為皇太子，尋又廢之。」〔註49〕

「四十九年行皇太后七旬慶賀。帝諭禮部曰：『蟒式舞者，滿洲筵宴大禮，觀慶之盛典。今朕欲親舞稱觴。』及進宴，上近前起舞進爵。」

五十年，「帝巡視通州河堤」。「北巡駐蹕熱河。」〔註50〕

六十年，「詔行千叟宴。正月，賜饌百官年六十五以上者，都三百四十人，命各賦盛事，名曰千叟宴。」

〔註46〕 第 65～67 頁。
〔註47〕 第 67 頁。
〔註48〕 應為「咸」。
〔註49〕 第 68 頁。
〔註50〕 第 69 頁。

「帝崩〔註51〕，太子〔註52〕胤〔註53〕禎〔註54〕即位。帝疾大漸，召諸皇子及理藩院尚書隆科〔註55〕曰：皇四子深肖朕，必克成大統，繼登位。是日崩。」之後，作者又追記了康熙帝關於施政理念和人才觀的一些言論作為結尾：「嘗諭講官曰：『從來與民休息，道在不擾，與其多一事，不如省一事。朕觀前代君臣，每多好大喜功、勞民傷財、紊亂舊章、虛耗元氣、上下詿誤，民生日戚，深為可鑒。』又曰：『有治人有治法，但真能任事亦難得。朕觀人必先心術，次才學。心術不善，縱有才學何用？』其好學用心于政治如此。」〔註56〕

5. 清世宗胤禛

書中第二次出現雍正帝的名字，用字依然不對。作者在雍正元年的記事裏就著力刻畫胤禛的形象：「帝耽書史，善綴文，又能評騭人材。諭大學士曰：『國家養育人材，首重翰苑，必當立晶〔註57〕端方，居心敬慎。聞有僥倖之徒，平昔結黨營私，至科場年分互相援引請託，遇謹守之人畏法不肯通，反相排抵，飛語誣陷，此風斷不可長。』」

「以謝際〔註58〕世為御史」，「就職未浹旬，面奏河南巡撫田文鏡不法狀。帝不懌曰：『彼號能臣，朕方倚任，爾毋惑浮言誣奏。』擲還其疏。際世伏地不肯起，爭益力。上震怒，褫職，令往阿爾泰軍前效力」。田文鏡於雍正二年方任河南巡撫，謝濟世參奏事實在雍正四年。

「孫嘉淦上封事三：曰親骨肉；曰停捐納；曰罷西兵。帝召諸大臣示之，責掌院學士曰：『爾翰林乃容此狂士？』學士叩謝。大學士朱軾徐對曰：『此生誠狂，然臣服其膽。』上大笑曰：『朕亦不能不服其膽。』即召對，授國子監司業。他日帝手指嘉淦示九卿曰：『朕即位以來，孫嘉淦每事直言極諫，朕不惟不怒，且嘉悅焉。爾等當以為法。』」〔註59〕

二年，「封明裔真定知府朱之璉為一等侯，世襲。又遣使祭明太祖陵及昌平

〔註51〕前漏「六十一年」，第45頁已記「在位六十一年」。
〔註52〕並非太子。
〔註53〕缺最後一筆。
〔註54〕應為「禛」。
〔註55〕應為隆科多。
〔註56〕第70頁。
〔註57〕應為「品」。
〔註58〕應為「濟」，下同。
〔註59〕第74～75頁。

十三陵。」〔註60〕「詔立昭忠祠祀開國以來授命立功之臣。」〔註61〕「八年，詔建賢良祠。於京城內關帝廟側建祠祭漢大臣才德著聞完節者。」〔註62〕

「三年，大將軍年羹堯有罪，賜死。諸大臣奏年羹堯之九十二大罪，供狀昭著，帝念青海功令自裁，誅其弟年富，父遐齡以老恕死，子孫發邊遠充軍。」「皇太弟允禵有罪，幽之。允禵引允禔、允祀、允禟為黨，糾合術士兇徒陰謀篡奪，事發覺，俱行拘禁，除宗人府名。」皇太弟應為儲君，此稱呼不妥。

雲貴總督鄂爾泰征貴州苗，「奏：欲百年無事，宜悉令獻土納貢，違者勦之。帝大悅，曰：『此奇臣天賜朕也。』手鑄三省總督印賜之。」「六年，命諸臣各保舉賢才一人。」〔註63〕

七年，「靖邊大將軍傅爾丹征準噶爾。……帝親行授鉞禮，視大軍啟行。大雨如注，旌纛皆淫，識者以為不祥。」「湖南生員曾靜圖反，伏誅。……命捕靜誅之。」〔註64〕其實曾靜最終被殺是在乾隆朝。

傅爾丹大敗之後，雍正十年，「鄂爾泰為軍機大臣，世襲一等伯，賜金甲、上方劍，出巡阿爾蘇，奏屯田事宜，西虜未可遽滅。帝遂罷兵，與天下休息。鄂爾泰受世宗非常之知，語秘外人無知。每具一疏，帝必嘉獎忠誠，頒示天下。事無大小，必命平章以聞。……」〔註65〕

十二年，「詔禁廣東進象牙。以其過華麗也。凡自海津來者，禁止勿售。」所禁者實為象牙蓆。

十三年，「帝崩，太子弘〔註66〕曆即位。八月，帝大漸，命四子寶親王為太子即位，命莊親王、果親王及大學士鄂爾泰、張廷玉受遺詔輔政。」〔註67〕未述胤禛建立的秘密立儲制度。

6. 清高宗弘曆

本書卷三開篇「高宗皇帝，諱弘曆」，「弘」字並未如前次缺最後一筆避

〔註60〕第 76 頁。
〔註61〕第 77 頁。
〔註62〕第 79 頁。
〔註63〕第 77～78 頁。
〔註64〕第 79 頁。
〔註65〕第 82 頁。
〔註66〕缺最後一筆。
〔註67〕第 83 頁。

諱，而書中的康熙朝大臣傅弘烈仍因避諱改為了傅宏烈。書中的「曆」字則多未避諱，與清乾隆朝之後書籍用法不同。

乾隆「四年，帝親策試貢士。是年《明史》告成，願刊刻者，許之。尋命採訪遺書。」十二年，「帝幸木蘭觀獵」。次年，「金川軍敗，詔誅雲貴總督張廣泗，賜大學士訥親死」。「帝東巡，謁闕里孔廟，遂登泰山。」〔註68〕

十五年，「詔畫功臣五十人像于紫光閣。」次年，「太后六旬上誕，帝親奉駕幸盛京，舉行大慶禮」。「帝巡幸江南。詔曰：『經史，學之根柢也。朕特幸所至，如江甯之鍾山書院、蘇州之紫陽書院、杭州之敷文書院，各賜武英殿所刊之十三經、二十二史一部，資髦士稽古之學。』」〔註69〕

二十二年，「帝南巡。召江蘇王昶……入直軍機處，後征金川……於礮火矢石中無一誤，在軍前前後九年。金川平，賞賚優渥。」〔註70〕次年，「帝南巡，遣使祭故福建副都御史潘思榘。南巡之次，屢遣大臣即其家致祭。潘思榘在官敏決明法律，練習吏事力持大體，經國澤民為務」。〔註71〕是年並未南巡，所述為前一年事。

「二十八年，以陳宏謀為兵部尚書。……明年特設協辦大學士以命陳宏謀，漢大臣之有協辦，自陳宏謀始。」三十年，「帝巡幸江浙。訓導王世芳迎駕，年一百七歲，賞匾額並緞二疋。……」〔註72〕書中未記乾隆二十七年、四十五年、四十九年的三次南巡。

三十二年〔註73〕，「大學士楊應琚征緬甸，有罪賜死」〔註74〕。「三十四年，大學士傅恒討緬甸，……上以軍人久苦，命班師。緬酋獻方物請入貢，遂焚船鎗砲而還，共糜餉銀千三百萬，始致平定」。「太子太傅沈德潛卒……帝曰：『朕於德潛，可謂以詩始以詩終矣。』」「三十六年，帝東巡」，「遣吏部侍郎曹秀先往南皮祭尹吉甫墓，秀先請御製詩表其墓，許之」。「土爾扈特來歸。……握巴錫以俄羅斯蔑佛教，又苦征調，遂挈所部以來，眾十餘萬。臺言洶洶，謂有詭計。上慮伊犁將軍伊勒圖一人不能經理，命舒赫德

〔註68〕第 87～89 頁。
〔註69〕第 90 頁。
〔註70〕第 93 頁。
〔註71〕第 95 頁。
〔註72〕第 96～98 頁。
〔註73〕誤為「十三年」。
〔註74〕第 99 頁。

往相度。赫德力白其無他，上嘉之。」「特命開四庫全書館，以紀昀為總纂官。」〔註75〕此事在三十八年。

「三十九年，刑部尚書錢陳羣卒」，「年八十九，詔曰：『錢陳羣學問淵醇，優游林下二十餘年，為東南縉紳領袖。儒臣老輩中能以詩文結恩遇、備商推者，沈德潛之後，惟陳羣一人而已，可贈太傅。』」〔註76〕

「四十一年，金川師凱還，獻俘廟社，誅叛酋索諾木。帝謁兩陵、岱嶽、闕里，獻俘廟社，上皇太后徽號，勒碑太學及兩金川。先是帝以阿桂功必成賜扇，親畫蘭于上，題以：同心之言，其臭如蘭。後製詩賜之。及還，授軍機大臣，又繪功臣五十人像于紫光閣，阿桂居第一。」同年〔註77〕，「戶部奏天下州縣府庫之闕乏。帝震怒，欲盡罷州縣不職者以筆帖式等官代之，召大學士劉統勳曰：『朕思之三日，汝意云何？』統勳默不言，帝變色詰責，徐曰：『聖聰思至三日，臣昏耄，誠不敢遽對，退而熟審之。』翌日入對曰：『州縣治百姓者也，當使身為百姓者為之。』語未竟，帝霽顏曰『然』，事遂寢。……」〔註78〕

五十二年，臺灣林爽文起事，總兵柴大紀守諸羅城。「臺灣沙土浮疏，不時地震，故城無磚石，皆掘濠樹竹為城，府城亦樹城也。柴大紀守之，賊來犯，擊殺千人、賊始不窺府城。」「大紀奏曰：『諸羅為府城北障，諸羅失則賊尾而至，府城亦危，且半歲以來守禦甚堅，一朝棄去，克復甚難，而內外義民四萬不忍委賊，惟有竭力待援。』帝覽奏墮淚曰：『大紀當糧盡勢急之時，惟以國事民生自任，雖古名將何以加之？其改諸羅為嘉義縣，大紀封義勇伯。』福康安聞賊勢盛，請增兵而進，帝命頒內庫所藏大吉祥利益右旋螺，凡將軍、總督渡臺灣，則佩之以行，以利渡海風帆……」〔註79〕未述後來柴大紀被問罪處斬事。

「五十六年，詔石刊十三經於大學。」〔註80〕

六十年，「帝傳位於皇太子」。「六十年冬，高宗以御宇周甲，將行內禪之禮。……（嘉慶）元年元旦，帝受禪，尊高宗曰太上皇帝，及初四日再舉千叟

〔註75〕第 101～102 頁。
〔註76〕第 103～104 頁。
〔註77〕誤書兩次「四十一年」。
〔註78〕第 105～106 頁。
〔註79〕第 108～109 頁。
〔註80〕第 110 頁。

宴。」嘉慶「二年，太上皇崩」〔註81〕，此事被提前了兩年，而嘉慶帝懲治和珅事更是提前了三年。

7. 清仁宗顒琰

作者寫「仁宗皇帝，諱永琰」，其實這是顒琰即位之前的名字。「乾隆五十九年，帝正位東宮。」〔註82〕事在六十年。

「嘉慶元年」，「大學士和珅有罪下獄，尋賜死。帝親政六日罪和珅。」〔註83〕此事應在嘉慶四年，而作者本不應有此誤，因後有「以劉權之為左都御史。帝始親政，首擢劉權之，得其用」〔註84〕等事，即繫於四年。

「二年，太上皇崩。帝馳驛召安徽巡撫朱珪。珪哭且奔，先上奏曰：『竊聞皇上純孝，定欲躬行三年之喪，此舉信邁千古，然而天子之孝不以毀形滅性為奇，以繼志述事為大，君心正而四維張，朝廷清而九牧肅，身先節儉，崇獎清廉，盜賊不足平，財用不足阜。惟願我皇上無忘堯舜自任之心，臣敢不勉仁義事君之道。』帝嘉納之。及至京哭臨，帝執其手哭失聲。自是大事有所咨詢，皆造膝自陳，不草一疏，不沽直求恩，不關白軍機大臣。」〔註85〕乾隆帝實去世於嘉慶四年。此條前作者只記錄了嘉慶元年「以朱珪為安徽巡撫」〔註86〕，並未交代二人多年的師生之誼，是以本段描寫顯得很突兀。

「詔召前博山知縣武君億，已卒。武君億先以忤和珅去官，帝在藩邸聞其名，及親政置珅於理，詔舉所知，大臣交薦，勅吏部召之。」〔註87〕「武君億」應為武億。

十六年，「帝西巡，幸五臺山」。「十八年秋，帝獮木蘭，天里〔註88〕教賊李文成、林清謀反，襲京城。……及得警報，則駕已至白澗，時京師連日大風，揚沙晝暗，譌言四起，警擾達旦。十七日，回蹕駐煙郊，下詔罪己，並責中外諸臣泄沓尸素，至歷朝未有之禍。以功封皇次子為智親王，貝勒綿志進郡王銜，諸大臣賞黜有差，以尚書英代綸為步兵統領。是日，禽林清於黃村。

〔註81〕第112～115頁。
〔註82〕第112頁。
〔註83〕第113～114頁。
〔註84〕第118頁。
〔註85〕第115頁。
〔註86〕第113頁。
〔註87〕第118～119頁。
〔註88〕應為「理」，下同。

十九日，駕自煙郊還宮，人心始定。帝御瀛臺親訊首逆及通賊太監，皆磔之，傳首畿內。」〔註89〕「英代綸」應為英和。

「二十一年，以內閣學士湯金釗督江蘇學政。帝手勅曰：『江蘇士子不患無才，但須植德。其勉力訓誨，務得真才以佐國政。』」「二十五年，帝崩。皇帝旻寧即位。」〔註90〕沒有史論，「皇帝旻寧即位」也不合史體，其後文果有嚴重失實。

8. 清宣宗旻寧

旻寧在書中首次出現是嘉慶十八年的紫禁城之變，那時候他還叫綿寧，不過作者只寫了「皇次子」：「皇子等在上書房聞變，皇次子急命進撒袋、鳥銃、腰刀，命諸太監登牆以望賊。俄有手白旗攀緣踰養心門者，皇次子發鳥銃殪之，再發再殪。貝勒綿志亦以銃殪賊，賊乃不敢進……」事後，嘉慶帝「以功封皇次子為智親王」。〔註91〕

恐怕作者不知道這個皇次子就是旻寧，因為他隨後寫道：「宣宗皇帝，諱旻寧，高宗第二子，仁宗弟。」〔註92〕實在大謬。

道光「八年，帝御午門受俘，命誅張格爾。回疆戡定，帝親受俘，兵部尚書王宗誠以組縛逆酋張格爾跪闕下，宣旨畢，引交刑部尚書赴西市誅之。故事，凡內地剿賊不獻俘，惟外夷獻俘，故惟康熙、雍正、乾隆間舉行，而嘉慶朝無之，故眾爭觀以為盛事矣。」〔註93〕

鴉片戰爭中，道光二十二年，「命伊里布、琦善會英將噗嘯喳定和議。英兵取鎮江，乘勝進至燕子磯，距江寧僅三十里。帝知其不可防，復用伊里布、琦善馳援請和。……」〔註94〕

三十年，「帝崩，皇子奕詝〔註95〕即位。」沒有史評。

9. 清文宗奕詝

「咸豐元年，詔天下廣求賢才。」〔註96〕此為咸豐初政的重要內容，時

〔註89〕第 127～129 頁。
〔註90〕第 130～131 頁。
〔註91〕第 128～129 頁。
〔註92〕第 131 頁。
〔註93〕第 134 頁。
〔註94〕第 142 頁。
〔註95〕缺最後一筆。
〔註96〕第 146 頁。

當在道光三十年。

為應對太平天國的威脅，咸豐三年，「詔各直省行堅壁清野法。各路統兵大臣頻以戰功入報，而賊尚縱橫出沒，分陷江南北郡邑，重城亦未有克復者。帝洞知其弊，詔命堅壁清野之法，或築壘浚濠，或練團兵守望相助，協力同心，一隅有警，四鄰畢至，使賊進無所掠，退無所歸，不能乘便超軼。自兵興迄蕩平，終以此為上策。」〔註97〕作者從戰略角度對奕訢進行了高度評價。

十年，「英佛兵入北京，帝避熱河，與二國平。……僧格林沁……大敗，帝聞大驚，率后妃諸王避熱河，命恭親王（奕訢）留守」〔註98〕。「佛」指法國。與前段的高度評價相反，「避」與「大驚」亦是作者筆下奕訢形象的要點。

十一年，「帝崩，太子載淳即位」〔註99〕。沒有史評。

10. 清穆宗載淳

出於避諱，該書將載淳寫作「載淳」，並未提及他是幼年繼位，也沒記述辛酉政變及垂簾聽政之事。關於兩宮皇太后，書中僅見一次：同治七年曾國藩抵京，「慈禧皇太后親問江南軍務勞，恩賞優渥」〔註100〕。

關於載淳或者說同治年間清廷最高統治者的形象，書中有如下刻畫：

同治三年，「金陵平，行告祭之禮，封爵功臣」〔註101〕。「四年，設粥廠以食饑民。尋又命各省置積穀，又定收養貧民補綠旗營章程。」「五年，……帝以曾國荃嫻軍略，授湖北巡撫，見機防勦，視師襄陽。」此時載淳尚未親政。八年，對曾國藩的奏摺，「帝善之」。「以曾國藩為兩江總督，以李鴻章為直隸總督。帝以兩江重任，事務殷繁，簡撰賢臣。」〔註102〕此時載淳仍未親政，書中未寫同治十二年親政事。

「十三年，帝崩，醇親王子載湉入嗣位。帝患痘崩，無子，皇叔醇親王幼嫡載湉入嗣帝位，改元光緒。帝宣宗之庶孫，於同治為同祖。」〔註103〕作者對載淳的整體形象並無評價。

〔註97〕第 156～157 頁。
〔註98〕第 206 頁。
〔註99〕第 218 頁。
〔註100〕第 256 頁。
〔註101〕第 251 頁。
〔註102〕第 254～256 頁。
〔註103〕第 262 頁。

二、書中其他重要人物形象

除了清朝皇帝，書中還有多位影響較大的歷史人物，作者對其形象進行了重點刻畫。根據眉批數量及所處的時間跨度綜合考慮，筆者選出以下十位分述之：

1. 多爾袞

作為清初重要人物的多爾袞，在本書首次出現是天聰「九年，貝勒多爾袞降插漢國，由朔州破寧武，入略代、忻、應、崞四州，斬明兵六千人」。崇德「三年，多爾袞與明督師盧象昇大戰保定，又戰鉅鹿」。「清兵進略真定，深入破濟南，執明德王，降五十城。」〔註104〕書中「崞」字誤為豎心旁，且時為崞縣，並非崞州。

世祖繼立，「使睿親王伐明」，並未交代這就是多爾袞。順治元年，「定攝政王及諸王貝勒等儀仗」。直到「命攝政王多爾袞率師往圖中原」〔註105〕一條，還是沒說睿親王就是攝政王。

「九月，徵故明大學士馮銓更定樂章」，「攝政王賜以所服衣帽並鞍馬銀幣」。「明寧遠總兵吳三桂請援，攝政王多爾袞出師大破之，連戰連捷，所向披靡，卒敗李自成。」「攝政王入燕京，奏捷，葬明崇禎帝」，「屢致書招」明大學士史可法，「可法不屈」。〔註106〕

順治五年「十月以睿親王多爾袞為皇〔註107〕攝政王」〔註108〕。「六年」「十二月」，「王出獵，薨於喀喇城，年三十九，追贈帝號，廟號成宗，後謀篡之事發覺，奪其追封，撤廟享」〔註109〕。多爾袞實於七年十一月出獵受傷，次月亡。書中未述乾隆帝給其平反之事。

2. 吳三桂

吳三桂亦為清初重要人物，在本書首次出現是崇德「六年，明薊遼總督洪承疇率曹變蛟、吳三桂等八總兵，軍十三萬，馬四萬，集寧遠，進圍松山」，結果「吳三桂等六總兵皆潰走杏山」。〔註110〕

〔註104〕 第 12～13 頁。
〔註105〕 第 14 頁。
〔註106〕 第 15～17 頁。
〔註107〕 應為「皇父」，事在十一月。
〔註108〕 第 31 頁。
〔註109〕 第 33 頁。
〔註110〕 第 11 頁。

　　再次出現則是李自成「陷燕京」,「明將吳三桂乞援,世祖遣兵援三桂」。詳述「先是明以流寇內偪棄關外四城,召寧遠總兵吳三桂入衛京師。三桂徙寧遠民五十萬眾而西,途聞燕京陷,不敢前,又知家口被掠,而賊向山海關,乃回兵擊破之,急遣使乞師於清」。在詳細描寫山海關戰況之後,敘及「自成走燕,屠三桂家」。〔註111〕

　　順治六年,吳三桂「敗王永強于同官,延綏、榆林先後克復」〔註112〕。「八年」〔註113〕,「吳三桂入四川……取重慶、成都、敘州」〔註114〕。次年,「吳三桂敗於敘州,被圍數重,力戰走錦〔註115〕州」。明劉文秀「乘勝犯成都,圍三桂於保寧,聯營十五里……氣驕甚。三桂巡城見其壁不整,出精騎」突擊,「文秀解圍去,三桂不追,斂軍回漢中,四川復陷」。〔註116〕未記順治十年吳三桂重奪四川事,此前亦未述其於元年即獲封平西王。

　　十五年,「平西王吳三桂等破李定國」,「三桂由苗疆繞出其背」,「追至北盤江,定國焚鐵索橋遁,清兵一夕造浮橋,遂抵曲靖」。十六年冬,「命三桂鎮守雲南」。〔註117〕

　　康熙元年,「吳三桂進兵……,使緬酋執送明主。……三桂見桂王初甚倨傲,長揖不拜。王問為誰,三桂噤不敢對,數問始稱名。王切責三桂曰:『朕欲還北京見十二陵而死,爾能任之乎?』對曰:『任之。』伏不能起,左右挾之出,則色如灰,汗浹背,後不復見。尋八旗將士望桂王之出,皆呼萬歲,曰:『此真主也,不如奉此以為不世之功。』事將成而洩,三桂大驚,即轝桂王及太子出,以弓弦絞於市。時太子年十二,臨難罵曰:『黠賊!我朝何負汝?我父子何仇汝?而至此耶!』是日風霾大作,三桂焚桂王屍揚灰,傳賜諸將。前所謀八旗將士二千人皆殺之,沒其妻子。」〔註118〕此段細節前後兩部分語言描寫非常生動,中間所述「八旗將士」欲奉明桂王永曆帝之事雖不合情理,但在明遺民、思想家王夫之筆下亦有類似記載:「烈風黑霧大集,飄屋瓦翔空

〔註111〕　第14~16頁。
〔註112〕　第32~33頁。
〔註113〕　應為九年。
〔註114〕　第35~36頁。
〔註115〕　應為「綿」。
〔註116〕　第36頁。
〔註117〕　第42~43頁。
〔註118〕　第45~46頁。

如鳥，滿、漢兵十餘萬，皆震悼悲號，三桂殺數百人乃定。」〔註119〕

二年，「平西將軍吳三桂擊水西土司，禽之」〔註120〕，「將軍」應為「王」之誤。

十二年，「平西王吳三桂反」。「時三桂冀朝廷慰留，如沐氏世守雲南事。及至命下，愕然，乃陰勒士馬，禁遏郵傳，密召其子應熊于京師。應熊不肯行，使者取庶子世璠歸滇。三桂欲立明後號召天下，則緬甸之役殺桂王無可自解，乃發兵反，殺巡撫朱國治，自稱天下都招討、兵馬大元帥，以明年為周元年，蓄髮易衣冠，旗幟皆白。」故慶陽知府傅宏烈曾「預訐三桂不軌，坐妄言謫蒼梧，及是獨圖恢復，乃佯受三桂職」……「遂移檄討賊，三桂使馬雄害其家百口於柳州」。十三年，「吳三桂分兵陷諸州」〔註121〕。

十五年，「三桂以兵七萬據岳州拒江北之師，又以七萬援長沙拒汀〔註122〕西之師」。十七年，「賊失陝閩粵三大援，又失江西，疆宇日蹙。時三桂年六十七，恐情竭勢絀，乃思竊帝號自娛，其下亦爭勸進，遂即位，改元昭武，國號周。自長沙徙衡州，改為定天府，置百官，封諸將，造新曆，歷舉雲貴川湖鄉試號召遠近。殿瓦不及易黃，以漆髹之，搆蘆舍萬間為朝房。適大風雨，潦草成禮而罷，人以為不祥。」作者至此結尾，其後僅有「吳三桂死」一句。〔註123〕

吳三桂雖死，而在百餘年後的貴州，仍有吳八月「稱三桂後，煽動遠近，自稱吳王」〔註124〕。可見其影響之大。

3. 鄭成功

鄭成功是和日本有著淵源的清初重要人物，在本書中首先出現的是其父鄭芝龍。順治二年，明唐王朱聿鍵入閩，南安伯鄭芝龍「等勸進，繼位改天隆武」〔註125〕。「閩粵兵餉盡歸鄭芝龍掌握，唐王奮志有為，而芝龍抑制，令不行于下。」「鄭芝龍陰受洪承疇之款，託言海寇馳還安平，盡撤關隘諸防，清

〔註119〕 王夫之《李定國列傳》，錄自《永曆實錄》卷十四，見郭影秋編著《李定國紀年》附錄，中國人民大學出版社2006年版，第187頁。
〔註120〕 第47頁。
〔註121〕 第49～51頁。
〔註122〕 應為「江」。
〔註123〕 第55～57頁。
〔註124〕 第111頁。
〔註125〕 第21頁，「天」應為「元」。

兵長驅而入。」隆武帝「不食死。芝龍詣福州乞降,博洛俘以凱旋。」〔註126〕

「成功,芝龍子也。母田川氏,我肥前平戶士人女也。唐王曾撫成功背曰:『惜無一女配卿,卿當盡忠吾家。』改姓朱,儀同駙馬,中外皆稱國姓爺,尋封忠孝伯。芝龍降清也,成功痛哭而諫,芝龍不聽。成功以讀書為事,未曾預兵柄,至是慷慨募兵,焚所著儒服,拜辭孔廟,乘巨艦而去。」〔註127〕

順治四年,「時鄭成功據廈門,奉隆武年號,兵最強」〔註128〕。八年,「魯王赴廈門,去監國號,為鄭氏之寓公」。鄭成功「復乘清兵攻舟山之際,大舉攻沿海,取同安、海澄、長泰等,進圍漳州」。〔註129〕

九年,總督「陳錦與鄭成功戰不利,退屯同安。其奴刺錦帳中,以首奔成功,斬之以狗。尋金礪援軍至,屢捷,成功退保海澄。清兵圍之,城壞十餘丈,成功親當矢石不退。一日,聞空砲互發,成功曰:『此號砲也,將薄城。』乃下令兵皆執巨斧以待。清兵蟻傅城,城上眾斧迎敵,隨斧皆墜,濠為之平。清兵解圍去。」隨後敘鄭成功遙祭明孝陵事:「張名振、張煌言亦以別軍入長江,軍勢俱振。成功登金山,遙祭明孝陵,奪戰艦三百於吳淞口。」作者指出:「時成功始終為唐王,二張(張名振、張煌言)始終為魯王,所奉各不同,而其交甚睦。時明遺臣義旅漸亡,獨兩軍犄角海上,而成功尤稱雄。」〔註130〕其實鄭成功早在順治四年即奉明桂王永曆帝正朔。

十年,「清命鄭芝龍作書招其諸子〔註131〕,芝豹、彩、聯皆降,獨成功不受。」「是冬,成功攻福州、興化諸府。」〔註132〕十三年,「鄭成功攻寧德,殺守將,告捷桂王,將北進,留黃梧守海澄。梧以成功用法嚴,曾以揭陽之敗斬大將蘇茂,懼而來降」。

十四年,「明桂王遣使自雲南航海進封成功延平郡王、招討大將軍,成功分所部為七十二鎮,設六官理事,假永明號便宜封拜,遂議大舉。戈船之士十七萬,五萬習騎射,五萬習步擊,萬人往來策應,又有鐵人萬,披鐵甲繪朱碧彪文,進陣前專斫馬足,矢銃不能入。……取溫、台二州,成功兵次羊山,

〔註126〕第26～27頁。
〔註127〕第27頁。
〔註128〕第29頁。
〔註129〕第35頁。
〔註130〕第37頁。
〔註131〕鄭芝豹為鄭芝龍弟,鄭彩、鄭聯為鄭芝龍從子,「諸子」不妥,眉批「鄭芝龍兄弟降」亦不妥。
〔註132〕第38頁。

遇颶碎艦，乃旋師。是年成功將施琅復來降，授副將。成功聞清兵攻雲貴，大舉攻江南以圖牽制。」〔註133〕施琅二次降清在順治九年，十三年授副將，而成功取溫州諸事在十五年。

十六年，「鄭成功取鎮江」，「部將甘輝請取揚州斷山東之師，據京口斷兩浙之漕，嚴扼咽喉，號召各郡，南畿可不戰自困。成功不聽，直薄金陵，謁孝陵……成功移檄遠近，大〔註134〕平寧國四府三州二十四縣望風納款，維揚常蘇旦夕待變，東南大震」。結果「兩江總督郎廷佐佯使人通款以緩其攻，成功信之，按兵儀鳳門外，依山為營，連亙數里。崇明總兵梁化鳳赴援，化鳳登高望敵營不整，軍士浮湖而嬉，乃率勁騎」「大破鄭成功」。「是冬」，清軍攻廈門，「成功手自搴旗督陣，風猛濤湧，清兵敗還」。〔註135〕廈門之役當在順治十七年。

「康熙元年，殺芝龍父子」，「及弟芝豹」。「安平王鄭成功卒於臺灣」，「卒年三十九」。〔註136〕書中未記述鄭成功收復臺灣事，他雖將荷蘭殖民者的熱蘭遮城改名安平，而並未以其為王號〔註137〕。

4. 岳鍾琪

作為康雍乾三朝的重要將領，岳鍾琪在書中的首次出現是康熙末年：康熙五十八年，「命皇十四子允禔〔註138〕統師」，「副將岳鍾琪領兵六百為先鋒，謀禽（達）藍占巴等番兵三千人，餘部落皆納款」。

五十九年，「永寧協副將岳鍾琪大破西藏，平之。岳鍾琪領兵四千，先至察木多，獲逃酋，探知有準噶爾使者在其地誘各番酋守三巴橋遏我軍。鍾琪念此橋進藏第一險也，虜若斷而守之，勢難飛越。而其時大將軍（指胤禎）隔數千里，無由秉令。選能番語者三十人，衣番服馳禽其使者五人，殺六人。諸番驚以為神兵自天而降，相與匍伏降，無梗道者。已而副將軍噶爾弼米〔註139〕。虜中有黑喇嘛者，號萬人敵，鍾琪以計手禽之，遂下喇哩，將鼓行入藏。

〔註133〕第 41 頁。
〔註134〕應為「太」。
〔註135〕第 43～44 頁。
〔註136〕第 45～46 頁。
〔註137〕參見林東杰《鄭成功從未開創所謂的「東寧王朝」》，《福建日報》2021 年 12 月 28 日。
〔註138〕應為「允禵」或「胤禎」。
〔註139〕應為「來」。

大將軍以蒙古兵未至，毋輕動。鍾琪請副將軍曰：『我兵齎兩月糧，自察爾多來此已四十餘日，若再待大軍，糧且盡。聞西藏部落有公布為其右臂，最強，能檄令前驅，無伺蒙古兵也。』副將軍然之。鍾琪招撫公布，未浹旬其頭目以兵二千至，鍾琪請乘機疾進，十日可抵西藏。將軍猶豫未決，欲集眾議。鍾琪昌言曰：『事在必行，何議為？某願噴此一腔血仰報朝廷，請以旦日行矣。』將軍壯其言，遂進師。鍾琪先渡江抵西藏，大破虜巢，生禽準噶爾內應喇嘛四百餘人，降番兵七千餘人。西藏平。」〔註140〕

六十年「四月，提督岳鍾琪擊郭羅克，破之」。「破伏賊千餘，連破四十六寨。」〔註141〕

雍正二年，「四川提督岳鍾琪擊羅水〔註142〕藏丹津，大破之。虜寇西甯，以岳鍾琪為參贊大臣，沿途相機勦撫，自松潘至西甯五千餘里，烽煙肅清，青海為奪氣。進至華里山，五堡環峙，寂無人聲。鍾琪曰：『是有伏也。』搜之伏果起，乃擊破之。是役也，破虜萬餘人，奪三嶺十七寨，我兵止三千也。既而還營，年羹堯曰已奉旨命公領馬步萬七千直擣青海，期以四月草生時。鍾琪曰：『青海虜十萬，以萬七千當之，宜乘其不備，且寨〔註143〕外無駐牧定所，賊若散而誘我，反四面受敵，非計也。願假精兵五千，馬倍之。』羹堯奏，帝壯之。」

「奮威將軍岳鍾琪襲擊青海，平之。岳鍾琪出塞，抵喀喇烏蘇，斬虜千餘人，尾追一夜，禽台吉等二百餘人，乘勝進。路見獸走，曰：『此前有虜也。』蓐食疾馳，果禽百餘人，自此探者斷矣。進渡哈達河，又斬千餘人，降虜為言羅酋數萬駐烏蘭木呼兒，相距百六十里。乃拔營夜行，黎明而至，虜尚臥，馬未銜勒，驚而皆走，禽其母妹，羅酋衣婦衣騎駝走。鍾琪自追三百里，至桑駱海，紅柳蔽天，彌望不極，乃班師。是役以五千冒險深入，往返未兩月禽台吉十五人，斬賊八萬人，俘男女數萬口，獲軍器駝馬甲帳無算。俘獻京師，以青海平大赦天下，賜鍾琪三等公世襲，又賜金扇書御製詩，仍命率二萬人征青海餘孽。莊浪虜萃石堡城，鍾琪聲東擊西，夜遣死士攀蘿登險出其背，禽斬五千，虜盡平，奏改莊浪為定番縣。」〔註144〕

〔註140〕第 70～71 頁。
〔註141〕第 73 頁。
〔註142〕應為「卜」。
〔註143〕應為「塞」。
〔註144〕第 76～77 頁。

五年，「川陝總督岳鍾琪討烏蒙蠻，平之。」七年，「靖邊大將軍傅爾丹征準噶爾。傅爾丹出北路，岳鍾琪為寧遠大將軍出西路。帝親行授鉞禮，視大軍啓行。大雨如注，旌纛皆淫，識者以為不祥。」「靖州人曾靜怨考試下第，家居憤鬱，忽圖叛逆，贈書于岳鍾琪，以同謀舉事。鍾琪併其書奏之。」〔註145〕曾靜事當在六年。

九年，「傅爾丹大敗，岳鍾琪襲擊烏魯木齊以分賊勢，越木壘渡阿察河，斬馘無算，虜敗遁。」〔註146〕未述次年岳鍾琪被革職事。

乾隆十三年，「帝……又起故將軍岳鍾琪赴軍，……我兵三千皆潰，詔責岳鍾琪。鍾琪奏(雲貴總督張)廣泗信降番生變，(大學士)訥親亦劾廣泗，……帝怒令斬之」。

「四川提督岳鍾琪大破金川蠻。岳鍾琪統四路官兵逼賊隘，上有康八達為勒烏圍門戶，乃募健勇數千，聲言攻康八達，潛以銳卒出其不意克碉寨十七，斬殺無算，遂進扼勒烏圍隘口。偽為運糧狀誘賊，伏火器待之，賊果出劫糧，鎗筒齊發熸其眾。先是，金川聞用鍾琪，不信，曰：『岳公死久矣。』至是大敗，始知鍾琪果來。」

「十四年，四川總督岳鍾琪降莎羅奔，金川平。經略、大學士傅恒至軍，誅姦人阿扣、王秋等。賊懼欲降，又恐降而見誅，負固未決。而岳鍾琪初督川陝時勘金川爭界事甚公，且奏給莎羅奔印信，莎酋甚德之。至是鍾琪請於傅恒，輕騎入苗巢諭順逆。傅恒問帶若干人，鍾琪曰：『多則彼疑，非所以示信也。』乃袍而騎，從者十三人，傳呼直入。羣苗裹甲持弓矢迎道左，鍾琪目酋長，故緩其轡笑曰：『爾等認我否耶？』皆驚曰：『果岳公也。』皆伏地羅拜，爭先導入。酋長手茶湯進鍾琪，飲之再索，因宣布威德，待以不死之意。羣苗感泣立誓，椎牛行炙，留宿帳中，鍾琪大鼾如雷。次日莎羅奔乘皮船出洞詣大軍降，金川始平。」〔註147〕描寫非常生動。

十七年，「雜谷土司蒼旺叛，兵部尚書岳鍾琪」「奪維關，直擣巢擒誅之，羣番懾伏。」

十九年，「賤民陳昆作亂，岳鍾琪力疾督勤，卒於資州，年六十九。命弟鍾璜由廣西提督入四川，代領其眾。」

〔註145〕第 79 頁。
〔註146〕第 80 頁。
〔註147〕第 88～90 頁。

　　行文至此，作者開始回溯：「世宗時鍾琪督川陝，季父超龍提督湖廣，弟鍾璜提督廣西，子澐巡撫山東，兄子含奇總兗州，一門列戟，而鍾琪受主知尤篤，能以功名終。性嚴毅，每登壇，將弁骨栗，部伍整肅，無敢譁。遇敵謀定後戰，士卒疾苦必躬拊循，以故人爭效命。其忠誠出天性，曾征青海至哈喇烏蘇，水泉斷，軍行一晝夜未得飲食，乃禱於天，甘泉隨湧出，一軍歡奮。事聞，詔遣官致祭。又有知人鑑同時傅爾丹為大將軍，鍾琪過其帳，見壁上刀塑〔註148〕森然，傅曰：『此皆吾所素習者，故懸以勵眾。』鍾琪頷之。出語人曰：『為大將者不恃謀而恃勇，亡無日矣。』已而傅果敗矣。嘗選馬兵治〔註149〕大雄等三十六人為親軍，後皆任封疆，邀世職。鍾琪好吟詩，所著曰《薑園集》《蛩吟集》。鍾琪為岳飛之後，其文武之略可謂有祖先之風矣。」〔註150〕

5. 楊遇春及楊芳

　　作為嘉道兩朝的重要將領，楊遇春在書中的首次出現是嘉慶四年：「……總督楊遇春禽王廷登……賊徐天德、王廷登最悍，復與冉天元合，楊遇春勦天元於蒼溪，禽廷登於南江。」〔註151〕此時楊遇春是總兵，而非總督。

　　次年，「甘州提督楊遇春與賊戰蒼溪，大破之。楊遇春追賊至龍池場設伏，擒〔註152〕王廷詔，又執馬學禮於龍洞溪，並拘偽帥十七人。尋獲冉天士、王士虎等二百餘人於大池壩。先是龍洞溪之捷，俘馘甚多，乃擇驍健八百人使立功贖罪，咸伏地哭，願報不殺之恩。及勦冉天元，天元驍桀善戰，為諸寇冠。經略某將右翼，將軍穆克登布將左翼，與遇春議不合，先三日馳出賊前，賊以奇兵斷後路，萃精銳衝左翼後隊。黑衣乘高自嶺下壓，短兵接，左軍潰，賊遂攻右翼。遇春據廢寨斷牆力拒，擲炬山下，照耀如晝，以勁弩射之。矢垂盡而天曙時，八百殊死戰，無不一當百，賊遂敗走。遇春治軍嚴整，雖倉卒眾寡不敵，未嘗少卻，平日樸訥若無能，遇敵機謀洞中，應變如神，尤不嗜殺，能得降人死力。」〔註153〕「經略某」應指額勒登保，不知為何未書其名。

〔註148〕昭槤《嘯亭雜錄》卷六寫為「槊」。

〔註149〕應為「冶」。

〔註150〕第91～92頁。

〔註151〕第118頁。

〔註152〕其餘多用「禽」，用字未統一。

〔註153〕第119～120頁。

　　嘉慶十年，在楊遇春戰敗的同時，楊芳在書中首次出現：「寧陝兵叛，陝西提督楊遇春討之，敗績。總兵楊芳單騎入營，降賊魁蒲大芳。楊遇春入朝，總兵楊芳赴固原，副將楊之震護甯〔註154〕陝。營卒陳達順、陳先倫怒停米銀事，糾眾叛，殺副將、游擊。賊黨盧〔註155〕大芳以楊芳素得士心，先護送其家於興安，而後歸從賊。楊遇春行至西安聞變，即發兵進勤。詔德楞泰為欽差大臣討之。賊奔華陽，破洋縣，脅數千人。芳帥固原兵二百人馳至石泉攻賊，〔註156〕孝義廳分兵窺子午谷，芳往扼谷口，遇春又以五千自洋縣進擊，德楞泰以四千繼之。賊攻鄠縣，芳復馳救，鏖戰終夜，身受數創，黎明賊知其為芳而引去。時賊勢振至萬人，又選步騎三千為前鋒，改推大芳為首魁，迎遇春於方柴關，戰數合，殺傷相當，大芳陷陣力戰，伏賊繞出陣後，官兵大潰，遇春僅率親兵數十登山斷後。賊追至，忽反走，乃收潰卒扼方柴關。次日芳馳至，謂遇春曰：『叛兵皆百戰之餘，驍悍習地利，而官兵勤勞九年，瘡痍未復，且與叛兵皆同功一體之人，以兵攻兵，終無鬥志。賊兩戰見吾二人皆辟易，尚有舊部之誼，請公按兵緩攻，某單騎入賊營，曉以順逆。』遇春從之。時賊矛戟林立，勢不可測，眾叩馬力抑。芳曰：『我與楊公計之熟矣，天佑蒼生，我必不死。為國息兵，即死且得所，何恨？當策馬前。』萬眾怍愕。芳固得新兵心，又善操縱，往見大芳，即痛哭曰：『吾與汝曹戮力數年，同患難生死，今對壘如仇敵，吾不忍見汝曹罹族滅禍，請先殺我。』於是眾皆哭。逾二日，大芳誘縛現倫、達順，以眾降。德楞泰以叛卒窮蹙乞命，奏請首惡二百二十四人盡釋歸伍。」〔註157〕未述楊芳隨後被褫職遣戍事。

　　十八年，「陝西提督楊遇春、總兵楊芳連破賊，李文成燔死。李文成既據滑，以脛創甚，不能自出。又使其黨圍濬，而萃精銳於道口鎮，恃運河之糧以戰守，且為諸賊號召。（直隸總督）溫承惠等按兵不動，乃以陝甘總督那彥成代之，陝西提督楊遇春副之。又調滿洲健銳、火器營兵千及西安、徐州兵數千。遇春即日率親兵八十破賊數千，追渡河，禽斬二百餘賊。賊敗入道口，遇春還北岸，斷浮橋焚渡船，欲營其地扼咽喉。（河南巡撫）高杞等〔註158〕不可，那彥成亦聞賊盛不進，詔切責之。遇春以固原兵多斬獲，賊望見髯將軍

〔註154〕前後用字不統一。
〔註155〕應為「蒲」。
〔註156〕當有闕文。
〔註157〕第 122～123 頁。
〔註158〕有闕文。

－83－

輒披靡，又敗滑城援賊二千，遂奪道口，燒〔註159〕萬餘人，復擊走桃源賊三千於城東，進圍滑城。……詔索倫兵悉赴河南。滑縣為古滑州舊治，城堅厚，外磚石，內土沙，大砲攻之，遇沙而止。賊運道口糧峙城中，足支一載，嚴令居民無敢內應。官軍圍滑三面，惟北門隔葦塘未合圍，於是桃源賊首劉國明潛入滑，護文成出，收外黨西入太行為流寇計。文成脛創不能騎，乃車載出北門，招賊四千據輝縣山。那彥成遣總兵楊芳追之，芳伏騎白土岡，誘賊佯走，伏起敗之，殺二千人，文成窮窘，縱火自焚死。」

「陝西總兵楊芳陷滑城，俘逆首牛涼臣。時文成死，滑城未下，陝西賊又起，官軍掘隧皆為所破。楊芳陽築棚進攻，潛掘舊隧，滿實火藥，至期將卒皆甲以待。平明，西南城崩裂十餘丈，官軍奮前登城，巷戰至夜，殺賊二萬，免老幼男婦二萬人，俘首逆牛亮臣、徐安國等檻送京師。滑縣平。明年，芳入陝大破賊，禽逆首譚貴等，以功擢甘肅提督。」〔註160〕

道光「六年，回酋張格爾叛，陝甘總督楊遇春戰渾河，大破之。回酋張格爾叛，屢寇喀什噶爾邊。將軍慶祥遣兵五千勦之，先後戰沒。敖罕〔註161〕酋亦援張格爾，遂陷喀城。命大學士長齡為揚威將軍，以陝甘總督楊遇春為參贊。遇春連破賊，禽斬數萬，追至渾河，虜悉眾一戰，列陣二十里。會大風揚沙，晝晦。長齡欲待霽進，遇春曰：『天贊我也。賊不知多少，必不虞。』乃遣千騎赴下流牽賊勢，自率大兵渡上流。砲勢與風勢相激，直突虜軍，大破之，復喀什噶爾。遇春結髮從軍，大小數百戰，身先士卒，陷陣冒矢石，未嘗受傷，勇冠諸將矣。」楊遇春於前一年署理陝甘總督，八年實授。

「甘肅提督楊芳擊張格爾，禽之。楊芳請從軍，破賊獲牲畜糧糧，進抵回城，又大破之。復與楊遇春大破張格爾，斬馘數萬。又斬逆酋玉努斯，復和闐。與遇春至蔥嶺，有浩罕賊二千誘官軍入伏，鏖戰一晝夜，軍幾殆，乃步步為營，嚴陣出險。帝責諸將孤軍深入，召遇春，以芳代之。芳縱反間，言官兵全撤，張格爾果襲喀城，芳嚴兵以待，賊至，破之。又星夜追擊，斬獲殆盡，遂禽張格爾。芳沈毅有幹略，通經史大義，少受遇春之知，執從子之禮甚謹，威望與之埒，天下稱『二楊』。」〔註162〕張格爾被擒應在道光八

〔註159〕恐為誤字。
〔註160〕第 129～130 頁。
〔註161〕即浩罕。
〔註162〕第 133～134 頁。

年，該書未述楊芳因此功封侯事。

6. 林則徐

作為清朝名臣、民族英雄的林則徐，在書中首次出現是道光「三年，以林則徐為江蘇按察使。林則徐年二十七成進士，選庶吉士，派習國書，授編修。益究心經世學，識者知為公輔器矣。仁宗朝授杭嘉湖道，修海塘，興水利，士民德之。至是擢江蘇按察使，決獄平恕，民頌之曰林青天。」〔註163〕林則徐二十七歲中進士，時為嘉慶十六年，二十五年授杭嘉湖道。

十二年，「以林則徐為江西巡撫。時吳中洊饑，林則徐奏免逋糧，籌賑卹，盡結京控諸獄。昧爽視事，夜半方息，數年如一日矣。江南人文甲天下，鄉試常萬六七千人，入鑰院時竭一晝夜之力不能畢，有擁擠僕斃者。則徐創設信砲，立燈牌，陰以兵法部勒之，日晡而畢。」「十七年，以林則徐為湖廣總督。時荊襄苦水患，歲以為常，則徐修築隄工，躬自監視。」「十八年冬，命林則徐以欽差大臣涖廣東，查辦海口事務。」〔註164〕

「十九年，鴻臚卿黃爵滋疏請禁鴉片。……有旨下中外大臣議，湖廣總督林則徐條上利害深切著明，帝嘉之。以林則徐為兩廣總督禁英人輸鴉片。林則徐赴廣東，嚴禁鴉片貿易。乾隆、嘉慶兩次焚鴉片數千函，以除民害，嗣後禁網漸弛，遂至販數萬函。帝患之，特命則徐便宜從之。則徐命英商出所蓄鴉片，張兵威臨之。英商懼，呈千餘函，則徐責其少，英商不服，乃命斷其餽餉。英商窮困，盡其數而送呈，則徐示眾焚之。又復諸國互市，獨禁英商。英商大怒，以船艦迫曰：『不復互市則戰耳。』則徐不應。英人侵清船而去，則徐大修海防。會伊斯把爾亞船在洋，清兵疑為英船襲燒之。英人來援之，英將蘇密多伺廣東清兵戰不利，尋又寇香港，互有勝敗，英人復乞互市，則徐固執不許。」〔註165〕鴻臚寺卿黃爵滋上疏實在前一年，林則徐任兩廣總督則在道光二十年。「伊斯把爾亞」事見下節。

「二十一年，褫兩廣總督林則徐職，謫伊犁。及清英和議起，林則徐為忌者所中傷，謫伊犁。則徐在塞外奉命勘辦開墾事宜，親歷庫車、阿克蘇、烏什、和闐、喀什噶爾及伊拉里克、塔爾納沁等城，縱橫三萬餘里，水利大興。稍暇則以筆墨自娛，獲者寶之。在官事無巨細必躬親，家居必熟訪民間利病，

〔註163〕　第 132 頁。
〔註164〕　第 137 頁。
〔註165〕　第 137～138 頁。

白諸當道，民心大服。」「伊里布、琦善奉命赴廣東議和，英將曰不還王女則大舉報之，琦善等私斷返王女，褫林則徐職，於是英人撤浙東兵而駐廣東，悉奪洋館，兵勢甚熾。帝大怒，責伊里布、琦善見紿，奪其職，起用林則徐經理浙東。……」〔註166〕「王女」事不實，詳見下節。上述兩事順序錯置，實為先經理浙東，再謫伊犁。

二十二年，魏源「據林則徐所譯洋人之《四洲志》等述《海國圖志》，蓋為以洋攻洋、以洋款洋、師洋技以制洋人而作，以寓懲創之意焉。」〔註167〕

「二十五年，以林則徐為陝甘總督。林則徐免戍再起，及臨任，會野番肆劫，先命鎮將防護馬廠。時承平久，營政弛，則徐出按邊，命演巨砲，舉營無知者。一老卒能之，立授以官，士氣爭奮，尋勦番族漢奸殆盡。明年，遷陝西巡撫。關中旱，民不能耕，爭殺牛以食。則徐曰：『如此則來歲又飢也。』命官收牛償其值，勸富民質牛予以息，次年乃大有秋。」〔註168〕實先署理陝甘總督，再授陝西巡撫。

「二十七年，以林則徐為雲貴總督，平緬甯賊。滇中漢回搆釁數十年，焚殺無虛日，林則徐至則諭之曰：『止分良莠，不分漢回。』適回民丁燦廷赴京疊控漢民沈正達，有司提犯人解訊，保山民糾眾奪犯人，燬官署，殺回戶，並抗拒鎮道兵。則徐提兵出勦，途次聞趙州客回勾土匪謀亂，進破其柵，殺賊數百。保山民股栗，還犯人迎師，則徐召漢回父老諭以恩信，復乘勢搜獲永昌、順甯歷年拘捕戕官之諸匪誅之，滇人繪像以祀。」緬甯為順甯府下一廳，且前已述「二十六年，以李星沅為雲貴總督，平緬甯賊」〔註169〕，林則徐此條總述有誤。

咸豐元年，「特命以林則徐為欽差大臣，馳赴廣西督勦，又署巡撫事。則徐嘗督粵，威惠著聞，中外想望，至是力疾出，粵民相慶，賊聞半散，（洪）秀全怖，謀遁海。則徐臥輿兼程，日行百餘里，從者勸節勞暫息，則徐曰：『二萬里冰天雪窖，執戟荷戈，未嘗言苦，此時反憚勞乎？』仍星馳不止，病益劇，行次潮州，卒於廣甯行館。」作者於此綜述林則徐的形象：「則徐長不滿六尺，英光四射，聲如洪鐘。時方以英吉利為患，則徐曰：『此易與耳，終

〔註166〕第 139 頁。
〔註167〕第 143 頁。
〔註168〕第 143～144 頁。
〔註169〕第 144 頁。

為患者其俄羅斯乎！』聞者惑焉。臨終呼星斗南者三，年六十六，諡文忠。其最關治亂者，以辦洋務、勦粵寇為大，而皆齎志以終，天下共惜之。自則徐卒，軍民失所倚，賊遂不可制，踰嶺涉湘，絕長江據金陵，又十四年竭海內全力廑乃克之。論者謂假則徐數年，賊不足平矣。則徐孝友，自奉甚儉，而資戚族歲數千金。尤愛士，所至選拔收用。性警敏，摘伏如神，馭左右最嚴，每黑夜潛行徼察，下無敢為奸，然待人恕而誠，常道人善如不及。善飲喜弈，服官後皆卻不御。子汝舟，嗣官編修。」〔註 170〕林則徐論及俄羅斯的背景是當時沙俄脅誘清廷開放伊犁。其臨終所呼「星斗南」的含義則未有定論。〔註 171〕

林則徐雖然去世，書中在論及別人時，對他仍有提及，繼續刻畫其形象：「則徐善謀，（張）必祿善戰。」〔註 172〕吳文鎔「與林則徐並負天下望」。〔註 173〕

7. 洪秀全

作為太平天國領袖的洪秀全，在書中首次出現是道光二十七年：「廣東天主教徒洪秀全等謀亂就因，尋放之。廣西距京都七千餘里，土瘠民貧，苗獞〔註 174〕雜處，林深箐密，為逋逃淵藪。舊有添丁會名目，教主曰洪德元，入其教者每歲納銀五兩，愚民奉之如神，地方官皆粉飾太平，恐以查拏得咎，競相隱諱。洪秀全者，廣東花縣人，年四十餘，有膽略，略識字，不知其姓。前入教會，及德元死，冒洪姓，代為教主，復附天主教，自稱耶穌之弟，天父火華第二子，復唱兵死者魂得升天受福，與潯州人馮雲山、韋昌輝結為死黨。雲山通字義，造妖書，令富者助銀入教，曰來生獲利必百倍，施者雲集，積資數十萬，遂生禍心。昌輝家富，幼習拳棒，膂力絕人，互相勾結。數年間聚眾二千餘人，約期舉事，為人所告，桂平知縣賈令甯捕三人，籍其軍器，送潯州獄。粵西巡撫鄭祖琛老昏，嗔其多事，知府顧元愷伺其意，不審訊而釋之。秀全等回廣東，立寨於佛鎮山，專行搶掠，聚黨益多，楊秀清、石達開等凶魁二十七人歸之，勢益張。」書中對太平天國相關史事敘述多從負面出發，反映

〔註 170〕第 147～148 頁。
〔註 171〕參見張一鳴《「星斗南」為佛語訛音——試析林則徐臨終一語》，《福建學刊》
　　　　　1996 年第 2 期，第 78 頁。
〔註 172〕第 148 頁。
〔註 173〕第 164～165 頁。
〔註 174〕用字不妥。

出作者的史觀，詳見下節。洪秀全確實姓洪，並非「冒洪姓」。

「（戊〔註175〕辰）三十年，金田賊洪秀全反，陷廣西諸城。」「洪秀全起事金田，得眾數千，憚廣東兵強，嗾大股賊梁亞四遙為聲援，秀全自率郡賊二千人襲破平樂府，秀清亦率萬餘人攻鬱林。北流縣武舉金廷彪率義勇千餘人來援，賊解圍去，尋陷永安等數城，殺官辦十餘人。巡撫鄭祖琛素以諱盜為事，至是始上奏，廷議始決征勦。」「洪秀全屢敗官軍」，「嘉應州民數千人投賊，賊勢正熾」。〔註176〕

咸豐元年，「洪秀全僭王號，侵桂平，入象州。洪秀全由金田出關至大黃江……秀全益驕橫，自號太平王，分侵桂平、貴武、宣平諸縣，入象州」〔註177〕。「洪秀全陷永安州，僭國號，封諸賊。洪秀全水陸攻永安，陷之，建號為太平天國。秀全自為天王，楊秀清為東王，蕭朝貴為西王，馮雲山為南王，韋昌輝為北王，石達開為翼王，洪大全為天德王，秦日綱等各稱丞相、軍師。」〔註178〕「洪大全」即焦亮，天德王事已被學界證偽。

二年，「洪秀全敗入永安，官兵圍之。會郴州李嚴通作亂，戰敗歸秀全，俱突圍走，併力攻桂陽。知州李啓詔登陴，砲殺一賊將。賊怒，令掘煤洞蠻數百人穿地道，名龍口法，其中用地雷火，城垣迸裂四丈，賊從東門入……轉破柳州、醴陵，進向長沙。」「賊攻破寧鄉，殺掠甚慘。……岳州……城中舊存吳三桂軍械槍砲，盡為賊有。岳州富庶，賈帆雲集，賊入長江旬日，奪五千艘，婦童財貨盡驅滿載，洪秀全自駕龍舟，樹黃旗，列十餘砲，夜則點三十六燈，他船稱之，江面如晝，數十里火光不絕。遂長驅攻漢陽府，……已而陸賊數萬亦至，陷漢口。漢口五省通衢，為四大鎮之一，百貨山積，賊悉掠之去，渡江。」「賊攻武昌，……洪秀全獲優伶二百人，連日演城上，官兵隔江遙望，不能復攻。」〔註179〕

三年，「洪秀全盡載寶貨，全軍出武昌，舳艫百餘里不絕，進向九江。楚省無復賊蹤，官兵代入城，又不追躡。……」「洪秀全陷九江，兩廣總督陸建瀛敗走金陵。」「洪秀全陷金陵……洪秀全以九江城空，棄去，大軍下江破安慶，殺巡撫蔣文慶，奪銀數十萬兩，米四十萬石，水陸並進……賊殺男女四

〔註175〕應為「戊」。
〔註176〕第145～146頁。
〔註177〕第147頁。
〔註178〕第149頁。
〔註179〕第150～152頁。

萬餘人，閹童子三千餘人，以洩抗守之忿。」〔註180〕陸建瀛實為兩江總督。

「洪秀全欲分兵守江南，自由淮安襲北京。或說曰：『北路無水乏糧，今據長江之險，舟師萬千，宜以金陵為基。』乃從其策，遣林鳳祥水陸東下陷鎮江、揚州二府，劫資財千百萬，分扼浦口，瓜州，以阻南北路之師。」〔註181〕

六年，「韋昌輝殺楊秀清，而為洪秀全所殺。向榮已死，金陵賊酋相慶。楊秀清素以洪秀全為贅疣，至是陰有自立意，乃令其下呼以萬歲。秀全趣召韋昌輝、石達開，密圖除之。昌輝先至，秀清招之與飲，昌輝戒備以往，酒酣，昌輝抽刀刺秀清胸……達開後至，責其殘酷，昌輝怒將併圖之。達開縋城夜遁，昌輝悉殺其母妻子女。秀全益思，乃密與秀清餘黨謀攻昌輝，執而礫之，悉殺其族。時達開在安慶，乃傳昌輝首示之，達開始回，而秀全忌之，因避皖城，不復還」〔註182〕。所述為天京事變的經過。

八年，「欽差大臣和春、提督張國樑攻洪秀全于金陵，大破之」。「欽差大臣和春與洪秀全戰於雨花臺，破之。洪秀全伺官軍之懈，悉眾衝突，冀一勝以解圍，而雨花臺形勝尤絕，勢所必爭。和春偵知其情，……賊果自雨花臺攻營，大敗，死者千餘人……」「欽差大臣和春大破洪秀全于金陵。……洪秀全愈危困，欲潰圍而走，和春圖剪其翼，……斬二千人。秀全忿患，出兵於神策、太平兩門，分犯大營。……賊大敗，自龍脖子至莫愁湖尸積如邱……」「提督張國樑攻金陵賊，破之。……賊益窘，秀全悉眾突出，欲潰圍走……」〔註183〕九年，「洪秀全不得逞志于盱眙，來犯清壩……」〔註184〕十年，「欽差大臣和春、總統張國樑與洪秀全戰金陵，敗績。和春益募壯勇，增築長圍，意謂取金陵在指顧，將士志驕。及援浙江，在營兵單，軍餉不繼，士始有離心。洪秀全偵之，檄各處賊首來攻……」〔註185〕這一時期洪秀全主要是提拔年青將領，間接指揮，未知前述親自指揮作戰的記載源於何處。

同治三年，「大學士曾國藩率諸將平金陵，洪秀全自殺。……秀全率千餘人衝出南門，竄於民舍，袁大升橫截，斬七百人，護〔註186〕偽玉璽……秀全

〔註180〕第 153～154 頁。
〔註181〕第 154～155 頁。
〔註182〕第 180 頁。
〔註183〕第 189～190 頁。
〔註184〕第 198 頁。
〔註185〕第 201 頁。
〔註186〕應為「獲」。

先服毒而死，瘞於官〔註187〕院。……發秀全尸，凌遲焚之……」。〔註188〕洪秀全之死亦有病卒之說。

8. 曾國藩

作為晚清重臣的曾國藩，在書中首次出現是咸豐三年：「侍郎曾國藩治鄉兵討賊。曾國藩以親喪在湖南湘鄉，有詔使治鄉兵討賊。國藩乃詳設方略練鄉勇，仿明戚繼光編束隊伍法創為湘勇營。其制每營五百人，擇官吏書生誠樸者，厚其資糧，嚴用軍法。先擊衡山、瀏陽賊，皆平之。湘勇遂以勁旅稱，俊傑之士相繼〔註189〕而起，皆以忠節名於時。」〔註190〕二年初定每營三百六十人，是年改為五百人。

同年，「賊圍江西，曾國藩令羅澤南往援。邑紳李續賓佐謝邦翰擊賊，邦翰戰死，續賓代將之，所謂湘右營也。……曾國藩督水師循江下，敗賊孔壠，而國藩師陷彭蠡，不能出外江，兵皆失利。賊勢復振，湘軍亦退，九江、武昌復陷。國藩頓江西，饒廣告急，義寧亦陷，江西大震……」〔註191〕未述靖港之敗投水事。

「侍郎曾國藩率水師發衡州。曾國藩督軍衡州，賊入長江，非水師無制死命，遂建三省會剿，議治戰艦於衡、湘。時承平日久，人不知兵，水師最屬叛舉，眾相顧睅眙，國藩銳意規畫，設衡州、湘潭兩局製造砲船。國藩精思妙詣，所治有拖罟、快蟹、長龍、舢板諸船，遂極水戰之要，募水勇四千，分前、後、左、右、中，正、副為十營，國藩自統領發衡州，大軍水陸夾江而下，軍聲大振。」〔註192〕未述其作《討粵匪檄》為宣言事。

四年，「侍郎曾國藩會諸軍大破賊，復武昌、漢陽。……國藩召諸將議取武昌之策……賊酋皆以五采飾帆……國藩以為此關不破則難收全捷，因分水師為兩班，一過鹽關上鸚鵡州〔註193〕，一排砲轟擊而下，並懸重賞能得五采帆者與十萬錢。諸軍為之奮力駛入，頃刻獻采帆六……」「侍郎曾國藩督諸將與陳玉成戰孔壠、九江，破之。……曾國藩督諸將，遣李孟羣率水師攻之，七

〔註187〕 應為「宮」。
〔註188〕 第 249～250 頁。
〔註189〕 該字順時針旋轉九十度，可見該书為活字印刷，而非影印時所標註的「刻本」。
〔註190〕 第 155 頁。
〔註191〕 第 160～161 頁。
〔註192〕 第 162～163 頁。
〔註193〕 應為「洲」。

戰七捷……」〔註194〕前用「孔壠」，此用「孔壟」，不一致。

六年，「侍郎曾國藩援南昌，至九江勞軍。江西……烽火逼省垣，曾國藩以為省會者，百城所矚，無南昌是無江西也，遂勒水陸軍兼程赴援，且整舟師徐圖大舉。時章門官私交迫，戰士懸釜待炊，岌岌不終日。國藩至則調餉轉糧，人心始定，連戰復南康、袁州。國藩無復西顧憂，乃至九江勞軍……」〔註195〕

七年，「侍郎曾國藩以喪解任……國藩適丁父艱，乞假歸鄉，帝使其弟國華承後務，加提督銜，又使楊載福代領其軍」〔註196〕。

曾國藩並未丁憂三年，次年，「起復侍郎曾國藩往浙江辦理軍務」。「曾國藩奉命援閩省，自鉛山進軍，聲威大振。」「侍郎曾國藩使道員張運蘭大破賊於安仁。……國藩親率所部移屯弋陽，斷走路，攻安仁……斃四千人。」〔註197〕

九年，「侍郎曾國藩會師於鄂州。曾國藩已解閩浙圍，駐軍建昌為節度，江西倚為保障。……國藩將攻皖，諸將分道征勦，胡林翼往蘄、黃策應，及國藩會師，軍心益壯……」〔註198〕

十年，「……以國藩聲威素著，不避艱險，特命為兩江總督，加尚書。據上游，以江楚為根本，以便宜進兵……」〔註199〕「曾國藩徵集兵勇，部署峻整，渡江駐軍祁門，以固吳中人心，兼壯徽甯聲勢。特旨為欽差大臣，督江南軍務。……皖南軍務盡歸國藩。」〔註200〕「賊攻湖口，兩江總督曾國藩遣將擊破之。」「李秀成伺祁門，曾國藩遣諸將屯蘆村。古隆賢、賴裕新來攻而敗，賊萬餘人反圖死突。國藩分兵斷其後，賊又大敗，自此喪膽，不復窺祁門。」〔註201〕

十一年，「兩江總督曾國藩遣將破陳玉成」。「以兩江總督曾國藩兼掌浙江軍務。」「帝軫念東南，博求將帥，國藩上疏舉李鴻章。」〔註202〕

同治元年，「先是曾國藩議以布政使曾國荃先攻和州，李鴻章領諸軍乘勝

〔註194〕 第 166～167 頁。
〔註195〕 第 182 頁。
〔註196〕 第 184 頁。
〔註197〕 第 189～191 頁。
〔註198〕 第 199 頁。
〔註199〕 第 203 頁。
〔註200〕 第 205 頁。
〔註201〕 第 209 頁。
〔註202〕 第 216～218 頁。

東下，會提督馮子材軍由鎮江進勤，而上海賊氛日逼，勢甚危矣。國藩令鴻章率程學啓等軍十營乘輪船東下，抵上海城南淮揚鎮」〔註203〕。

二年，「兩江總督曾國藩破賊復巢縣。曾國藩水陸兩進，攻巢縣，焚浮橋破賊，夜復其城……」〔註204〕。

三年，「大學士曾國藩率諸將平金陵……協辦大學士曾國藩節制四省軍務，自受任以來，即建議由上游分路征勤，令彭玉麟、楊岳斌、曾國荃水陸並進，克沿江城隘百餘處，斬馘外援十數萬人，合圍金陵，取其外城。……斃十餘萬人，酋目三千餘人，遂平定金陵。曾國藩由安慶至，發（洪）秀全尸凌遲焚之，並凌遲（洪）仁達、（李）秀成，傳其首於各省」。此為「曾國藩總統之功也。國藩器識過人，盡瘁報國，當湘鄂江皖軍務倥傯之際，訓練水勇，誓志滅賊，雖屢經困阨，堅忍不拔，遂能萬眾一心，削平逋寇。功成之後，寅畏小心，始終罔懈，人亦以是服之。」「金陵平，行告祭之禮，封爵功臣。」曾國藩為首功，「曾國藩太子太保銜，封一等侯，世襲罔替」〔註205〕。

四年，「命協辦大學士曾國藩督師討山東賊。先是，錫曾國藩曰毅勇侯，命赴山東剿賊，乃直隸、山東、河南三省綠、旗各營均受節制。國藩上疏：潘鼎新軍以輪船赴天津，可以壯畿輔之威，可以補臣迂緩之過。至於節制三省，臣實不堪鉅任，懇請收回上諭。不許。」五年，「曾國藩自徐州拔營啓行，次曲阜，偕衍聖公孔祥珂拜孔林，又巡視運河，登泰岱，抵臨淮，罹病，乃疏請李鴻章視師。……仍命國藩歸鎮金陵。」〔註206〕

「同治七年，以曾國藩為武英殿大學士。曾國藩抵蘇州省垣有此命。國藩至上海，駐鐵廠，查閱輪船洋砲工程，又回金陵。以曾國藩為直隸總督……曾國藩拜此命，疏請陛見。自金陵啓行，士民攀送，填塞街巷，為詩歌以餞者數十百人。抵京，賞紫禁城騎馬，尋趨朝，慈禧皇太后親問江南軍務勞，恩賞優渥。」關於曾國藩倡導洋務運動之事，書中僅此一處記載。

「同治八年」，「天津民殺佛人，焚教堂，遣大學士、直隸總督曾國藩辦理之。……國藩奏曰：『善全和局，以為保民之道；豫備不虞，以為立國之本。』帝善之。國藩與李鴻章會領事，協議誅罪首十五人，流徙黨二十二人，改建

〔註203〕 第 221 頁。
〔註204〕 第 235～236 頁。
〔註205〕 第 249～251 頁。
〔註206〕 第 254～255 頁。

天主堂，出償金若干，事始得平」。此段述其辦理天津教案，事當在次年。

「以曾國藩為兩江總督，以李鴻章為直隸總督。帝⋯⋯以曾國藩老成宿望，前在兩江多年，情形熟悉，措置咸宜，故有是命。先是，國藩以積勞右目失明，屢陳病狀。不允，命坐鎮其間理諸事。」〔註207〕事均在九年。

「十一年，協辦大學士、兩江總督曾國藩卒。曾國藩學問純粹，器識宏深，而忠義出天性。底定東南，其功最大。及卒，帝震掉〔註208〕，謚文正，賜御製祭文，詔建專祠於金陵。卒年六十二。」〔註209〕書中對曾國藩的形象刻畫集中於鎮壓太平天國，而於其倡導洋務運動著墨不足。

9. 李鴻章

同為晚清重臣的李鴻章，在書中首次出現是咸豐四年：「編修李鴻章三戰破賊，取含山城。巡撫福康安〔註210〕久攻廬州不下，欲斷賊接濟，而以東南通巢湖，賊運糧不絕，康安計先取含山、巢縣，始能制其死命，然以地遠勢險難其人。翰林編修李鴻章，合肥人，有膽量，嫻韜略。先受呂賢基之薦以赴皖，在廬州戎幕，至此慷慨請行，康安壯之。鴻章率千總莫青雲之練兵，會佐領輯順之吉林馬隊，繞道赴含山，督兵進攻，三戰三捷，又攜攻具直薄城急擊⋯⋯斬二千人，遂復含山，又移軍攻巢縣。」〔註211〕此處將福濟誤為福康安，可謂大謬。

書中亦記述了咸豐六年巢縣之戰：「編修李鴻章破賊，復巢縣城。⋯⋯斬七千人。」〔註212〕

十一年，「國藩上疏舉李鴻章，乃令率師進援。」〔註213〕未述咸豐八年李鴻章入曾國藩幕府事。

同治元年，「巡撫李鴻章率諸軍剿上海賊。」〔註214〕「巡撫李鴻章等大破譚紹洸。⋯⋯李鴻章亦來，督戰益急，賊遂敗⋯⋯禽斬數萬人，平二百餘壘。」眉批：「重固大捷。」〔註215〕

〔註207〕第255～256頁。
〔註208〕應為「悼」。
〔註209〕第258頁。
〔註210〕應為福濟，下同。
〔註211〕第168頁。
〔註212〕第181頁。
〔註213〕第218頁。
〔註214〕第221頁。
〔註215〕第229頁。

二年，「譚永洸〔註216〕圍常熟，巡撫李鴻章遣援軍破之」〔註217〕。「巡撫李鴻章破賊花涇，收復吳江、震澤。」〔註218〕「巡撫李鴻章破李秀成，禽汪安均〔註219〕，克復蘇城。」關於蘇州殺降，該書如此記述：「賊黨……開門迎降者千餘人。禽偽康王汪安均等七人誅之，解散數千人，遂復省城。詔加李鴻章太子少保。」〔註220〕實際上被殺者除了八降將，還有大量降兵。

三年，「巡撫李鴻章克常州，禽陳坤書。蘇州軍攻常州，陳坤書死守。李鴻章令築長牆百餘丈以為障蔽，掘溝於其下，伏兵二千人，夜造浮橋，洋將戈登以砲隊攻南門，常勝軍多傷亡。鴻章親督諸軍四面環擊，屋瓦皆飛，士爭奮登城……降者數萬人悉戮，悍賊無一脫者」〔註221〕。

「金陵平，行告祭之禮，封爵功臣。」「江蘇巡撫李鴻章，一等伯。」〔註222〕

五年，「詔以肅毅伯李鴻章專辦勦匪事宜」。「六年，以李鴻章為湖廣總督，尋平東捻賊。李鴻章赴河南督師，勦東捻賊，平之。後又擊西捻賊，殲之。」八年，「以李鴻章為直隸總督」。〔註223〕為直督在九年。未述其在同治年間倡導洋務運動諸事。

十三年，「軍機大臣、大學士、管理工部事務文祥……謂（日本辦理大臣大久保）利通曰：『李鴻章為直隸總督守衝要，各國使入京必過見，足下亦幸顧之。』利通還，路經天津，乃訪鴻章。鴻章欣然款待，俱賀和議之成。鴻章亦到利通之館敘置領事於日本。」「大學士、直隸總督、北洋通商大臣李鴻章建議請遣公使於日本及西洋通商各國。」〔註224〕其建議具體內容詳見下節末尾，此二事刻畫了李鴻章晚清外交家的形象。

三、書中其他人物形象

除了清朝皇帝和上述十位重要人物，書中還刻畫了數十位歷史人物的形

〔註216〕應為譚紹洸。
〔註217〕第 234 頁。
〔註218〕第 238 頁。
〔註219〕應為汪安鈞，下同。
〔註220〕第 242 頁。
〔註221〕第 248 頁。
〔註222〕第 251 頁。
〔註223〕第 255～256 頁。
〔註224〕第 259～261 頁。

象，以下擇要述之，其中有些歷史影響並不亞於前述人物：

1. 張煌言

作為南明遺臣的張煌言，在書中首次出現是順治二年，「明唐王聿鍵稱帝於福建，魯王朱以海稱監國於紹興。……吏部員外錢肅樂、行人張煌言、諸生王翊起寧波，定海總兵王之仁、石浦游擊張名振以海上兵應之，殺清招撫使，迎請魯王監國，盡驅錢塘之船，列兵江上，西取富陽，以扼上游，潛通太湖，是為浙東之師」〔註225〕。

康熙三年，「浙閩總督趙廷臣執明行人張煌言，不屈死。張煌言仕魯藩，周旋海島二十餘年，後知事無成，散遣部曲，入普陀為僧。至是就禽，賦詩見志曰：

> 海甸縱橫二十年，孤臣心事竟茫然。
> 桐江空繫嚴光釣，震澤難回范蠡船。
> 生比鴻毛猶負國，死留碧血欲支天。
> 魯戈莫挽將頹日，敢忘千秋青史傳。

諸將重其義，欲降之。不可，且曰：『予窮海孤臣，豈至今日而復改節耶？』辭氣慷慨，至死不屈。」眉批：「張煌言絕命詞」「窮海孤臣」。〔註226〕其時趙廷臣為浙江總督，並非「浙閩」。

2. 閻應元

抗清義士閻應元事在順治二年，「明遺臣上下江之師大起。是時薙髮令下……典史閻應元、陳明遇起江陰，……並通表唐王，遙受除拜，或近受魯王節制，揭竿裂裳抗清者十餘萬，是為上下江士民之師。」〔註227〕

「清諸將連破明上下江師，平之。……閻應元固守江陰兩月餘，屢卻劉良佐、李成棟之兵，至是貝勒博託俘潞王，振旅至吳江，破吳易軍，殲之。進圍江陰，晝夜砲擊，會大雨城崩，應元死之。」〔註228〕

3. 李定國與孫可望

由於李定國、孫可望與張獻忠的關係以及作者的史觀，該書眉批以「獻賊餘孽」稱之。順治八年，「蜀賊孫可望降明，寇成都及桂林。……初，張獻

〔註225〕第21頁。
〔註226〕第46～47頁。
〔註227〕第22頁。
〔註228〕第23頁。

忠既滅,其黨孫可望、(李)定國、劉文秀、艾能奇、白文選、馮雙禮擁眾于川南,各數萬,推可望為長。可望襲重慶,陷遵義,入雲南,又使定國、文秀追明叛土司沙定洲于迆東,而可望自赴貴陽,並艾能奇之兵,襲明貴州鎮將皮熊、雲南鎮將王祥,皆奪其兵,定國惡之。及殺沙定洲,迎沐天波還雲南,不復相下,可望乃納款于桂王,求王封,欲藉以服眾。及是清兵四迫,桂王不得已封可望於秦,王定國王保寧〔註229〕,王文秀於南康。王趣其出兵,可望遣兵三千扈從桂王居安隆,使文秀、文選以步騎六萬分出徐州〔註230〕、重慶,以寇成都,使定國、雙禮率步騎八萬以寇桂林。」眉批:「四賊封王。」〔註231〕此數不確。

九年,「明李定國襲桂林,定南王孔有德死之,廣西復陷。……定國乘間襲桂林城,守兵少,有德檄三鎮乞援,未至而城陷,有德死之。定國禽陳邦傳送貴州剝皮戮死,以其前劫桂王於梧州,害從官輜重,又誘殺焦璉以降清也。」「十年」,「敬謹親王尼堪與李定國戰衡州,歿於陣」。〔註232〕此事當亦在順治九年。

「十一年,貝勒頓齊敗李定國於永州,又敗孫可望於寶慶。」〔註233〕「頓齊」應為屯齊,事當在十年。

「十二年,平南王尚可喜連破李定國,復廣東。李定國以步騎四萬攻廣東,猝陷廣州,薄肇慶,圍新會。尚可喜、耿繼茂急請滿兵會勦。命靖南將軍朱瑪喇赴援,連敗定國於新會……」「孫可望犯岳州,武昌都統辰泰大破之。……時定國、文秀兩軍不振,惟可望據貴陽,益跋扈,擅殺宗室諸臣。桂王懼甚,召定國兵入衛……」〔註234〕十四年,「孫可望大舉攻桂王,李定國赴援,大破之。……諸將皆不直可望,約陣而不戰。定國悉精銳突中堅,諸軍解甲大呼迎定國,可望大敗……降于洪承疇軍前,召至京封義王」〔註235〕。書中並未交代孫可望的最終結局,亦未提次年李定國因護衛永曆帝之功受封晉王事。

〔註229〕「王保寧」應為「於西寧」。
〔註230〕應為敘州。
〔註231〕第35~36頁。
〔註232〕第37~38頁。
〔註233〕第38頁。
〔註234〕第39頁。
〔註235〕第41~42頁。

「十六年，清兵入滇城，桂王西走永昌。……李定國……自率精兵六千設三伏于磨盤山，以謂清兵窮追必不戒，俟清兵至三伏，山巔放號砲，首尾截攻，不復使一騎返，乃設三伏。清兵渡瀾滄江，逐北數百里無一夫拒之，謂定國竄遠，隊伍散亂，上山者萬餘人。忽降人盧桂生來泄其計，則前驅已入二伏，諸帥急退，傳令舍騎而步，以砲發其伏。明兵死菁中者三之一，伏起而鬪死者亦三之一。定國坐山巔，聞信砲失序驚怪，忽有號砲落其前，擊土滿面，定國乃奔，竇名望、王璽皆戰死，清兵亦亡都統以下十餘人。清兵追至騰越，瘴深餉匱，懲唐〔註236〕盤之役不復追……。」〔註237〕作者不惜筆墨記述磨盤山之戰，而其後對李定國僅有一句：「吳三桂進兵至木邦，破明將李定國、白文選」〔註238〕，並未交代其結局。

4. 施琅、施世驃、藍廷珍

書中並未記述施琅的首次降清，只寫：順治「十四年，……成功將施琅復來降，授副將」〔註239〕。授施琅為同安副將當在前一年。

康熙「三年，靖南王耿繼茂等破鄭經，取金、廈兩島。耿繼茂率李率泰、施琅、黃梧進兵……」〔註240〕。此戰當在前一年。

施琅再被記述已是康熙「二十二年，水師提督施琅擊臺灣，平之，鄭克塽降。施琅奏澎湖不破則臺灣無可取理，澎湖失則臺灣不攻而自潰，請戰艦三百、水師二萬而行。時劉國軒守澎湖，壘壁環二十里而列砲，會颶風夜發，怒濤山立，我舟師前鋒簸蕩飄散，敵艦四面圍攻，琅親督大艍沖圍，矢集琅目幾殆，力戰得解。時國軒自率二萬人泊牛心灣，別屯萬人於雞籠嶼相犄角，清軍懲前戰夾攻，乃分三路：以五十艘出雞籠為奇兵分敵勢，而琅自督五十六艘分八隊攻其中堅，又以八十艘繼後，每路中復各分三隊，不列大陣，惟約以五艘攻其一艘，人自為戰，酣鏖竟日，聲震數百里，焚其百餘艘，殺萬有二千。凡海洋占候，雲合風生，雷鳴風止，是日將戰，黑雲起，敵方相賀，忽聞霹靂，皆錯愕，遂大敗。國軒由吼門冒險突圍而逸，清軍乘勝至鹿耳門，膠淺不得入，泊海中十二日潮不至，忽大霧，潮高丈餘，舟師浮而入。鄭氏驚

〔註236〕應為「磨」。
〔註237〕第42～43頁。
〔註238〕第45頁。
〔註239〕第41頁。
〔註240〕第46頁。

曰：『先王得臺灣，鹿耳門漲，今復然，天也。』於是國幹〔註241〕以克塽降。琅固鄭氏之將，熟海戰，故能奏捷。鄭氏割據三世，凡三十八年而平，詔封克塽漢軍公。」〔註242〕文中所述三路清軍漏了一路，還有五十艘戰艦在牛心灣牽制鄭軍，繼後的八十艘為主攻方向的預備隊，並非一路。

書中並未述及與施瑯一同攻取台灣的將領藍理，對施琅之子施世驃和藍理侄孫藍廷珍則有如下記載：

康熙「六十年，臺灣民朱一貴反，水師提督施世驃、總兵藍廷珍討平之。……時水師提督施世驃在廈門，聞警先發，總督覺羅滿保復調總兵藍廷珍會世驃於澎湖，共兵萬二，舟六百艘。時賊黨互相攻擊……世驃、廷珍發澎湖，突鹿耳門，守備林亮、千總董方以六舟直渡鯤身。鯤身，海沙也。是日潮漲八尺，四百艘齊薄岸，廷珍破賊取安平鎮，此夕世驃亦至。次日賊又犯安平，廷珍等迎戰，燒船于四鯤身。翌日賊數萬人駕牛車列盾為陣，冒砲死突，廷珍親督戰于二鯤身，而林亮小舟載砲夾攻，賊敗入城不出。世驃下令禁殺掠，降者皆樹『大清良民』幟于門，遠近脅從望風解散。廷珍又設奇伏破西港賊，其夜廷珍料賊劫營，偃旗伏蔗林，賊果至，大破之，遂北至府城。賊數萬皆遁，而世驃亦破西南之賊，同日抵城……一貴遂走灣裏溪，為村民所禽，檻送京師磔之」〔註243〕。未述施世驃因露立風雨得疾，隨後卒於台灣軍中事。

5. 傅弘烈

康熙十二年，「平西王吳三桂反」，「故慶陽知府傅宏烈起兵討賊。吳三桂以書招廣西鎮守孫延齡，延齡應之，殺巡撫馬雄鎮。提督馬雄亦以柳州降，廣西全陷。傅宏烈曾為慶陽知府，預訐三桂不軌，坐妄言謫蒼梧，及是獨圖恢復，乃佯受三桂職，入思州、廣南、富川土司及交趾界聯絡義勇，得五千人，遂移檄討賊。三桂使馬雄害其家百口於柳州，宏烈以大義說延齡，令反正，自往迓清兵圖進取。」〔註244〕傅宏烈實名傅弘烈，後世為避乾隆帝弘曆諱改名。

十八年，「將軍莽依圖、傅宏烈大破賊，復廣西。賊圍梧州，傅弘烈、莽依圖三面夾擊，賊大敗走，遂長驅復桂林。……廣西盡復，宏烈請進取雲南，

〔註241〕應為「軒」。
〔註242〕第 62～63 頁。
〔註243〕第 71～73 頁。
〔註244〕第 48～50 頁。

帝壯其志，許之」〔註245〕。未述十六年傅弘烈授為廣西巡撫，又加撫蠻滅寇
將軍事。

次年，「馬承蔭反，執將軍傅宏烈送貴陽，不屈而死。馬承烈請以七千人
分設七營，部議止許五營，而其兵復反，紿傅宏烈赴柳城而襲破其營，又執
宏烈送貴陽。吳世璠夙重其威名，誘以偽職。宏烈罵曰：『爾祖未反時，吾即
劾奏，知爾家必作賊，恨不早滅之。吾豈從賊耶？』遂遇害」。馬承蔭是馬雄
之子，前一年曾歸順清朝。馬承烈為馬承蔭部將。

同年，「莽依圖再討馬承蔭，以勁弩射象陣，象反奔，賊亂，鐵騎乘之，
大敗之，俘承蔭誅之」。〔註246〕

6. 范承謨

書中並未記載清初大臣范文程，對其次子范承謨則有形象刻畫：

康熙「十三年，靖南王耿精忠反，執福建總督范承謨。耿精忠詭言海寇
至，邀范承謨計事。巡撫劉秉政通精忠，促之行。承謨知有變，左右請擐甲以
從，承謨曰：『眾寡不敵，備無益也。』乃坦然按轡，至則逆眾露刃相脅。承
謨挺身前罵賊，精忠憚其威望，恐殺之重民怒，乃拘土室，置守者三十二人。
絕粒八日不死。精忠遣秉政說降，承謨蹴之僕地，罵曰：『逆臣不日當就誅，
我先褫其魄！』遂不屈」〔註247〕。范承謨康熙七年任浙江巡撫，多有善政，
十二年到福建總督任。

「十五年，康親王（杰書）、傅貝子〔註248〕等入福建，耿精忠降，總督
范承謨死之。……精忠軍望風瓦解，乃不知所為，先害范承謨而後出降。承
謨幽囚三載，冠御賜冠，衣辭母時衣，每朔望北面再拜，間為詩文，以炭書
壁上。部曲有張福建者，欲奪承謨，手雙刀奮呼，奪門連斃賊而死。蒙古人
嘛尼，守者三十二人之一也，感承謨忠義，謀出走。事泄，精忠將磔之，嘛
尼大言曰：『吾寧與忠臣同死，不願與逆賊同生！』至是，精忠將降，翼〔註
249〕飾辭免死，而懼承謨暴其罪，乃謀滅口，命以夜逼。承謨起，索冠，執
者奪之，承謨以械扶執者，整衣望闕拜畢，就縊。幕客嵇永仁、王龍光、沈

〔註245〕 第58頁。
〔註246〕 第60頁。
〔註247〕 第50頁。
〔註248〕 指貝子傅喇塔。
〔註249〕 應為「翼」。

天成，從弟承諧〔註 250〕及親屬、家丁五十三人並遇害，舊卒王道隆亦自刎死。」〔註 251〕

二十一年，「耿精忠降後，快快不得志，復謀不軌，為諸弟及部將所首告，於是討其罪，俘至京師，與吳三桂將馬寶同磔於市」〔註 252〕。未述范承謨子范時崇為父報仇及疏請表彰隨父殉難諸人事。

7. 于成龍

清代有兩位名臣都叫于成龍，書中所述的是祖籍山西、俗稱老于成龍之事。

康熙十三年，「前武昌知府于成龍破大冶賊黃金龍，斬之。黃金龍亡匿劉君孚家，受吳三桂檄，相偕反于曹家河。于成龍直趣賊塞，未至十里駐兵，招脅從降者日千人，賊勢衰。君孚欲降，懼誅，成龍單騎往諭，令人傳呼：『太守來！』君孚匿山，鎗弩夾道，成龍直入營中，賊眾環列，成龍問：『老奴安在？』君孚舊隸成龍麾下，故暱易之。又問：『汝良民何為取屠戮？』皆羅拜泣。成龍曰：『熱甚，少憩。』遂睡，鼾聲如雷。醒又罵曰：『君孚老奴何不設酒？』君孚遂出謝罪，即降其眾數千，復問金龍安在？曰在望花山。立以君孚為導，掩其不備，斬之。」語言描寫生動。

「十一月，黃州知府于成龍破劇賊何士榮，禽之。于成龍抵黃州，時湖北大亂，何士榮、陳鼎業等各擁眾號十萬逼州城。吏民繞數百，欲走避，成龍曰：『黃州七郡咽喉也，棄之則荊岳瓦解。』乃集鄉兵二千人，遣把總羅登雲迎戰。前鋒稍卻，成龍疾馳赴援，士榮以數萬人來降〔註 253〕，把總吳之蘭中礮死，賊戰益急，火燒成龍鬚。左右勸避，成龍叱曰：『今吾死日也，敢言退者斬！』遂鞭馬直進。千總李茂昇馬傷，乃步射賊，矢盡，揮劍戰。武舉張尚聖繞出賊後夾攻之，斬首數千，遂禽士榮，得賊名籍焚之。乘勝至呂王城，眾欲少憩，成龍曰：『破竹之勢不可失也。』據鞍草檄，馳諭曰：『禽賊獻者有賞，降者不殺，脅從者閉門，藏兵仗者誅！』於是賊眾解散，黃州平定。」〔註 254〕作者僅書此二事，對于成龍後來升任總督，卒諡清端等沒有記載。

〔註 250〕應為「譜」。
〔註 251〕第 54～55 頁。
〔註 252〕第 62 頁。
〔註 253〕語義不通，似應為「來戰」。
〔註 254〕第 52～53 頁。

8. 趙良棟、殷化行、王進寶

參與平定三藩之亂的重要將領王進寶、趙良棟,在書中首次出現已是此戰末期:康熙十八年,「提督王進寶復漢中,大破王屏藩於保甯,殺之,禽吳之茂。提督趙良棟進克陽平,取成都」〔註255〕。

此後王進寶再無記載,所得筆墨不如另一將領殷化行:「滇賊胡國柱陷永甯,漢中副將殷化行全軍而還。永甯陷,將軍鄂午濟哈等軍敗,退守敘州。大軍先行,殷化行以孤軍殿,胡國柱驅二萬人來追,眾甚恐。化行曰:『今日之事,以必死求生則生,以倖生求生則必死。我如走,賊追躡之,立盡。兵法易地用眾,險地用寡,當據險待敵,猶兩鼠鬭穴中,力大者勝耳。』遂扼險而陣,賊悉銳來攻,士皆殊死戰。迨暮,以草人秉炬為空營,引軍潛退。賊疑,木〔註256〕敢追,乃得與大軍會。夜半追軍復至,火光爍天,諸軍皆引去,化行為後殿。自永甯至瀘州二百餘里,山路險峻,化行且戰且退,十二晝夜不解甲,竟得全師還。化行語諸將曰:『兵不難於進,難於退。進則士氣勇,退則士氣怯。兵法曰:攻必攻其心,守必守我氣。我軍不失受氣之道,故得全。』諸將乃服其智勇,多就化行決機宜矣。」〔註257〕「鄂午濟哈」應為鄂克濟哈,殷化行升任副將當在此戰之後。

趙良棟則還有記載:康熙「二十年,四川提督趙良棟薄滇城,吳世璠自殺,雲貴平。⋯⋯我軍築長圍數十里,距城遠,賊負固抗拒,數月不下。會趙良棟之師至,良棟連踰三濠,奪三橋,直薄城,諸軍從之,圍數重。又施樓櫓于昆明池,以斷接濟。十月,城中食盡援絕,守門賊內應納師⋯⋯諸將爭取子女玉帛,惟良棟嚴禁軍士」。作者眉批:「良棟軍律」〔註258〕以表彰其行。

9. 孫嘉淦

除了前述上疏雍正帝事,書中還記載:乾隆「三年,以吏部尚書孫嘉淦總督直隸。孫嘉淦蒞任,會水災,奏發山東穀三十萬石由海達畿輔以濟飢民。引水漑田,開渠五百八十,使溝水通道水,道水通河,河水通淀,水害去而水利以興」〔註259〕。對孫嘉淦調任湖廣總督,因謝濟世案被革職,後又回京任職等事則沒有述及。

〔註255〕第 58 頁。
〔註256〕應為「不」。
〔註257〕第 59 頁。
〔註258〕第 61 頁。
〔註259〕第 86 頁。

10. 李紱

雍正「二年，以李紱為廣西巡撫。李紱始蒞任，陳練兵事宜：一、先定操地，次定操期，嚴賞罰；一、廣西多山谷，背山而戰宜用一字陣，山曲用三才陣，夾溪用雙龍陣，八面受敵用八門陣，四圍合攻用圓陣，亦曰風雷掃地陣，羊腸鳥道用連環陣，均演習如式；一、馬步兵各佩腰刀；一、土苗所用鳥鎗可及百五十步，惟礟足製之，五子礟施放尤便，宜增製。得旨嘉勉」。眉批：「陣法六」「五子礟」。〔註260〕書中未載李紱後任直隸總督等事。

11. 鄂爾泰、張廷玉

除了前述雍正帝形象中涉及鄂爾泰的「奇臣天賜」，書中在雍正十年「賜甲劍」「任鄂爾泰」眉批之下的正文中寫道：「鄂爾泰亦以身殉國，知無不言，一切嫌疑行跡無復所避。」〔註261〕「以身殉國」不如「以身許國」貼切。

「乾隆元年，命大學士鄂爾泰典會試。鄂爾泰受世宗遺詔，同莊親王允祿、果親王允禮及大學士張廷玉總理事務。」〔註262〕該書對同為兩朝重臣的張廷玉，敘事極少。

十年，「大學士、伯鄂爾泰卒。鄂爾泰明決有威重，勇於任事，好獎勵名節，惡偷令媚世者。及為相，益自任進賢退不肖，士有學行者，多以禮進之」〔註263〕。鄂爾泰爵號襄勤，卒年六十六。

「十三年」，「致仕大學士、勤宣伯張廷玉卒。張廷玉卒年八十四。性孝友，子姓戚黨列仕數十人，皆約以禮法，在政府無與督撫外吏接，凡饋禮輒峻卻之。生平無聲色玩好之嗜，退食泊然，時手一編而坐室中，闃如無人」〔註264〕。張廷玉實卒於乾隆二十年。書中未述鄂爾泰、張廷玉的朋黨之爭及身後事。

12. 傅恒

乾隆朝重臣傅恒首次在書中出現是乾隆十年：「準部亂，……帝詢悉之，議大舉雪兩朝之憤，羣臣懲博克托嶺之敗，難之，惟大學士傅恒主征伐，與帝意合。」眉批「議討準部」〔註265〕，未提其名。

「十三年，金川軍敗……命大學士傅恒代訥親……」次年，「……大學士

〔註260〕 第 75 頁。
〔註261〕 第 82 頁。
〔註262〕 第 85 頁。
〔註263〕 第 87 頁。
〔註264〕 第 89 頁。
〔註265〕 第 87 頁。

傅恒至軍，誅姦人阿扣、王秋等」。〔註266〕其後敘事的主角為岳鍾琪，間接表現了傅恒善用人才。

傅恒的名字出現在眉批中要等到乾隆「三十四年，大學士傅恒討緬甸，平之。傅恒渡戛鳩江，不血刃而行二千里，觸暑雨，士馬多僵，又進破蠻莫，殺溺數千，江水為赤。副將軍阿里袞亦破西岸之蠻，而兩將罹病。蠻臨大金沙江樹柵，濠外橫木，銳末外向，此其長技也。清兵礮擊，木洞而柵不塌，又以生革綑鉤之，力急綑斷，代以老藤，為蠻所斧斷，又命火攻，江霧柵濕不熱，值反風，遂退。復穴地窖藥轟之，柵突起又落，蠻自是震怖。緬酋致書議款，諸將憚瘴癘，願罷兵，乃責以納貢，且求土司侵地。緬酋欲我返木邦孟拱，議未決，哈國興單騎入營，與其酋定議而還。時傅恒未痊，上以軍人久苦，命班師，緬酋獻方物請入貢，遂焚船鎔砲而還。共糜餉銀千三百萬，始致平定。」〔註267〕未述傅恒隨後病卒事。

13. 兆惠

乾隆「二十二年，將軍兆惠擊虜，被圍於訥格，侍衛圖倫楚率兵解之。先是準部大亂，兆惠孤軍駐伊犁，自率五千人東旋擊虜，斬數千人。是年正月至烏魯木齊，虜軍畢會，連日數十百戰，清兵無一不當百，行冰雪中，食瘦駝疲馬且盡，二十二日至特訥格，不復能衝擊，結營自固，遂被圍。時天大風雪，驛傳聲息不相聞，巴里坤辦事大臣雅爾哈善入告，詔趣侍衛圖倫楚率兵二千間路馳援，以三十日至軍，圍乃解」〔註268〕。文中的「訥格」和「特訥格」均應為特訥格爾。

「二十三年，將軍兆惠擊和卓木，被圍黑水，將軍阿里袞赴援之。虜兄弟相犄角，霍集占據葉爾羌，堅壁清野，斂民入城，我兵無所掠。虜出精銳，三戰三北，不復出。城大十餘里，凡十二門，兆惠以兵少不能攻，先營城東，隔水草地自固，所謂黑水營也。兆惠欲取河南牧羣，出千餘人，始渡四百騎，橋忽斷，虜出五千騎來截。清兵方奮突其陣，虜又以步兵萬餘繼之，騎兵復張兩翼攻後，清兵隔河不能救，且戰且退，徒步還營。中途賊又斷數隊，清兵人自為戰，自旦至暮，殺虜千計，馬多陷淖，死傷數百人。兆惠左右衡〔註269〕

〔註266〕第88～89頁。
〔註267〕第101～102頁。
〔註268〕第93頁。
〔註269〕應為「衝」。

突，馬中鎗，再斃再易，明瑞亦受傷，總兵高天喜戰沒。復越河來攻五晝夜，清兵且戰且築，虜亦築長圍困我。兆惠乃遣五人分道赴阿克蘇告急，舒赫德飛章入告。虜又決水灌營，營兵溝而洩之。營依樹林，鎗砲如雨，清兵伐樹，反得鉛丸數萬以擊虜，又縱火焚虜營。虜疑布魯特與我軍有約，乃使人議和。兆惠執其使，射書諭以必縛獻霍集占方許納款。又掘井得水，掘窖得粟，三閱月不困，賊駭為神。富德在北路聞黑水圍急，帥兵二千人冒雪赴援，遇虜五千騎，轉戰四晝夜，嚙冰救渴，距黑水尚三百里，虜逾多，不能進，兩軍皆被圍萬里外邊。阿里袞以巴里坤兵六百合愛隆阿兵千餘夜至，遙望火光，知圍急，即張兩翼直壓賊壘，與富德軍奮逼虜，虜黑夜相格殺，潰走，清兵未至黑水數十里，又擊破之。兆惠遙聞砲聲，知援來，潰圍殺虜千餘，盡焚其壘。虜大敗入城，兩軍會合，振旅還阿克蘇。」〔註270〕所述為黑水營之圍。

「二十五年，將軍兆惠、富德大破虜，回人殺和卓木兄弟而降。復命兆惠、富德帥兵三萬，兩路並進。兩和卓木逾蔥嶺西逃，別軍四千騎追阿爾山虜。虜以六千伏谷，羸師誘入險，清奇兵先奪山下擊虜陣動，三面乘之，殺千餘人，斬驍酋阿布都，清兵僅傷一卒。又進扼走路，降者蔽山而下，凡萬有二千，和卓木手刃不止。兩酋挈四百人走巴達克山，其酋素爾坦沙拒戰，禽和卓木兄弟，兆惠檄索之，乃殺之，函首獻軍門，率所部十萬戶及鄰部博羅爾三萬戶俱納款。愛烏罕亦遣使入貢。於是蔥嶺以西布魯特等六國皆遣使來貢。以喀什噶爾為參贊大臣，建牙所，節制南路各城。其大者設辦事大臣，小者置領隊大臣。」〔註271〕喀什噶爾乃地名，並非人名，應改為設參贊大臣駐喀什噶爾。

14. 明瑞、觀音保

書中述乾隆二十三年黑水營之圍，「明瑞亦受傷」〔註272〕，僅此一句，未加官職。明瑞是孝賢純皇后及傅恒的姪子，一等承恩公富文之子。乾隆十四年授二等侍衛，二十一年以副都統銜任領隊大臣，赴西路軍營。在黑水圍中擢為戶部侍郎，解圍後所襲公爵加賜爵號「毅勇」。

「三十年，回部烏什作亂，左侍衛明瑞擊平之。烏什小伯克賴黑木圖拉

〔註270〕 第94～95頁。
〔註271〕 第96頁。
〔註272〕 第95頁。

等聚眾五百餘人乘夜焚掠，據城為變。明瑞進征抵城，虜二千出犯，乃擊敗之，奪砲臺七，殺二百人，而城堅山險，乃築長圍困之。虜窮守既久，謀夜襲大營。明瑞偵知之，嚴備以待。虜至，掩擊之，賴黑木圖拉中箭死。虜復立其父為阿奇木，悉眾死守。明瑞簡六百人，中夜攜雲梯薄城而登，虜未覺，梃刃交下，守陴虜驚竄。我兵毀城堞，天明收軍，乃逼城築壘，斷其樵汲。虜糧盡內潰，縛獻首逆四十二人，遂平烏什。」〔註273〕二十七年，明瑞被授為首任伊犁將軍，烏什平亂後因辦理不力革職留任。書中未述革職留任事，但此前提及「伊犁將軍明瑞各以兵赴援」〔註274〕，「左侍衛」誤，並無此職。

三十二年〔註275〕，「將軍明瑞大舉征緬，大破之。明瑞帥滿兵三千及鎮蜀兵二萬餘至木邦，緬人望風遁。明瑞自率萬二千結浮橋渡錫箔江，遂進攻蠻結。緬人二萬立十六柵，環深溝，列象陣以待。領隊大臣觀音保麾兵據山，蠻來爭，不得上。翌日，兩軍相持未決，而蠻柵甚堅。其法立互木為柵而聚兵其中，我鎗礮僅及而蠻從柵隙擊我兵輒中，此其長技也。總兵哈國興三路登山，俯而薄之，軍士皆奮。時出邊逾月始與蠻遇，一呼直逼柵。有黔兵王連者先躍入，十餘人繼之，縱橫決盪。蠻慌亂多死，遂破一柵，乘勢復攻破其三，而十二柵之蠻宵遁。當鏖戰時，明瑞首先陷陣，目受傷仍策馬指揮不少挫，我兵以一當百，羣象皆返奔，蠻遂敗」〔註276〕。此前明瑞已任雲貴總督、兵部尚書，因此戰被晉為一等誠嘉毅勇公。

「三十三年，將軍明瑞與緬人戰，死之。時軍深入二千餘里，以糧盡向木邦歸。蠻獲我病卒知之，即悉眾來追，我軍且戰且行，明瑞與觀音保、哈國興更番殿後，步步為營，日行不過三十里。自象孔至小猛育二千餘里，六十日而後至，其中又有蠻化之捷。時蠻識我軍號，每晨吹波倫〔註277〕者三而起行，則賊亦起而追我。次日五鼓復吹，伏礮以待，賊果來，萬槍突出，四面霆擊，潰墜相藉，坑谷皆滿，殺四千餘人，休軍蠻化數日。蠻先過，已柵于要路，攻之不拔，引由閒道。至正月，蠻破木邦，殺珠魯訥，執楊重英，其軍大至。將軍額爾登額攻老官屯不克，頓兵月餘。上趣援明瑞，于是老官屯之蠻亦至。明瑞至小猛育，遇蠻數萬，援兵不至，乃命軍士乘夜遁出，而自與諸領

〔註273〕第 98 頁。
〔註274〕第 97 頁。
〔註275〕誤書「十三年」。
〔註276〕第 99～100 頁。
〔註277〕眉批「吹破倫」字誤。

大臣及巴圖魯侍衛數十人率親兵數百斷後。及晨，血戰，無一不當百，已而大臣孔拉阿中鎗死，侍衛皆散。觀音保發數矢連殪蠻，尚餘一矢，欲復射，忽策馬去，以其鏃刺喉死。明瑞負數創，亦慮落蠻手，從容下馬，手自割辮髮授家丁使歸報，而縊于樹下。家丁以木葉掩其屍去。事聞，帝震悼，御製詩輓之。柩至，親臨賜奠，謚果烈。以額爾登額、總督鄂甯不往援誅之。」〔註278〕鄂爾泰之子鄂甯時任雲南巡撫，與額爾登額一同被誅者實為雲南提督譚五格。

15. 阿桂

乾隆朝重臣阿桂在書中首次出現是乾隆三十六年，「內大臣阿桂討小金川蠻，平之。阿桂統南路兵次翁古爾壟，山尤險峻，而溪南布勒山蠻壘與達河犄角，攻五閱月不能下。至冬水落，乃使健卒夜渡溪，攀援上布勒躍入其寨，出不意盡殲其眾。而北岸官兵直攻翁古爾壟，蠻方出拒，布勒官兵復以飛砲擊賊，賊遂驚潰……」「三十八年，將軍溫福」「中鎗死，戰沒三千餘人。乃以阿桂為定西將軍，轉戰五晝夜，所向克捷，遂復小金川。又進討大金川，連奪其險，蠻復據最高峯，兩碉壁立，負固弛備。阿桂使海蘭察率死士六百猱引而上，比明躍入碉，盡斬之。各寨奪氣，同時潰散。」〔註279〕所述海蘭察戰事當在乾隆三十九年。

四十年，「阿桂進師，六戰六克，攻勒烏圍，塞甚堅，用大砲毀其碉牆。虜穴地死守，土司索諾木之母往河西，將收餘眾抗拒。阿桂遣精兵追勦，于是母子斷絕，不知所出。乃使降蕃諭之，母遂降，居以別帳，使作書招索諾木。時官兵合圍，晝夜砲擊，索諾木得母書，率其孥至營降，金川悉平」。

「四十一年，金川師凱還，……先是帝以阿桂功必成，賜扇親畫蘭于上，題以：同心之言，其臭如蘭。後製詩賜之。及還，授軍機大臣，又繪功臣五十人像于紫光閣，阿桂居第一。阿桂在金川執緬使送京獄，至是誅索諾木母子弟兄及其頭目，使緬使觀行刑，且告之故。緬使驚怖欲絕，因令諭緬酋明年〔註280〕。遂遣阿桂赴雲南臨邊示以禍福，緬酋乃歸所執蘇爾相。乃拜阿桂武英殿大學士，兼管吏部事。」〔註281〕

〔註278〕第100～101頁。
〔註279〕第103頁。
〔註280〕有闕文。
〔註281〕第105頁。

「四十六年，蘭州回教賊叛」，「……命大學士阿桂征之。賊據山有千餘人，皆……素業射獵，精火槍。……阿桂至軍，占營山上斷賊路，而柵山北以聯聲勢，進奪其險，筑長圍，絕汲道，賊已窘急，乃填濠四擊，斬首逆，餘賊悉平」。

「四十九年，甘肅回民張阿渾反，……復命阿桂督師，至則破賊，進圍石峯堡，阿渾窮蹙乞降，執送京師。」〔註282〕

嘉慶二年，「大學士阿桂卒。訃聞，帝悼惜，贈太保。阿桂器識宏遠沈毅，遇大事必籌其始終得失，計出萬全。其在軍每獨坐帳中，秉燭竟夜，或拍案大呼，則次日必有奇謀。尤善知人，所薦達者為多」〔註283〕。此處述其卒，且進一步刻畫形象，前引傅恒、下文福康安等均無此待遇。

16. 海蘭察

海蘭察在書中首次出現即前述乾隆三十九年金川之戰，再現已是五十二年：「將軍海蘭察等討臺灣賊，平之。水師提督黃仕簡至軍，坐觀望失機，又命將軍常青代之，遇賊交綏，請增兵。賊十餘萬攻諸羅，城中開紅毛樓，得大砲轟拒，城得不陷。賊晝夜圍攻，絕餉道，柴大紀擊奪之，破其砲車，以四千與賊數萬戰，屢出奇兵奪賊峙積，以功特授參贊大臣。常青遣總兵魏大斌等三次往援，皆為賊所破，城圍日密。以將軍福康安、海蘭察代之。……福康安聞賊勢盛，請增兵而進，帝命頒內庫所藏大吉祥利益右旋螺，凡將軍、總督渡臺灣，則佩之以行，以利渡海風帆。十月，守風鹿港，忽順風起，數百艘並進，脅從望風解散，爭為鄉導。海蘭察連破賊，抵嘉義城，福康安亦至，乘勝追賊，遂擣大里杙。賊萬餘人萬炬來戰，官軍前鋒千騎伏溝，鎗銃矢從暗擊明，發無不中，賊遽滅火鳴鼓來攻，復尋鼓聲擊之，賊旋敗旋進，官兵鏖戰竟夜，遂克之。……臺灣平。」〔註284〕

17. 福康安

福康安首次出現即前述乾隆五十二年臺灣之役，再現為「五十七年，將軍福康安征廓爾格〔註285〕，平之。福康安進征，盡復藏地，追勦至雍雅山，廓酋震怖乞降，不許。復六戰六克，進攻陽布之國都。賊乘險，木石雨下，死

〔註282〕 第106～107頁。
〔註283〕 第116～117頁。
〔註284〕 第108～109頁。
〔註285〕 應為「喀」。

傷甚眾，又力戰卻賊。其國南隣印度之地曰披楞，久屬英吉利，與廓積隙，福康安檄之同時進攻，許事平分地。廓人亦乞援披楞，披楞佯發兵船赴之，實逼其邊。廓酋南北受敵，大懼，再卑詞乞哀。時師方挫，而踰八月則大雪難歸，乃允其降，班師，留番兵三千、漢蒙兵一千戍藏，是為官兵駐藏之始。嗣後廓人貢獻不絕」。「披楞」指在南亞的英國殖民者。

「六十年，貴州苗石柳鄧反，陷永綏，命雲貴總督福康安征之。」〔註286〕

嘉慶元年，「大學士福康安卒於軍」〔註287〕。未再刻畫其形象。

需要說明的是，該書中後來又出現的「巡撫福康安」〔註288〕應為福濟。

18. 朱珪

嘉慶元年，「以朱珪為安徽巡撫。時楚豫多邪教，流言多潛伏者。珪曰：『疑而索之，是激變也。』乃親駐界上籌防禦，徧泣潁、亳二州，集長老教戒，張文告，簡而明，民大感化。」〔註289〕

「太上皇崩。帝馳驛召安徽巡撫朱珪……」〔註290〕詳見前述顒琰形象。

「十年，以朱珪為體仁閣大學士，管理工部事。帝以是命為遵先帝遺〔註291〕詔也，命朱珪詣裕陵謝。尋卒，年七十六。制曰：『大學士朱珪持躬正直，砥節清廉，經術淹通，器宇醇厚，服官五十餘年，依然寒素，家庭敦睦，動循禮法，洵不愧為端人正士。』賜諡文正。」〔註292〕

19. 畢沅

嘉慶元年，「湖廣總督畢沅擊白蓮教賊，大破之。湖北枝江賊張正謨起，詭稱白蓮教，宜都、長陽、長樂教匪一時應和，四出焚掠。湖廣總督畢沅赴枝江，與巡撫惠公調兵進勦，連破蕭家砦、栗子山諸寨。湖北兵皆赴苗疆，故姦民乘虛煽誘，分擾諸縣，當陽等處相繼陷。詔諸將分路攻勦。沅與將軍舒公攻當陽，即選驍勇扼山隘，殲其外援三千人。賊悉力死守，沅親督將士以火攻克東門，賊退守西北，復攻拔之，殺賊二千餘，擒渠魁楊殷元等，縣境悉平。復馳至

〔註286〕第 111 頁。
〔註287〕第 112 頁。
〔註288〕第 170 頁。
〔註289〕第 113 頁。
〔註290〕第 115 頁。
〔註291〕應為「遺」。
〔註292〕第 121 頁。

襄陽，擊賊於青河口，破之」。〔註293〕「巡撫惠公」應指湖北巡撫惠齡，「將軍舒公」當指舒亮，其時為三等侍衛。

二年，「湖廣總督畢沅撫苗寨，卒於軍。畢沅抵乾州，撫諭苗寨，清釐民苗地畝，給還耕種，咸伏地感泣，各歸生業。各省兵次第撤回，沅遵旨留辰州，罹炎瘴而卒，年六十八，朝野惜之。沅識量宏遠，喜慍不形色，臨大事沈機獨斷，雖萬口不能奪。出任西陲，拓地二萬餘里，名相宿將往來邊徼，皆與之上下諏咨。洞悉利弊，歃〔註294〕歷數鎮，職事修舉，不以察察為明，煦煦要譽，所薦拔多至大官」〔註295〕。此論給了畢沅很高的評價。

20. 劉清

劉清的事蹟和前述于成龍有相似之處。嘉慶元年，「南充知縣劉清擊賊王三槐，破之。劉清甚得蜀民心，王三槐以教匪作亂，清數以鄉兵破賊於南充、廣元間。清撫民及士卒，皆以兒子畜之，人樂為死。賊素知清名，戰莫為用，故遇則逃。四川總督宜綿命清招撫三槐，三槐隨清至總督營，約率所部出降。然其實詭覘虛實無降意，還營復叛。清尋復至羅其清營，其清故清部民，甚德之。清見其清大哭，其清亦哭，去白袍請罪，蓋白蓮教徒衣白也。留清宿其營，奉牛酒，聽約束甚謹。復遣卒導清徧入徐冉、王冷各營，皆開壘列隊迎送如禮，惟孫士鳳戎服踞坐。清望之拱手，亦即下坐，語多桀驁，然遂不能害清。清歸為檄，使鄉勇羅思舉持諭其清，其清恃其眾，終不降。後王三槐俘至京廷訊，供言官偪民反。帝曰：『四川一省官皆不善耶？』對曰：『惟有劉青天一人。』青天者，南充知縣劉清也。清前後招降川東賊二萬，皆遣散歸農，然不惟撫賊有恩，其攻賊最力，所練鄉勇尤敢死。嘗破其清、（冉）文儔於方山，三槐於巴江，轉戰川東數歲，大小百十戰，斬馘萬人。其入營而撫，出營而戰，往返虎狼之穴，如慈母訓撻嬰兒，蓋史冊所希有也。後堅壁清野議上，帝命經略，大臣一委清，賊遂由是滅。後為登、曹二州鎮總兵，論者謂清以書生而將兵，以循吏而殺賊，以明經陟方面而改武職，有國士風。」〔註296〕任總兵之前，劉清還擔任過按察使、鹽運使、布政使等職。

作者已對劉清的形象做了總結，其實他在後文還有出現。事在嘉慶十八

〔註293〕第 113 頁。
〔註294〕原字右半部為「欠」。
〔註295〕第 115 頁。
〔註296〕第 114～115 頁。

年鎮壓天理教起事時：「時山東鹽運使劉清大破曹州賊復定陶，清以文吏身先士卒，善戰。山東略平。」〔註297〕如此評論像是增田貢已忘了自己前面所寫，或者沒有意識到所述實為一人。

21. 羅思舉

前述嘉慶元年劉清事蹟中出現了鄉勇羅思舉，二年，「夔州千總羅思舉擊四川賊王三槐，大破之。王三槐敗走雲陽，將與白崖賊合。羅思舉率鄉勇繞出前，獲諜知之，即張所獲賊旗夜襲賊壘，禽斬四千人。初，游擊羅定國使思舉伺賊豐城，歸則請帥死士夜襲，伏兵於外以夾擊，可一舉而殲。眾狂之，疑為間諜。思舉大怒，乃請火藥，獨入賊寨縱火，風猛焰烈，賊驚，蹂踐陷崖死者無算，棄械山積。是捷思舉以一人破賊數萬，名震四川，鄉勇從者如歸，思舉因險出奇，以少破眾，長劫營，長用伏，長用間，軍中號羅必勝。常曰：『晦月劫營必勝；崖滿間道必勝；冒旗誘敵必勝！』」〔註298〕羅思舉擢千總實在破王三槐之後。

道光十二年趙金龍起事，「湖北提督羅思舉晝夜督將士立泥淖中，擲火弩，斃數千人。猺黨趙立鳳乞降，思舉佯許之，攻益急，擒頭目數百人」〔註299〕。「猺」用反犬旁反映了當時的民族歧視問題。

22. 百齡

嘉慶「三年」，「以百齡為廣東巡撫。抵任獲洋盜四百人，尤多惠政，後及去任，士民遮道留，肩輿不得發，至夜乘馬乃出城。尋擢湖廣總督，楚多劇盜，悉力禽捕。」〔註300〕百齡為廣東巡撫實在嘉慶九年。

「十二年，以百齡為兩廣總督，降海寇張保。時粵洋久不靖，巨寇張保挾眾數萬勢甚張，奏撤沿海商船，練水師，遇盜輒擊之。臺魁奪氣，始有投誠意，然恐誅，不遽來，揚言望見治府顏色乃降，衷甲頓舟以待，實藉為嘗試地。百齡曰：『粵人苦盜久，今乞降，若不坦懷待之，海氛何由息？』遂單船出虎門，從者十數人。保巨艦數百，轟砲如雷，煙焰蔽天。保自環百齡船，作跪迎狀，百齡危坐舟中，屹然不動，麾保近前，曉以利害。見者睢盱膽落，詫為天人，皆面縛句命。百齡立撫其眾，許奏乞貸死。旬日解二萬餘人，縱四百

〔註297〕 第 129 頁。
〔註298〕 第 116 頁。
〔註299〕 第 136 頁。
〔註300〕 第 117 頁。

餘艘。復令保招降賊酋烏石二，以計誘至雷州，並從者百餘人斬之，全海肅清矣。」〔註301〕百齡為兩廣總督實在嘉慶十四年。張保亦稱張保仔。

23. 蔣攸銛

嘉慶「四年」，「以蔣攸銛為御史。尋授贛南道，廣昌會匪為亂，往治，激勵士民，禽首惡誅之，餘黨解散」〔註302〕。蔣攸銛為御史是前一年，授吉南贛寧道在五年。

十六年，「以蔣攸銛為兩廣總督。時英吉利有護貨兵船擅入內洋，攸銛命停貿易，英人乃遵約如舊例」〔註303〕。

道光十年，「故大學士蔣攸銛卒。蔣攸銛坐鹽梟〔註304〕事遷左侍郎，召入都，途卒。帝深悼惜焉。攸銛性聰強，熟左氏，其為政明而不苛，清而不刻，飭武備，清吏源，尤壹意培植賢才，所薦者多躋顯秩」〔註305〕。所涉鹽梟事指對黃玉林處理不當。

24. 阮元

嘉慶四年，「以阮元為戶部侍郎。阮元充經筵講官，副朱珪總裁會試，得士最盛」〔註306〕。

「十九年，以阮元為江西巡撫，禽賊首胡秉耀。時豫東邪教初平，餘黨煽亂，朱毛俚假託明裔謀逆，阮元馳往，禽胡秉耀等十七人誅之，尋獲崇義縣天地會匪鍾體剛誅之，民情大安。」〔註307〕

道光元年，「兩廣總督阮元奏修廣州邊備。阮元奏設砲蓥局，修廣州城及鎮海樓，建三水行臺書院。在粵十年，兼署廣東巡撫者六。水陸多盜，前後嚴捕數千計，又擣姑婆山巢，其盜患乃息。西洋貿易多賚鴉片，元惡之，乃疏請禁鴉片，以嚴馭洋商為務，遇事裁抑之。洋船在黃埔殺人，元命必得犯人乃已，洋商不能庇，犯人自刎死。又有擊殺民婦者，亦絞決抵罪，洋人憚之」〔註308〕。

〔註301〕第 124 頁。
〔註302〕第 119 頁。
〔註303〕第 127 頁。
〔註304〕應為「梟」。
〔註305〕第 135 頁。
〔註306〕第 119 頁。
〔註307〕第 130 頁。
〔註308〕第 131～132 頁。

六年,「以阮元為雲貴總督,鎮靖邊夷。滇省鹽政久刓弊,歲絀課十餘萬。元首劾蠹吏,力塞井竈之私弊,乃疏請酌留溢額銀兩備邊費。騰越有野人一種,茹毛穴處,時為邊患。保山夷曰㑩㑩〔註309〕,以墾田射獵為生,桑弩毒矢,常好鬮,野人畏之。元以萬金招㑩㑩三百戶,置騰越邊界,給地屯種,以禦野人,於是南甸、隴川上〔註310〕司二十餘寨來乞降」〔註311〕。「㑩㑩」應為僳僳。

25. 孫玉庭

嘉慶「五年」,「以孫玉庭為廣西巡撫。孫玉庭蒞任,甲子盜魁李崇玉勢張甚,吏恐不敢問。玉庭舟師塞甲子港,別率兵由陸路疾馳禽之。部勒甫定,碣石鎮將李漢升適至,請與俱,玉庭恐僨事,不許,固請而行。已近賊巢,忽鳴排槍,崇玉方飯,大驚跳逸。比圍其盧,僅獲家眷,有旨逮漢升,人服其先見。潮州俗獷悍,毛髮之際輒剚刃,其同姓者黨而報讎,於是合宗而鬮,名曰械鬮,習以為常。鄭馬兩姓相鬮,互殺百六十人,有孫映輝者,前金鄉令也,仇生員林哲,斃其族二十三人,林亦斃孫氏減其二獄積五年不決。玉庭往鞫之,梟馬姓二十餘人,而奏褫映輝職,餘按律抵罪,遠近肅然」〔註312〕。孫玉庭為廣西巡撫當在嘉慶七年。孫林兩姓仇殺案,實為「林姓傷斃孫姓二十三命,孫姓傷斃林姓二十一命」〔註313〕。

道光「四年,兩江總督、大學士孫玉庭除名。河決高家堰,孫玉庭被議除名。玉庭以廉介結主知,歷事三朝,閱歷中外五十餘年,清操碩德,為天下望,生平嚴重,識大體,鋤剔姦黨,撫綏遠人,不邀旦夕不可必之功,銷患未萌,天下陰受其賜」〔註314〕。孫玉庭雖因決口事被議革職,實從寬留任,尋以借黃濟運無效褫職。

26. 傅鼐

較為知名的清朝大臣中有兩位叫傅鼐的,一為鑲白旗滿洲人,書中所述是順天宛平人傅鼐。

〔註309〕原書兩字均用反犬旁,下同。
〔註310〕應為「土」。
〔註311〕第 134 頁。
〔註312〕第 120 頁。
〔註313〕孫玉庭《寄圃老人自記年譜》,《北京圖書館藏珍本年譜叢刊》第 119 冊,北京圖書館出版社 1999 年版,第 581 頁。
〔註314〕第 133 頁。

嘉慶「六年，貴州苗叛，知俯〔註315〕傅鼐大擊破之。石峴苗反，煽動十四寨，並糾合楚苗，各寨沸然，邊民赴愬。雲貴總督狼〔註316〕玕橄傅鼐會勦，三日盡破諸寨。賊據崖屯溝，鼐使黔兵攻其前，自領鄉勇夜探山後徑，猱升而上，連拔五巢。其破上下潮也，萬山一峽，苗以死守，乃夜分兵左右圍之，親督兵勇砲擊之，火其寨，殲苗二千餘人，建碉堡守之」〔註317〕。「上下潮」《清史稿》作「上下湖」〔註318〕，此同《碑傳集》，當無誤。

「十一年，知府傅鼐擊貴州苗，平之。先是，鼐屢破苗兵，生禽首逆石宗四。是役也，賊戕良苗，故鼐得驅策苗兵深入，轉戰月餘，破寨十六，殺二千餘人，餘寨皆乞降，永綏苗一舉而平。鼐治苗專用明沈希儀鷗勒法，大小百戰，殲苗萬計，拯出良民五千口，良苗千餘口，而所用不過鄉兵數千，則訓練之力也。……鼐因苗地用苗技，先囊沙輕走以習步，兼習藤牌閃躍法，狹路則短兵制之，每戰還必嚴汰，數年始得精兵數千，號飛隊，優養勤練而嚴節制之，行山澗風雨而行列不亂，遺貨于道，士無反顧者。鼐共甘苦若妻孥，哭陣亡若子弟，報公憤若私仇，能致死如一。」〔註319〕是役當在前一年。

27. 李長庚與蔡牽

嘉慶「八年，浙江總督李長庚大破海賊蔡牽于溫州。李長庚連敗蔡牽，牽僅以身免，窮追至閩洋，賊糧竭，艇且朽，乃偽乞降於總督玉德。玉德許之，牽得以間繕檣偫糧揚帆去，浙兵追之無及。尋又擊牽於溫州，奪舟且沈燔者六，斬獲無算。牽畏霆船甚，乃造巨船高於霆船，刮掠甚熾，遂劫臺灣米數千石分餉。朱濆遂與之合，攻殺溫州總兵胡振聲，連艘八十餘入閩。閩兵不敢擊，詔長庚總統閩浙水師，專勦蔡牽。以溫州、海壇二鎮為左右翼，擊賊馬蹟洋。牽、濆結為一陣，長庚督兵衝貫其中，斷賊為二，追沈其二舟，又斷牽坐船篷索，終以船高得遁去。牽責濆不用命，濆怒，遂與牽分，而牽勢亦少衰。」〔註320〕李長庚時任浙江提督，管轄浙江的總督是閩浙總督玉德。胡振聲戰歿等事在嘉慶九年。

十一年，「福建提督李長庚連擊海賊蔡牽，破之。蔡牽合大隊攻臺灣，別

〔註315〕應為「府」。
〔註316〕應為「琅」。
〔註317〕第 120～121 頁。
〔註318〕《清史稿校註》，第十二冊，臺灣商務印書館 1999 年版，第 9666 頁。
〔註319〕第 123 頁。
〔註320〕第 121 頁。

部屯洲仔尾，沈舟鹿耳門阻官兵。李長庚至，不得入，乃遣別將乘澎湖船進，攻三千艘，俘千餘人。復破之于柴頭港，總兵許松年夜焚洲仔尾，牽返救，長庚自後焚其舟，松平〔註321〕進憂之，賊大敗。明日又擊陸賊，牽困守北仙，以鹿耳門沈舟自塞走路也。越二日，潮驟漲，沈舟漂起，牽奪門出，長庚追奪十餘艘。是役也，松年為軍鋒，前後殲賊數萬，尸橫數十里，臺灣獲全。長庚所將，止三千人耳。」〔註322〕是時李長庚已從福建水師提督復調浙江提督。「攻三千艘」語義不通，數亦不對，此戰獲海盜船三十餘艘。

十二年，「福建提督李長庚大破蔡牽，中砲卒。李長庚進敗蔡牽，追入粵海。時朱濆已為許松年所殲，其弟渥降，牽黨敗散，止三舟矣。長庚自率親軍當牽大船，攂鼓搏戰，擊破牽篷，又以火船維後艄燔之。躍入其船，幾擒牽者再。其奴林阿小素識長庚，暗由艄尾發砲，中喉即僕。當是時，閩粵水師合勦，十倍於賊，而張見陞〔註323〕庸懦，見中軍船亂，乃退。牽得遁安南，長庚裨將王得祿誓雪讎憤。明年，合勦牽於定海之漁山，大破之。牽窘急，舉砲自裂其船沈海。閩浙二洋皆平。」〔註324〕李長庚仍為浙江提督，張見陞時任福建水師提督。蔡牽實死於嘉慶十四年。

28. 王杰

嘉慶十年，「東閣大學士、太子太傅王杰卒。王杰卒年八十，諡文端。杰由大魁陟宰輔，與和珅同列。和珅斥不附己者，杰接以大體而密贊朝謨。凡立朝四十餘年，凡五典會試」〔註325〕。此段文字雖短而內容頗為豐富，提及了王杰的狀元出身，他與和珅的關係。王杰曾於乾隆四十年、四十三年兩次擔任會試副總裁，又於五十二、五十四、五十五年三次擔任會試正總裁。除了這「五典會試」，他還在乾隆三十四年擔任過武會試總裁。

29. 董教增、嚴如熤

與前文張見陞類似，書中董教增、嚴如熤的名字均被寫錯，且卒年亦誤。

「道光元年，閩浙總督董教曾卒。教曾宏毅明果，在督撫中最有名。嘗謂：『人不可為無益事，不可為無益語，不可用無益錢。』又云：『刻己為儉，

〔註321〕應為「年」。
〔註322〕第 124 頁。
〔註323〕應為「陞」。
〔註324〕第 125 頁。
〔註325〕第 121～122 頁。

儉於人為刻，人知儉與刻之分，其於涉世也思過平〔註326〕矣。』」〔註327〕董教增實卒於道光二年。

同年，「以嚴如熿為陝西按察使，抵任七日卒。擢漢中知府嚴如熿為陝安兵備道，如熿周歷數千里，相度形勢，增營改汛，興修水利。帝每與廷臣言疆吏才，未嘗不首及如熿。尋拜陝西按察使，入見奏對稱旨，抵任七日而卒，秦民巷哭如失父母。」〔註328〕嚴如熿實卒於道光六年。

30. 陳化成、葛雲飛、王錫朋、鄭國鴻

此四人均為鴉片戰爭中犧牲的愛國將領，後三人合稱定海三總兵。

道光「二十年，以陳化成為江南提督。英人以禁鴉片搆釁擾海疆，化成守吳淞。時以英人就撫，廣東將撤防，化成獨謂款約不可恃，請留所部兵不去。冬雪方盛，平地積數尺，時掉小舟往來海濱風浪中，或蹈雪按行部曲，嫗姁如家人，軍中呼為陳佛」〔註329〕。

二十二年，「英人陷乍浦，戈船三十艘逼吳淞。吳淞以東西砲臺為犄角，西砲臺在海口北，距寶山六里。陳化成扼西砲臺以守，時制軍牛鑑在寶山懼，謀化成，對曰：『無恐，以砲扼險，可決勝。公第坐鎮，毋輕出入也。』又語參將周世榮曰：『吾與汝福皆不薄。』周愕然，化成曰：『詰朝戰而勝，則受上賞，不然，亦俱不朽，非福而何？』明日英船排江進，化成登臺執紅旗揮戰，轟砲及千聲，自卯及巳，壞六七艘。英人沮欲退，清兵噪而奮。牛鑑聞師利，趨出及三里，英人從檣上覘其幟，駕砲狙擊之，鑑跳而免，師遂潰。英人併力攻急，世榮請奔，化成拔劍叱曰：『庸奴！誤識汝！』世榮逸，英人登岸，砲彈雨下，化成顛復起，猶手燃巨砲。創重，歃血死，年六十七。同殉者守備龔齡增以下合八十餘人。吳淞既陷，越十日，嘉定令練廷璜得屍葦中，百姓罷市哭奠。詔立專祠，予諡忠愍，世襲輕車都尉。」〔註330〕

此前，道光二十一年，「英人陷定海，總兵葛雲飛、王錫朋等力戰死之。葛雲飛、王錫朋往鎮定海。定海之城三面據山，臨海無屏蔽，輒議請城其三面列巨砲，塞竹山門深港。已而英人集廈門，復請增砲備船，皆不省。英人果

〔註326〕應為「半」。
〔註327〕第 131 頁。
〔註328〕第 131 頁。
〔註329〕第 138 頁。
〔註330〕第 141～142 頁。

犯定海，攻竹山門，而又窺東港浦，皆擊卻之。於是雲飛駐土城，王錫朋守曉峯嶺，鄭國鴻守竹山門。英船二十九艘、眾二萬餘，清兵僅四千，飛書大營請濟師，不許，戒死守毋望援。天雨浹旬，雲飛往來潦中，屢戰卻敵。相持數日，會大霧，英人全隊逼土城，我兵砲沈其舟，英人分攻曉峯、竹山。曉峯無砲，英人奪間道下，攻破竹山，薄土城。英人殊死進，雲飛率所部二百餘人持刀步鬪。英酋安突得執綠旂麾兵進，雲飛罵曰：『逆賊終污吾刀！』斬之，刀折，復拔所佩刀，再衝敵軍至竹山門，方仰登，敵刀劈其面，血淋漓，猶登，忽砲洞胸而沒。方寇逼也，行營有藥桶二，雲飛納火線，書曰『軍餉』。城陷，英兵爭取之，火發，焚數百人。義勇徐保夜探雲飛屍，見兩手握刀不釋，立厓石下。王錫朋亦手殺數十百人，短刀陷陣死。處州總兵鄭國鴻亦力戰死。是役府帥觀望不救，故三總兵敗矣。」〔註331〕不同於前引文中的牛鑑，作者始終未書「府帥」之名，可能是受所掌握史料的限制，也可能是一種春秋筆法。

31. 魏源

道光「二十二年」，「以魏源為中書舍人。魏源借觀史館秘閣及士大夫私家著述，旁羅國初以來軍國要務，是年英人屢陷閩疆，軍問沓至，源慨然發胸中之藏，排批經緯，馳騁往復，先取其涉兵事及所議論若干篇，著《聖武記》，以洩敵愾。復據林則徐所譯洋人之《四洲志》等述《海國圖志》，蓋為以洋攻洋、以洋款洋、師洋技以制洋人而作，以寓懲創之意焉。」〔註332〕魏源為中書舍人實在道光九年。

32. 向榮

早期主持鎮壓太平天國的清軍將領向榮在書中首次出現是道光三十年，「洪秀全屢敗官軍，提督向榮檄（千總）鄧紹良與為犄角，連敗賊。……」眉批則僅書「鄧紹良」〔註333〕，未寫向榮。

咸豐元年，「洪秀全由金田出關至大黃江，提督向榮進攻，殺二百餘人。及再戰，守備王崇山等十二人陣亡」。首次眉批其名。「提督張必祿討賊卒於軍，以兩廣總督向榮代之。……張必祿……已沒，以兩江總督向榮代之。榮亦宿將，屢立戰功，素得士心，臨陣身先士卒，所向克捷，賊甚畏之。」〔註334〕再次眉

〔註331〕 第 140 頁。
〔註332〕 第 143 頁。
〔註333〕 第 146 頁。
〔註334〕 第 147～148 頁。

批其名。事實上，向榮此時既非兩廣總督，亦非兩江總督，而是廣西提督。他從未擔任過總督之職。

三年，「欽差大臣向榮擊賊於通濟門，大破之。向榮攻金陵附郭之土城，克之。又擊通濟門，殺數千人，尋取鍾山，禽陳轉巇之。賊懼，不敢出，榮又以計殺萬餘人」。眉批「金陵大捷」。〔註335〕未詳述向榮建立江南大營事。

六年，「賊陷江南大營，欽差大臣向榮敗退丹陽。向榮聞高資之敗，遣張國樑馳援，三戰三克，賊走回金陵，議大舉。於是鎮江、溧水賊均合突大營。榮兵力寡單不能禦，金陵賊亦出焚七橋甕營。國樑苦戰潰圍走，榮收散卒退保丹陽。」「賊乘勝攻丹陽，向榮憂憤，病轉篤。」「欽差大臣向榮卒於丹陽軍。賊數犯丹陽，勢甚熾，或勸向榮避其鋒。榮太息曰：『吾病不能進，何顏更走？當死於此耳。』遂以軍事付張國樑曰：『卿才足辦賊，吾死何憾？』復躍起疾呼曰：『終負朝恩！』一慟而絕。榮自道光三十年剿賊，追至金陵，大小千百戰，竟以積勞病殞。」「向榮已死，金陵賊酋相慶。」〔註336〕向榮之死是天京事變的一個誘因。

33. 江忠源、江忠濬、江忠濟、江忠義

楚勇的創建者江忠源及其二弟江忠濬在書中首次出現是咸豐元年，「大學士賽尚阿至粵督師，秀水知縣江忠源來從軍，破賊永安。……賽尚阿至粵，聞江忠源知兵，召致軍前。忠源募鄉兵五百人，使弟忠濬帥以來，號楚勇。忠源始至，弊衣槁項，諸軍竊笑。時賊氛甚惡，官兵莫敢攖之。忠源進擊，斬數百人，又進破永安賊，眾始服其膽勇」〔註337〕。

二年，「賊犯桂林，都統烏蘭泰死之，知縣江忠原〔註338〕赴援，斃馮雲山。……江忠源亦力疾馳至，三戰三捷，遂解桂林圍。賊又破全州，赴湖南。忠源絕蓑衣渡，鏖戰兩晝夜，以砲殪馮雲山。忠源以解圍之功擢知府」。「賊入道州，余萬清失守走。道州俗慓悍，從賊者多，爭至死。賊進破桂陽，江忠源來戰，大破之。賊棄城遁，轉陷郴州。郴境當湖粵之衝，商賈輻輳，賊據之，勢復振。忠源會諸軍壁其三門，相持月餘不決。」〔註339〕

江忠源三弟江忠濟在咸豐二年首次出現：「賊犯長沙，巡撫駱秉章等拒戰，

〔註335〕 第 155 頁。
〔註336〕 第 178～180 頁。
〔註337〕 第 148 頁。
〔註338〕 應為「源」。
〔註339〕 第 149～150 頁。

斃蕭朝貴。……洪秀全、楊秀清聞之，俱來並力奮攻，勢甚振。向榮、秦定、和春亦來。忠源弟忠濟自郴州尾賊而至，賊伏叢間挺矛刺，忠濟墜馬，遇救免。」〔註340〕

三年，「湖北按察使江忠源破賴漢英，解南昌圍。……江忠源星夜赴援，賊望其旗幟，警曰：『江妖來何速也？！』賊呼官吏為妖，故云。忠源入城，與知府林福祥出戰，破賊燒船。賊復用地雷壞城，肉薄而登，忠源與弟忠濟力戰，賊遂敗走」〔註341〕。

「巡撫江忠源等敗於田家鎮……江忠源自南昌赴九江，至則城已陷，賊據田家鎮之半壁山，俯瞰砲擊甚烈。同知勞光泰兵不戰而潰，又多降賊。忠源身親搏戰，賊來益多，官軍遂敗……」〔註342〕

「知府江忠濟大破賊於崇陽，斬陳百斗。初，江忠源援武昌，以舊部千人屬弟忠濟留長沙勦土寇。及忠源勦賊通城，崇陽、嘉魚賊蠭起，忠源兵少，忠濟赴援，大破賊於崇陽，斬陳百斗等數百人，進攻通城。會賊數萬圍官軍數匝，勢甚銳。忠源拊忠濟背曰：『非弟不能破此賊。』語未竟，忠濟提雙刀大呼躍出，眾從之。忠源操枹鼓助戰，眾殊死鬭，賊遂大敗，禽張西園等二十餘人，湖北賊平。忠濟尋守江西，賊大至，掘城崩十餘丈。忠濟督壯士囊土塞之，俄而城又圮，築者悉陷，忠濟跳而免。次日地雷復發，賊噪登城，忠濟揮劍手斬數人，賊乃退，因麾兵勇急築。賊復穿隧，忠濟鑿濠城下，引水注之，賊計遂屈，引去，省城得全。」〔註343〕此段著力表現了江忠濟的武勇。

「胡以晄陷廬州，安徽巡撫江忠源力戰死之。江忠源平廣濟之宋關祐，至九江，賊憚其威名不敢近。又奉命援鳳、潁，凡三晝夜行五百里，賊驚曰：『來何疾也？！』時賊船蔽江薄城，忠源砲擊卻之。賊又穴地發火，城陷八十丈，忠源與弟忠濟力戰拒之，賊尸山積，遂敗退，復平安、福泰，以功加二品服，義聲震天下。又奉命巡撫安徽。及胡以晄向廬州，警報日急，忠源率數百人星馳入城，糧糧火器皆乏。越三日，賊大至，兵丁獸散。忠源力疾登陴，誓死固守，廬城周二十六里，兵僅三千。賊用地雷攻諸門，忠源親督楚勇殊死鬭，殺數百人，相持逾月，賊奪氣，將遁。會有告賊以城中食盡者，賊益穿

〔註340〕 第 151 頁。
〔註341〕 第 156 頁。
〔註342〕 第 159 頁。
〔註343〕 第 160 頁。

隧，城亦壞十餘丈。忠源且戰且築，賊破南門，梯而入。忠源知事不濟，引佩刀自刎，左右持之，一僕負而去。忠源怒嚙其耳，僕傷墜地。忠源再戰，被七創走，投水而死。……忠源弟忠淑自湖南來戰，亦不利。忠源治軍推赤心待人，得其死力，所過秋毫不犯，每戰親陷陣，踔厲風發，能以少擊眾，故所向有功。初賊起也，王師十萬環視，莫敢先。忠源以書生倡勇敢，軍氣一變。其後楚軍豪傑輩出，卒克金陵，忠源風聲所鼓也。先是，忠源建三省會勦策，清〔註344〕治舟師扼上游，曾國藩遂用此策肅清江南，以成大功。初，忠源過國藩，語移時去，國藩目送曰：『平生未見如此人，必當立名天下，然當以節烈死。』及忠源死，賜謚忠烈。」〔註345〕作者把楚勇和湘軍聯繫起來看待，追述「三省會勦策」中水師扼上游的遠見，並引用曾國藩的評語，高度評價了江忠源所發揮的作用。

六年，「知府江忠濟與賊戰通城，軍敗死之。先是，江忠濟堵勦粵寇，破賊於藍山，再破之於嘉禾，三破之於甯遠，連復三城，殺二千人。移軍勦通城，至則召團勇千餘人助聲威，出其不意破四營。賊數萬人悉銳來，四面環攻，忠濟落圍中。眾勸退，忠濟叱斥，戰益烈，賊從後營入，團兵驚散，忠濟手刃退者數人，策馬突陣，力竭死之。勇兵三千戰死幾盡，無一降者。詔贈按察使銜，賜卹典。忠濟，忠源弟，忠勇敢戰，兄弟前後殉難，天下壯之」〔註346〕。

江忠源從弟江忠義則在咸豐十年首次出現：「賊又圍武岡，道員江忠義屢戰破之。」〔註347〕

同治二年，「提督江忠義克文橋，殪黃文金。……文金悉眾來攻，鋒甚銳。忠義詢降卒，知為文金，聚鎗一發，應聲而仆，賊遂潰奔。……忠義望賊壘火疏，度將道，俄攻拔文橋，日夜追勦，積尸塞道……」〔註348〕。書中未敘江忠義隨後病故事。

34. 吳文鎔與崇綸

太平天國戰爭前期，咸豐三年，「賊圍湖州城，兩湖總督吳文鎔拒擊卻之。賊陷金陵，中原震動，帝知文鎔有威望，自雲貴移督兩湖。至則賊自下游破

〔註344〕應為「請」。
〔註345〕第 163～164 頁。
〔註346〕第 175～176 頁。
〔註347〕第 208 頁。
〔註348〕第 238 頁。

田家鎮，省城晝閉，居民一夕數驚。巡撫羅綸移營城外，豫為走計。文鎔知之，策馬詣綸約死守，不聽，文鎔怒，拔佩刀置案上，曰：『城存與存！城亡與亡！言出城者，齒吾刃！』綸默然，議乃定。賊已薄城，文鎔慷慨登城樓激勵將士，衣不解帶者數旬，捍禦甚力，賊遂解圍而去」〔註349〕。「湖州」應為武昌。吳文鎔在道光年間已歷官多地，頗有政聲。「巡撫羅綸」應為湖北巡撫崇綸，滿洲正黃旗人。

次年，「兩湖總督吳文鎔與賊戰堵城，軍敗死之。吳文鎔自帥七千人，進薄黃州，壁堵城。會大雪，日行泥潦間拊循士卒，而巡撫羅綸不給軍械輜糧。及賊至，文鎔自督將士力戰，都統劉富成手刃數人，軍士為之氣振，繼斬數十人。賊再犯再敗，而別賊大至，酣戰未決，火起後營，官軍驚潰。文鎔下馬向北痛哭曰：『無以對聖恩。』遂投水死。及曾國藩疏陳文鎔死事之狀，並謂羅綸之觀望，詔逮之。綸服藥死。文鎔性方嚴，遇事能持正，與林則徐並負天下望，為同官所螫，卒齎志以終」〔註350〕。「羅綸」之名多次出現，當非筆誤，實屬硬傷。

35. 勝保

晚清將領勝保在書中首次出現是咸豐三年，「吉文元圍懷慶，……大學士勝保赴援，大破之，殪文元。吉文元率八萬人渡河攻懷慶，……勝保率滿洲騎兵二千直逼賊壘，策馬陷陣，砲丸雨注，破兜帽，燒馬鬣，而猶進戰，斬數千人。已而城中糧竭告急，勝保連捷，屢斬賊酋，所率吉林騎又射殺文元，傷林鳳祥。賊大恐，遂解圍西走。勝保窮追，又殪千餘人。詔賞余炳等城守之功。懷慶失守則大河南北無復堅城，賊可以長驅北侵，安危所繫甚大也。（余炳、裴寶鏞）二將攖孤城，而十餘萬賊留攻者五十六日，畿內因得嚴備。勝保智勇兼綜，自當矢石，視死如歸，戰罷回營則輕裘緩帶，好接文士，綽有儒將之風」〔註351〕。勝保並非大學士，時為內閣學士，兼禮部侍郎銜。

「河南賊入山西，……詔以勝保為欽差大臣，賜神雀刀，諸將有不遵約束者，先斬後聞。」「欽差大臣勝保破賊，克復深州。」〔註352〕

「四年，欽差大臣勝保大破獨流賊。先是官兵挫折，勝保建以圍為攻之

〔註349〕第 154 頁。
〔註350〕第 164～165 頁。
〔註351〕第 157～158 頁。
〔註352〕第 159 頁。

策，屢獲成效，所陷諸城以次收復。惟獨流窮賊負嵎不下，詔促期速清畿甸，於是臨陣之將親冒矢石，鼓勇之卒不避死亡，因大破獨流之巢窟。賊走，據東城，又追擊破之。」「欽差大臣勝保破賊於曹縣……」〔註353〕

書中未述勝保次年因師久無功被遣戍又於六年召還事，他再次出現是咸豐八年，「欽差大臣勝保降李昭壽，取天長城」〔註354〕。

十年，「以袁甲三為欽差大臣，代勝保討賊，復鳳陽、臨淮。淮河上下為捻匪所盤踞，與金陵諸賊互為應援。勝保一挫，軍威不復振，廬州、定遠久淪賊中，詔命勝保赴河南辦剿匪之事……」〔註355〕。

同治元年，「大學士勝保大克壽州，禽陳玉成。偽英王陳玉成與偽忠王李秀成皆賊中驍健，洪秀全倚為左右手。秀成擾蘇、常，玉成據廬州，將軍多隆阿合圍破之。賊已窮，殊死出戰，又大敗，遂復府城。玉成走於壽州，勝保豫命副將苗景開設計開城誘之，玉成率三千人入城，景開撤吊橋擊破之，禽玉成、陳士才等大酋二十人，殲餘賊四千人。勝保奉旨斬玉成等於軍前，又窮追殘賊，殺一萬八千人，悍賊至此殆盡」〔註356〕。書中並未交代勝保於次年因「諱敗為勝」〔註357〕等罪狀被賜自盡的結局。

36. 僧格林沁

清軍蒙古族將領僧格林沁首次在書中出現是咸豐三年對陣北伐的太平軍：「命惠親王（綿愉）為奉命大將軍，討晉省賊。……科爾沁郡王僧格林沁為參贊大臣，統四將軍督旗營、察哈爾精兵，會勝保進勦……」〔註358〕

五年，「郡王僧格林沁禽林鳳祥，河北賊平。僧格林沁破賊於連鎮，禽林鳳祥送京師凌遲。僧王復移師拔高唐，賊渡河北保馮官，復進擊禽李開芳等八酋誅之」〔註359〕。

該書所記咸豐十年事有眉批「僧王破英佛」〔註360〕，詳見本書下節關於英國史事。

〔註353〕 第164～165頁。
〔註354〕 第192頁。
〔註355〕 第199頁。
〔註356〕 第222頁。
〔註357〕 《穆宗毅皇帝實錄》，卷七三。
〔註358〕 第158頁。
〔註359〕 第169頁。
〔註360〕 第206頁。

同治二年，「郡王僧格林沁禽河南賊張樂形誅之。河南捻匪魁張樂形受洪秀全偽封，擾楚豫江皖，郡王僧格林沁勦之，大小數百戰，數破賊。樂形走雉河，其黨禽樂形父子降，僧王奉旨戮之」〔註361〕。所述的捻軍首領實名張樂行，或作張洛行。

三年，「捻匪犯河南諸州郡，郡王僧格林沁、欽差大臣官文等擊破之。……鏖戰四時，衝突二十餘次，賊始敗，殺溺數千人……」〔註362〕「郡王僧格林沁、巡撫喬松年連捷，平陳得才等諸賊。」〔註363〕

四年，「科爾沁親王僧格林沁與捻匪戰曹州，死之。湖北捻匪由襄陽入河南，僧格林沁追戰曹州，軍敗沒陣。僧格王功名早著，諸王之善戰者也。」〔註364〕僧格林沁簡稱「僧王」，「僧格王」不妥。

37. 李續賓、李續宜

清軍悍將李續賓首次在書中出現是咸豐三年，「知府李續賓與石達開戰武昌，大破之。賊圍江西，曾國藩令羅澤南往援。邑紳李續賓佐謝邦翰擊賊，邦翰戰死，續賓代將之，所謂湘右營也。續賓身長七尺，膂力絕倫，能挽三石弓，連破太和、安福、衡、岳二州賊，擢知縣。又克於武漢、興國、田家鎮，授安慶知府，知兵之名震天下。曾國藩督水師循江下……兵皆失利……江西大震。續賓獨善戰，拔弋陽、廣信，大破賊，乘勢下蒲圻、咸甯，數戰皆捷。又屬曾國華攻武昌，屢破賊，而石達開援兵大至。續賓分軍防戰，遣壯士數百人執所奪賊旂誘。城中賊以為外援，出城夾攻，忽伏起破之。及達開至，鏖戰三日未決，城賊懲前敗不敢出，續賓戰走達開，進至小龜山，斬首八百。別將亦與城賊戰賽湖，未解，續賓返軍援之，賊望其職走入城，自是堅壁不出。續賓命開濠塹以絕接濟，遂復武昌，又渡江克大冶、興國，直擣九江」〔註365〕。

六年，「按察使李續賓與賊戰梅花洲，大破之。先是賊掠江西，舟沈塞湖口，為浮梁鐵鎖，築城于梅花洲，環砲嚴守，官軍仰攻不利，退入內湖。曾國藩益治水軍于章門，令彭玉麟統領，軍勢復振，袁、吉、瑞、臨以次皆復，眾議會勦九江。李續賓謂九江賊與湖口犄角，湖口不拔，九江不可取也。乃決策水陸攻湖口。續賓又令弟續宜率馬步軍攻梅花洲，自率師揚言攻宿松，而

〔註361〕第 233 頁。
〔註362〕第 247～248 頁。
〔註363〕第 252 頁。
〔註364〕第 254 頁。
〔註365〕第 160～161 頁。

伏于湖口山後，士皆捫蘿上。黎明，玉麟襲湖東，游擊黃翌〔註366〕升擊梅花洲，皆用水師。提督楊岳斌迫石鍾山，賊方悉銳防戰，續賓伏發，從山頂下擊，賊兵大敗，梅花洲賊亦棄城走，於是內外水師始通，會勦取彭澤，乘勝拔姑狄城。續賓以功除浙江布政使……」〔註367〕。

書中隨後敘述其弟李續宜事：七年，「賊又據黃岡蘄水之衝，知府李續宜五路軍皆捷，陳斬溺斃凡三千餘人……賊勢未衰，續宜自請擊，胡林翼壯之，令統十二營軍進勦。賊軍適大至，續宜望曰：『賊入我彀中，彼弱者當我強，而強者當我弱，能先勝其左則右亦不支，然後合力中軍，成功必矣。』乃密分勁兵萆山襲後，而自領中軍，偃旗息鼓，突騎出不意擊其前，左路之賊果潰，我左營與中軍合，遂克中路。……三路之賊皆潰，氣勢始衰……」眉批：「黃岡大捷。」「江西賊犯太湖，都統多隆阿、知府李續宜等迎戰破之。」眉批：「太湖捷。」〔註368〕

八年，「布政使李續賓、總兵彭玉麟克九江，斬林啓榮。林啓榮據九江已十年，官軍取彭澤湖口，摧其羽翼，得專力九江。賊百計死守，官軍環攻穿城，賊以火器力拒，先登將士多死傷。……李續賓、彭玉麟率十六軍水陸進攻，發地雷，磚石飛翻，城崩百餘丈。諸軍奮登，聲動天地，賊死者一萬七千人，積尸填巷，流血成渠……」眉批：「九江捷。」〔註369〕

「浙江布政使李續賓與陳玉成戰三河集，死之。李續賓將楚軍破黃安，勦皖城，會曾國藩于蘄州，復太湖、潛山，進突三河集，斬數千人。會陳玉成自六合率大隊來，李世賢又自廬州來會，眾合十萬，連營於金牛鎮白石山，烽火互數十里。諸將避銳退守桐城，李續賓獨奮曰：『軍事有進無退，戰死吾分也！』飛檄召援軍，而賊已雲集。天適大霧，官軍戰退……眾勸續賓退圖再舉。續賓曰：『軍興九年，皆以退走損國威，長寇志，吾當縱橫血戰，殺一賊則為國除一害，且吾大小數百戰，每出不望生還，今日必死報國，不欲從死者退為計！』將士皆曰：『願從死！』及暮，賊攻益急，續賓開壁馳突，斬數百人。及夜，總兵李續燾、副將彭壽祥斫營，賊反擣虛入，奪其營，決河堤斷官軍去路，壽祥等戰敗。續賓知事不可為，從容具衣冠，望闕叩首，取所奉

〔註366〕應為「翼」。
〔註367〕第 183 頁。
〔註368〕第 185～186 頁。
〔註369〕第 188 頁。

廷寄、硃批奏摺焚之，曰：『不可使宸翰辱賊手！』乃躍馬貫陣，力戰死之。同知曾國華……殉焉。……續賓崛起田間，以平賊自任，能以少擊眾，大小數百戰，克復四十餘城，未嘗挫衄。號令嚴密，所至百姓歡迎，耕市不變。死之日，兩湖江皖士民巷哭，如失父母。」〔註370〕三河之役，與總兵李續燾一同「斫營」的副將實為彭祥瑞，而非「彭壽祥」。和李續賓同死的曾國華為曾國藩之弟，下文詳述。

李續宜在第二年又出現一次：「知府李續宜、總兵劉長佑等破石達開。」〔註371〕書中未述其此後繼續與太平軍作戰、擔任巡撫並於同治二年病故之事。

38. 曾國荃、曾國華、曾貞幹

曾國藩弟曾國荃在書中首次出現是咸豐六年：「浙江巡撫曾國荃破賊，復安福縣。」〔註372〕官職有誤，是年底其僅為同知銜，且作者並未交代二人的關係。曾國藩弟、曾國荃兄曾國華出現更早，咸豐三年，「……曾國華攻武昌，屢破賊」〔註373〕，亦未述及兄弟關係，至咸豐七年方寫「其弟國華」〔註374〕。其弟曾貞幹在同治元年出現，則專敘「貞幹，國藩之季弟也」。〔註375〕作者直到寫到這一年才述：「國荃，國藩第三弟也。」〔註376〕

咸豐八年，「知府曾國荃取吉安……」〔註377〕事實上他是因取吉安功才升任知府的。

十一年，「浙江巡撫曾國荃與吳定才戰安慶，大破之。先是，曾國荃竭力作長濠以圍安慶，賊懼，乞降者相踵，獨菱湖吳定才不屈，率悍賊來犯。諸軍環擊，斬五千人於北岸，其克南岸者斬千餘人……」〔註378〕攻陷安慶後，曾國荃因功加布政使銜，以按察使記名，此處及下一段的「巡撫」均誤。

「浙江巡撫曾國荃大破陳玉成，復安慶城。安慶省城淪陷九年，城賊不下四萬。曾國荃統領全師銳意圖之。陳玉成自來援，阿隆阿破之，絕餉道，國

〔註370〕 第 193～194 頁。
〔註371〕 第 197 頁。
〔註372〕 第 182 頁。
〔註373〕 第 161 頁。
〔註374〕 第 184 頁。
〔註375〕 第 221 頁。
〔註376〕 第 226 頁。
〔註377〕 第 191 頁。
〔註378〕 第 212 頁。

荃益專力攻圍，破其北門，而賊自外益至，旌旗林立，火光照天。賊屢出不利，遂傾巢突出。國荃奮戰達旦，斬三千人，賊鋒大挫。嗣後賊更番迭攻，官軍亦輪班應之。賊每戰不得志，由湖中送糧城中，為官軍所奪。國荃益發地雷陷城，賊逸南門者多溺江，由西、東、北者水師環擊破之，殺一萬六千人……」「巡撫曾國荃、都統多隆阿與陳玉成、楊輔清戰桐城，破之……桐城為七省要道、安慶咽喉，城堅而高，賊負嵎待援，陳玉成擁眾數萬，往來於集賢關。曾國荃恐其與桐城合，相機進剿，殪二千人……」〔註379〕「巡撫曾國荃破賊，取無為州。無為州居皖北形勝，控金陵，引蕪湖，為賊必爭之路，故屯泥汶口阻官軍。曾國荃督水師勦之，見其疊居高難仰攻，自扼楊家橋，斷歸路。賊果大懼，夜走無為州，國荃追抵城下。先是，國荃禽馬玉堂之孥，諭玉堂令獻城自效，而謀泄，賊拘玉堂，兩黨相攻於內。國荃乘之疾攻，斬二千餘人……」〔註380〕所述安慶之戰及無為州之戰尤為詳細。

同治元年，「同知曾貞幹破賊，復繁昌城。偽匡王賴文鴻入繁昌，同知曾貞幹迎戰，大破之，斬其酋吳大嘴，夜薄城，猱升陷之。尋克魯港，復南陵縣。貞幹，國藩之季弟也。善拊循戰士」〔註381〕。此為書中對曾貞幹的唯一記述，並未提及他隨即病卒事。其兄曾國華，先已敘其死於咸豐八年三河之戰。

「江蘇布政使曾國荃破賊和州，取梁山關。曾國荃帥十二營過河，破賊銅牐，復巢縣，克含山城，又殪和州賊，江流為赤。賊之據金陵也，全力扼東、西梁山，國荃以此關金陵鎖鑰，統全勝之師逼梁山而陣，賊向江州走，官兵水陸擊破之，遂取西梁山。自是金陵重關已得其半，賊勢大沮……」〔註382〕「江蘇布政使曾國荃取秣陵關，破賊金陵。曾國荃乘勝進擊秣陵關，賊酋汪伍等舉眾降。秣陵環水巍峙，天然雄鎮也。乘賊備未嚴，不血刃而下之。次日取大勝關，進逼金陵，駐軍於雨花臺。會蘇州賊來援，城中出五萬人夾擊，黃衣騎馬賊指揮衝陣，猛鷙無比，忽中砲而殪。諸軍合擊，斬二千人。國荃，國藩第三弟也，屢立奇功，威望大著。」〔註383〕所述金陵外圍的戰鬥亦極詳細，同時總結了曾國荃此前的戰功。

「布政使曾國荃與李秀成大戰金陵，克之。李秀成親率偽王十三人，號六

〔註379〕 第214～215頁。
〔註380〕 第216～217頁。
〔註381〕 第221頁。
〔註382〕 第221～222頁。
〔註383〕 第226頁。

十萬來援金陵，旗幟如林，與城賊同時並進。曾國荃俟賊逼，砲擊之，賊乃伏地，砲聲絕而殺聲又起，日夜不息。次日復來攻，官兵擊破之，夜築壘土洲守之。賊圍迫西路者已六晝夜，官兵料其疲，破四壘，賊又攻東路，砲丸如飛蝗，潛通地道，百計環攻，將士負牆露立，擲火毬殺賊無算。賊又負板蛇行而進，烽燧蔽天，填濠欲登，城中用矛擊刺。賊蹈屍奮進，抵死不退，國荃督軍策應，飛丸傷頰，血流交頤，仍裹創上濠力禦，而賊來愈眾，箱篋實土埋濠，暗穿地道，城中以火箭攢射，繼出銳卒擊之，賊鋒少挫，次日又出擊，燬十二壘。而東路之賊環攻甚急，地道轟發，石飛半天，賊擁入塌口者千餘人，城兵俟煙開土落，分路衝出，殊死決戰，悉斬入城之賊。濠外賊復搴旗督戰，諸營夾擊，禽斬近萬人。然賊猶不屈，益開地道，決長江，絕糧道。國荃與諸將議制敵之策，莫若審賊所向，隧而迎之，賊技益形窮蹙。國荃乘勢復拔十數壘，夜分路齊出，破東路四壘，西南諸壘望風驚潰，賊勢始衰……」〔註384〕這段戰爭描寫不但刻畫了曾國荃的形象，也反映出其對手——太平軍將士的勇猛不屈。

　　二年，「李秀成攻石澗埠，布政使曾國荃等破之。李秀成率數萬人攻石澗埠甚急，曾國荃、彭玉麟等來援，合擊破之……」「布政使曾國荃攻雨花臺，拔九壘。曾國荃攻金陵之雨花臺石城，束草埋濠，架梯欲登，賊驚砲擊，眾少卻。總兵李成典搴旗直前，諸軍擲火箭焚敵樓，肉薄齊登，拔聚寶門外之九壘，賊走溺水者無算。賊勢從此衰滅矣。」「布政使曾國荃火攻破賊，取九洑州。賊據九洑州，曾國荃乘夜到新江，命諸將枯荻灌油，焚數百艘，乘勢立平八壘。尋以水師大舉，肉薄齊登，前者殪，後者進，殲賊無遺，遂奪九洑州城，克浦口、江浦二縣，長江一帶肅清。」〔註385〕其實攻雨花臺前曾國荃已經升任浙江巡撫。

　　三年，「布政使曾國荃破李秀成，取天保城。金陵一城延亙百餘里，自曾國荃駐師雨花臺以來，奪附城要隘，東、西、南三面悉為官軍有，惟東北鍾山未克，故不能制賊之死命。國荃扼水陸之接濟，親督諸軍至洪山、北固、神策、太平等門外察形勢，李秀成殊死來犯而敗走。登鍾山之天保城，諸將攀巖放火毬，遂取其城。自是賊內外隔絕，城北之圍始合」〔註386〕。「大學士曾國藩率諸將平金陵，……曾國荃發火地道，壞城垣二十丈……賊千餘冒官兵

〔註384〕　第230～231頁。
〔註385〕　第235～237頁。
〔註386〕　第245頁。

－126－

裝衝太平門，諸軍截擊，國荃又使馬隊追至純化鎮，禽偽烈〔註387〕王李萬材，追至湖熟，斬馘無遺……」「金陵平，行告祭之禮，封爵功臣。……國荃太子少保銜，一等伯。」〔註388〕作者把鎮壓太平天國主要歸功於曾國藩，並未對曾國荃攻破金陵的戰功多加筆墨。

四年，曾國藩「弟國荃亦錫威毅伯，授山西巡撫，以病固辭」。「同治五年，以曾國荃為湖北巡撫，勦捻賊。……帝以曾國荃嫻軍略，授湖北巡撫，見機防勦，視師襄陽。」〔註389〕書中並未提及此後數年曾國荃開缺及賦閒回籍之事。

39. 塔齊布

早年曾協助曾國藩編練湘勇的清軍將領塔齊布首次在書中出現是咸豐四年：「提督塔齊布破賊岳州……賊乘勝益進，塔齊布揮隊當之……」「提督塔齊布、知縣羅澤南破陳玉成，復興國、黃梅。陳玉成由興國犯大冶，以拒武昌官軍。羅澤南馳赴興國破賊，追殺十餘里，遂復城。塔齊布突大冶，怒馬衝陣，手斬賊酋，追至南關，殲千餘人。兩軍進取，又克於半壁山、田家鎮。賊又渡江來犯，復夾擊破之，焚橫江鐵鎖及數千艦，進取廣濟，斬雙城賊三千。塔齊布特進突黃梅城，肉薄而登，賊力拒，士多傷，齊布面中石，血流不已，督戰益急，遂拔城。曾國藩疏陳戰狀，詔戒其輕進。齊布讀之感泣，誓思報恩。」〔註390〕塔齊布是鑲黃旗滿洲人，並非姓塔，簡稱「齊布」不妥。

五年，「湖南提督塔齊布討賊，卒於軍」。作者於此倒敘塔齊布輔佐曾國藩的往事：「曾國藩治鄉兵也，塔齊布衣短後衣，帶刀日侍，國藩與語，奇之，薦其忠勇可大用。齊布素以智勇顯，所向無堅敵，在湖南屢著戰功。此月攻具大具，傳令攻九江城，病起，卒年三十九。為人忠孝，湼『忠臣報國』字于左臂，居常恂恂如無能，及臨陣先士卒，他軍或卻，必策馬馳救。常負火槍、佩雙刀、提長矛，用之精妙無虛發。其弟莽阿布，先一年戰死于獨流。」〔註391〕

40. 羅澤南

湘軍主要創建者之一的羅澤南，首次在書中出現是咸豐三年，「賊圍江西，曾國藩令羅澤南往援……」〔註392〕。

〔註387〕應為「列」。
〔註388〕第249～251頁。
〔註389〕第255頁。
〔註390〕第165～167頁。
〔註391〕第170～171頁。
〔註392〕第160頁。

　　四年，「侍郎曾國藩會諸軍大破賊，復武昌、漢陽。……其陸軍攻花園者三路齊進，李續賓突江營，羅澤南擊湖營，唐訓方、李光榮衝中營……」〔註393〕。未述羅澤南以是役戰功授浙江寧紹台道。

　　五年，「賊陷義甯，都司吳錫光往援，全軍覆沒。錫光素有驍名，已死，江西軍喪氣。羅澤南代之進勦，遇賊梁口，澤南張三伏破之，斬數百人。進據雞鳴峰，義甯全城在目中，又大戰，殲七千人。次日復薄戰破之，悉焚沿江壘柵。是夕賊棄城走，遂復義甯，以功加布政使銜」〔註394〕。

　　「布政使羅澤南與石達開戰義寧〔註395〕，大破之。羅澤南上書曾國藩曰：『武昌居吳楚上游，九江為豫章門戶，今為賊所據，江西之義甯、武甯，湖南之平江、臨湘均無安枕之日。欲克九江，必由武漢而進；欲克武昌，必由崇、通而入。』國藩因奏使澤南回援武漢，而以彭三元、普承堯副之，進攻通城。悍賊萬餘人見官兵至，突出擊之，澤南令軍士席地坐，待賊逼，大呼齊起，大破之，斬賊酋三人。明日復戰，奪門入，遂取城。尋克崇陽，敗於木梯山，再戰大捷，進攻蒲圻不利，復殊死登攻，遂拔咸甯。自是武昌以南無賊蹤，而石達開乘虛入義甯，江西賊勢日棘矣。澤南會胡林翼、楊岳斌，自率湘勇營洪山，林翼壁城南，岳斌屯金口，為水師犄角。時賊築十三壘於武昌城外，高與城堷，悍賊二萬突出甚銳，林翼奮戰，旋卻旋進，紛挐〔註396〕。不決者數次。澤南潛師出賽湖堤，林翼見之佯敗走，賊追躡甚急。澤南俄出其背夾擊，破之，賊皆繞城入。澤南又攻拔東南壘，造浮橋，進攻八步街，奇兵襲後，立取之，焚其船廠，殺數千人。賊復由寶出斷軍後，澤南與李續賓〔註397〕夾擊，又斬數百人，再誘賊入伏，殺千人。賊怒，大隊衝伏，復殲數百八〔註398〕。是夜，賊築石壘壓城，澤南薄擊毀之。續賓別出窯灣絕餉道，賊八千人攻其後，澤南使劉騰鴻出洪山東，自出其西，又殲千餘人，賊自是閉城不復出。」作者於此濃墨重彩刻畫羅澤南的形象，並用「平賊策」「坐地破賊」「羅澤南連捷」等多個眉批強調。〔註399〕

〔註393〕第 166 頁。
〔註394〕第 171 頁。
〔註395〕眉批「義甯捷」，用字不統一。
〔註396〕應為「挐」
〔註397〕應為「賓」。
〔註398〕應為「人」。
〔註399〕第 172～173 頁。

六年，「布政使羅澤南破賊武昌，中砲死之。羅澤南攻武昌，屯洪山，賊乘夜襲之，營兵桀石投之，登者皆殪。嗣後每夕必至，澤南設伏破之，賊不復犯。澤南欲扼窰灣，賊出爭，大戰小龜山，斬七百人。賊又出萬人突陣，澤南殺數百人，追至城下。賊又乘霧出城，澤南搏戰走之。會守壘兵少，賊伺之，大舉來犯，澤南擊破之，再追至城隅，砲丸中額而氣益振，裹創力戰，歸營劇甚，臨死握胡林翼手曰：『武漢未克，江西復危，不能兩顧，死何足惜？恨事未了耳，其與迪庵好為之。』迪庵，李續賓字也。語畢而瞑。澤南，湖西〔註400〕湘鄉人，質樸深沈，究心濂洛之書，通知世務，期見諸施行。在軍毅然以滅賊自任，所部將弁皆其鄉黨信從，故所向有功，前後克城二十，大小二百餘戰。其臨陣以堅忍勝，如其為學。或問制敵之道，曰：『無他，觀《大學》知止數語盡之矣。左氏再衰三竭之言，其注腳也。』此其所以能以書生摧巨寇，率生徒數十人轉戰大江南北，湘勇之名大震也。清初所用皆八旗及東三省兵、各直省綠旅兵，嘉慶初平定川楚教匪，始以鄉勇輔兵之不足，然十裁二三耳。迨粵逆起，而楚勇湘勇名天下，營兵反為世詬病，此兵制之一變也。而楚勇始自江忠源，湘勇則自羅澤南始」。眉批：「羅澤南戰死」「羅澤南遺命」「究濂洛」「二百餘戰」「制敵如大學」「左氏注腳」「書生拒巨寇」。〔註401〕可見作者對其人的推崇。

41. 李兆受與何桂珍

書中記載：咸豐四年，「徽寧道員何桂珍破李兆受於鶴城，降之」。作者隨後反常地介紹了何桂珍的籍貫和出身：「何桂珍，雲南人，戊戌進士，選庶吉士，尋擢侍講，入直上書房。及廣西盜賊起，數杭〔註402〕疏言軍事得失，天下想望風采，出為徽寧池太廣兵備道。時安、廣〔註403〕久陷，桂珍所治在江南阻賊，漸募鄉勇，率二百人西至鶴山，號召土兵三千人，激以忠義，破李兆受於鶴城。兆受故河南捻匪之魁，有眾數萬，至是為桂珍所破。桂珍又檄商城團丁扼賊歸路，自進擊兆受。兆受窮困，與馬超江等相繼來降，桂珍命散脅從萬人，百姓懽〔註404〕呼，餽餉不絕，軍因大振。」〔註405〕書中關於何桂珍的史事就此完結，未述次年李兆受殺何桂珍降太平軍事。

〔註400〕 應為湖南。
〔註401〕 第176～177頁。
〔註402〕 應為「抗」。
〔註403〕 應為「廬」。
〔註404〕 應為「懽」。
〔註405〕 第168頁。

八年，「欽差大臣勝保降李昭壽，取天長城……先有捻匪魁李昭壽納款，至是果為內應，夾擊破賊，遂復縣城。勝保奏捷，奉旨：昭壽補參將，更名世忠，詞〔註406〕後有反正者，命立功自贖，能克復城池者，施恩以昭獎勵」〔註407〕。並未指出此李昭壽即前李兆受。

更名後的李世忠在書中多次出現：咸豐九年，「副將李世忠與陳玉成戰滁州，破之。陳玉成率敢死攻來安，犯滁州。李世忠偵賊已驕，挑戰佯敗，精銳四伏不動，賊以為怯。及賊退憩，世忠遣兵環譟賊營詈之，賊不以為意，砲聲斷續，張虛勢。及夜，忽寂然。世忠知火藥已竭，及鼓譟驟進，蹕屬奮發，火箭燒營。賊大駭，世忠乘勢掩殺，破二十八壘，滁圍遂解」〔註408〕。

「同治元年正月，提督李世忠破賊復江浦。李世忠克天長，攻江浦，劉元成等為內應。世忠揮隊直前，賊驚潰，元成倒戈，殺諸酋，大破之，遂復縣城。次日，九洑洲援賊至，復戰，殲之，取其城。」〔註409〕

「提督李世忠大破賊，江北平定。揚防肅清後，賊尚聚江邊，李世忠督馬隊奮勇馳突，短兵相接。賊勢不支，脅從之徒棄械乞命者三千餘人。賊敗南走，追殺二千餘人，禽九百人，江北肅清。」〔註410〕

「提督李世忠與李秀成戰九洑洲，破之。……李世忠突陣，馳逐砲火中，馬傷而蹶，復步戰，斬百餘級……」眉批：「李世忠烈戰。」〔註411〕

二年，「江北之浦口、江浦兩城復陷，提督李世忠自請革職」〔註412〕。未述次年開缺回籍事。

42. 官文

咸豐五年，「以荊〔註413〕州將軍官文為湖廣總督。（西安將軍）扎拉芬已敗，賊棄隨州，破德安府，豫州戒嚴。先是，湖廣總督楊霈之軍敗於廣濟，詔褫其職，以官文代之。文分諸將扼襄河、潛江，自赴襄陽為之節度。辱〔註414〕

〔註406〕應為「嗣」。
〔註407〕第 192 頁。
〔註408〕第 197 頁。
〔註409〕第 219 頁。
〔註410〕第 223 頁。
〔註411〕第 231 頁。
〔註412〕第 234 頁。
〔註413〕應為「荊」。
〔註414〕應為「尋」。

復雲夢、應城，軍威復振」〔註415〕。

六年，「石達開入漢陽，欽差官文等合擊破之。石達開怒樊口敗，入漢陽鎮。官文使都興阿等合勦破之，盡毀黃州壘，而武漢之敗〔註416〕死守不下，官文與胡林翼分南北岸逐日攻逼，大小數十戰皆勝」〔註417〕。

「欽差官文大舉復漢陽，巡撫胡林翼平武昌，禽古文新。先是，襄陽土寇朱中瑞、黃宜中煽飢民為亂，焚樊城，破鄖州。隋州土寇趙邦壁亦侵擾郡縣。時官文分楚軍勦之，故武、漢二城之賊得延殘喘。於是襄樊平，乃大舉攻武漢，官文、胡林翼督戰盛〔註418〕急。漢陽地接荊襄，外江內湖，為武昌屏藩，賊陷武昌自漢陽始，克漢陽則武昌自復。以是官文自督諸將圍漢陽，臬司李孟羣，總兵王國才、楊昌泗架梯之城，馬隊舟師盡會之。賊砲子雨落，兵勇蛇行而進，數伏數起，賊砲不能傷，昌泗、孟羣斬關而入，諸軍鼓勇畢登，殺七千人，餘賊爭渡者水師殲之，浮屍蔽江而下。是日胡林翼等攻武昌……二城同日而克復。」〔註419〕「隋州」為隨州的古稱，隨州上下文多次出現，此處當統一。

七年，「皖城賊犯蘄州，欽差大臣官文迎戰破之。皖賊八萬乘官軍迎新年襲蘄州，官文豫度有此謀，設備待之。至賊至，一戰卻之……」〔註420〕

八年，「布政使李續賓、總兵彭玉麟克九江……賊百計死守，官軍環攻穿城，賊以火器力拒，先登將士多死傷。官文為書獎勵，將士皆感泣思奮」。眉批：「官文勵將士。」〔註421〕

十一年，「隨州遺孽連豫州捻匪犯襄陽，副都統舒保攻之未拔。官文使降賊劉維楨馳抵隨州，假用陳玉成偽書誘令出城，而設伏四路。賊信偽書，由西南門齊出，劉岳昭等由東北門入，殺萬餘人」〔註422〕。

同治三年，「金陵平，行告祭之禮，封爵功臣。……兩廣總督官文一等伯世襲」〔註423〕。官文從未任過兩廣總督，時仍為湖廣總督。

〔註415〕第 170 頁。
〔註416〕或為「賊」。
〔註417〕第 178 頁。
〔註418〕應為「益」。
〔註419〕第 181 頁。
〔註420〕第 187 頁。
〔註421〕第 188 頁。
〔註422〕第 217 頁。
〔註423〕第 251 頁。

43. 胡林翼

晚清名臣胡林翼首次在書中出現是咸豐五年，「湖北巡撫胡林翼破賊金口，禽陳大為，遂復漢陽。先是，楊霈之師潰廣濟，胡林翼請曾國藩以所部千人回援武昌，到則半日城陷，漢陽亦失。林翼與彭玉麟水師扼賊防超軼。時武昌三次淪陷，公私掃地，無資可辦。林翼曰：『不攻漢陽則荊、襄梗塞，不攻武昌則咸、蒲騷擾。』乃分兵三路設伏，親率大隊旋繞，與賊戰金口，禽偽丞相陳大為，殺七百人。賊又率大隊六路來犯，林翼發伏襲後，賊敗入城不復出。此戰也，禽斬千餘，淹死無算，林翼乘勝由金口渡江，以火龍船破浮橋，水陸夾攻，遂取漢陽鎮」〔註424〕。胡林翼於是年三月署理湖北巡撫，次年十一月以复武昌功實授。

六年，「巡撫胡林翼與石達開戰武昌，大破之。石達開入江西，連陷瑞州、臨江，南出吉安，東趨撫州、建昌，江西無完土，警報日急。胡林翼念武昌猝不可復，乃遣劉騰鴻、普承堯出瑞州應援，而令曾國華統其軍。古隆賢率萬人來援武昌，約城中舉燧為識夾攻官軍。林翼諜知，佯舉火，城賊為信，果出，陷伏而大敗。林翼返擊隆賢，又破之。達開自金陵來援，眾號十萬，林翼分水陸力戰。會都統舒保公〔註425〕馬隊至，俱擊，大破之，焚東湖船七十，平其八十壘。時武昌賊大窘，林翼與續賓穿濠固守，以待賊糧之竭」〔註426〕。舒保時為副都統銜。

「欽差官文大舉復漢陽，巡撫胡林翼平武昌……水師斷橫江鐵鎖，陸軍攀援登城，賊失守，分七隊突門而出，諸軍環擊，殲萬餘人，禽古文新等。二城同日而克復。」〔註427〕

「巡撫胡林翼與陳玉成戰蘄州，大破之。陳玉成自皖北犯蘄州，破諸營，武昌大振〔註428〕。胡林翼聞警急渡江，赴黃州收潰卒，得數千人。賊十餘萬環巴河連壘，互數十里。時巴水暴漲，惟三台河有橋，林翼圖賊渡河蔓延，急使千人扼橋，潛師出龍山，與諸軍合擊于馬家渡，大破之，遂平蘄、黃。」眉批：「蘄州大捷。」〔註429〕此戰當在咸豐七年。

〔註424〕 第 171 頁。
〔註425〕 衍字。
〔註426〕 第 177 頁。
〔註427〕 第 181 頁。
〔註428〕 應為「震」。
〔註429〕 第 182～183 頁。

九年，「巡撫胡林翼與陳玉成戰小池驛，大破之。石達開犯湖南，攻寶慶，眾號六十萬。胡林翼命李續宜往援，破賊解圍。總督官文定四路會勦之策：曾國藩循江下，多隆阿攻潛山，李續宜出松城，林翼向英山。會陳玉成率數十萬來抗，勢甚張，多隆阿悉力拒戰，而賊日益至，圍鮑超數重，聲息不通。林翼使金國琛以八千人踰潛山，冒大雪衷賊軍而陣，賊望見大恖，曾國藩亦自宿松分兵來援，林翼督之與玉成戰小池驛，大破之，遂復潛山、太湖」〔註430〕。

十一年，「……巡撫胡林翼援皖城，卒於軍。陳玉成破鶴山，取官軍旗幟，冒裝馳入黃隨，陷之。胡林翼以為賊意在解皖圍，皖圍解則大勢全去，墮賊計必矣。乃定策遣李續賓回援，而賊圍皖益急，又赴安慶約城賊夾擊，精悍悉聚。……省城甚危，林翼病嘔血，憊甚，猶率師回援，而皖圍終不解，唯南岸賊望風走，而官軍遂克安慶。國藩以林翼力主圍皖之議，推其首功，詔加太子太保。桐城、廬、舒以次克復，孝感、德安亦隨平。而林翼病劇，卒於武昌節署。林翼性聰敏幹實，事至立斷，無留難，嘗曰：『國之需才猶魚之需水，鳥之需林，人之需氣，草木之需土，得之則生，不得則死，才者無求於天下，天下當自求之。』故其所薦不盡相識也」〔註431〕。

據書中所寫，胡林翼嘔血似乎與「省城甚危」有關，而據時人薛福成所記，胡林翼嘔血加重不治的原因是他在長江邊「忽見二洋船鼓輪西上，迅如奔馬，疾如飄風」〔註432〕，憂國之思襲上心頭所致。

44. 彭玉麟

《清史攬要》作者增田貢極為推崇（參見本書第一章第二節、第四節）的彭玉麟在該書正文中首次出現是咸豐四年岳州之戰，「彭玉麟亦破之羅山」〔註433〕。

眉批中首次出現其名則是咸豐六年，「總兵彭玉麟敗賊，復南康府。南康外接大江，內控鄱陽湖，為水路衝要。曾國藩遣彭玉麟攻之，連勝，焚戰艦積聚。賊棄城走，遂復南康」〔註434〕。

〔註430〕　第196～197頁。
〔註431〕　第216頁。
〔註432〕　薛福成《庸盦筆記》卷一，見《續修四庫全書》第1182冊，上海古籍出版社2002年版，第613頁。
〔註433〕　第166頁。
〔註434〕　第178頁。

七年，「武昌陷也，曾國藩留羅澤南攻九江，使彭玉麟援鄂州。及石達開連破諸郡，又使玉麟赴援。時湖北道梗，玉麟易服為賈客，間關千里達大營，乃率其軍轉戰破賊……」〔註435〕

八年，「布政使李續賓、總兵彭玉麟克九江……李續賓、彭玉麟率十六軍水陸進攻，發地雷，磚石飛翻，城崩百餘丈。諸軍奮登，聲動天地……」〔註436〕

九年，「彭玉麟駐安慶，韋志俊請投誠獻城。玉麟允之，自往受降，池州遂平。時志俊使古隆賢攻蕪湖，隆賢反引賊來寇，志俊破之，而軍心中變，城遂陷」〔註437〕。

十年，「總兵彭玉麟攻樅陽賊，破之。賊據池州，築堅城于樅陽，彭玉麟以水師破之，斬千餘人，進攻池州。萬勝宗等窮迫降，後察有異志，竟誅之」〔註438〕。

十一年，「總兵彭玉麟、道員蔣凝學破李秀成，復武昌城」〔註439〕。彭玉麟從未擔任過總兵，他因岳州戰功賞加同知銜，五年以道員用，七年授按察使銜，八年以九江之功加布政使銜，十一年授廣東按察使等職，故以上的「總兵」皆誤。

同治元年，「兵部侍郎彭玉麟等破賊太平，取金柱關。先是，揚境已報肅清，賊據金陵者以梁山為鎖鑰，以蕪湖為屏障，尤以金柱關為關鍵。兵部右侍郎彭玉麟與曾國荃定計水陸並攻，復太平府，尋攻金柱。賊自烈燄中衝突，而官軍短兵擊刺，積骸滿渠。即時奪關，獲大砲三百七十，遂下東梁山，進次蕪湖。」〔註440〕「侍郎彭玉麟與陳坤書戰花山，大破之。陳坤書五萬人犯金柱關，彭玉麟五戰皆勝，水陸大舉，遇賊於花山。……諸軍合擊，殺萬餘人……」〔註441〕彭玉麟確於是年授兵部右侍郎。

三年，「金陵平，行告祭之禮，封爵功臣。……兵部右侍郎彭玉麟均加太子少保銜，一等輕車都尉世職」〔註442〕。書中未述其在同治十一年後巡閱長江水師事。

〔註435〕第 184 頁。
〔註436〕第 188 頁。
〔註437〕第 198 頁。
〔註438〕第 203 頁。
〔註439〕第 213 頁。
〔註440〕第 222 頁。
〔註441〕第 230 頁。
〔註442〕第 251 頁。

45. 多隆阿、鮑超

咸豐七年，「都統多隆阿等與賊戰楓樹坳，破之。先是，賊突黃梅，騎隊千餘奮騰無前，官軍發連環槍破之。賊又突皖北壽春，總兵鄭魁士兵潰桐城，賊進取小池口，鮑超牽制賊勢，而多隆阿、王國才分路攻段窰、楓樹坳，斬千餘人……」「總兵鮑超擊賊，大克于王家河……斬五千人，水為之赤。」〔註443〕多隆阿於前一年賞加副都統銜，此「都統」誤。

「江西賊犯太湖，都統多隆阿、知府李續宜等迎戰破之。江西賊數萬犯太湖，多隆阿、鮑超迎戰，斬四千人……江西賊勢為之大挫。」〔註444〕多隆阿官銜仍誤。

「皖城賊犯蘄州，欽差大臣官文迎戰破之……，賊轉犯荊橋，多隆阿擊走之……」〔註445〕

「副都統多隆阿與賊戰荊橋，破之。……多隆阿與敵萬人戰荊橋，十合十勝，斬六千人……」〔註446〕此處多隆阿官銜不誤，可見前文寫作及校勘不夠細緻。

十年，「陳玉成引張樂形入寇，副都統多隆阿連戰破之。陳玉成結捻匪魁張樂形由廬州來侵，眾號十萬，多隆阿等力戰破之，殺七千人……」〔註447〕「張樂形」人名之誤前已述。

「總兵鮑超、道員張運蘭破李秀成，斬吳桂先。曾國荃駐軍祈〔註448〕門，賊來犯，張運蘭出戰，斬汪懷忠。徽州賊援休寧，來為犄角。二營兵夾擊，殺千餘人。李侍賢自浙江送砲入城，李秀成亦自蕪湖率數萬人來援。運蘭與鮑超等力戰破賊，追入黟縣，復城。次日復大戰於柏莊嶺，斬吳桂先。」〔註449〕駐軍祁門的是曾國藩，並非曾國荃。「李侍賢」應為李世賢。

「十一年，黃文金犯景德鎮，總兵鮑超……迎戰破之。……鏖戰於石門洋塘，殺千餘人，文金宵遁。超一軍獨進至彭澤，再戰殲二千人，遂復建德，禽林天福。」〔註450〕

〔註443〕第 185 頁。
〔註444〕第 186 頁。
〔註445〕第 187 頁。
〔註446〕第 194 頁。
〔註447〕第 199 頁。
〔註448〕應為「祁」。
〔註449〕第 208 頁。
〔註450〕第 209 頁。

「總兵鮑超、成大吉與陳玉成戰集賢關，破之。陳玉成屯集賢關，勢漸振。曾國藩遣鮑超，胡林翼遣成大吉並力會勦，五戰五捷。」「將軍多隆阿與賊戰揚州，破之。賊犯揚州，多隆阿迎戰破之，斬數千人。」〔註 451〕

「總兵鮑超、成大吉擊赤岡賊，破之。鮑超、成大吉專攻集賢關外赤岡嶺不利，乃環濠立炮臺數十座，晝夜輪攻。賊糧盡勢窮，超遣守備吳亮才入壘招降，賊多投順，獨第一壘賊夜突圍而走，適河水暴漲阻渡，超等蹙擊，斬四千人。」〔註 452〕

「都統多隆阿……堵勦馬鞍山，而別賊自桐城至，參將譚仁芳破之，追抵城。城賊出戰，多隆阿擊破之。（陳）玉成、（楊）輔清皆走，多隆阿又繞攻其後，再破之。」「總兵鮑超與李秀成戰豐城，破之。李秀成出瑞州，由臨江渡河抵豐城，連營百里，軍聲大張。曾國藩令鮑超進勦。賊造浮梁過河，列陣與官軍抵抗。超分兵四路，迅奮齊擊，破之，斬八千人。」〔註 453〕

「巡撫曾國荃、都統多隆阿與陳玉成、楊輔清戰桐城，破之……多隆阿亦以吉林、黑龍騎兵擊玉成、輔清，走之……玉成遁蟻樹窠，多隆阿遣諸將追勦，又殺千餘人。」「總兵鮑超援撫州，與李秀成戰河口，大破之。李秀成攻撫州，鮑超赴援破之河口，平七十壘，乘勝追賊至鉛山，一鼓拔之，江西肅清。」〔註 454〕桐城之戰後多隆阿先加都統銜，再任正紅旗蒙古都統，旋為荊州將軍。故此「都統」之稱及前文「將軍」一條有誤。

同治元年，「多隆阿率楚軍逼安徽廬州，賊六千人來戰，多隆阿以馬隊圍之，斬六百人」〔註 455〕。「鮑超亦復青陽、石埭諸縣。」〔註 456〕

「提督鮑超攻甯國，破楊輔清。楊輔清十餘萬據甯國，鮑超攻之，薄寒亭。賊出猛戰，超直突中堅，縱橫盪決，總兵宗國永橫衝陣為數段，山後伏兵齊起，賊大敗，斬六千人。」〔註 457〕鮑超確於是年由總兵升任浙江提督。

「將軍多隆阿與陳得才戰樊城，破之。多隆阿勦陳得才樊城，殺三千餘人……賊援大至，多隆阿戒勿輕動以避其銳，夜令軍右袒為記，乘微月襲營。

〔註 451〕 第 211 頁。
〔註 452〕 第 212 頁。
〔註 453〕 第 214 頁。
〔註 454〕 第 215 頁。
〔註 455〕 第 220 頁。
〔註 456〕 第 222 頁。
〔註 457〕 第 226 頁。

賊恃眾露睡正酣，一聲號起，槍械並發，斬馘無算，追至隨州。」〔註458〕

「二年，提督鮑超援涇縣，又與楊輔清戰高祖山，大破之。正月元日賊眾七萬圍涇縣，架梯蒙絮，悉銳攻城……時提督鮑超在高祖山，聞警疾馳入城，設伏大克，悉焚其壘，賊解圍而走。超自涇歸，適西河賊來，將圖一逞，望其旂幟曰：『鮑超來矣！』一鬨而散。先是，楊輔清據西河，眾十萬餘人，常伺高祖山營。超令總兵宋國永守營，親伏太子廟，以伺其變。已而賊三萬來圍，超令總兵梁美材潛伏斷賊後，鼓角一聲，三軍突出。宋國永乘勢夾擊，賊亂，奪路，美材伏發斷路。賊大敗，悉復西河、麒麟山等要隘。超於諸將，稱勇略兼優。」〔註459〕此處對鮑超的勇略進行了評價。

「李侍賢攻金柱關，提督鮑超擊破之。偽侍王李侍賢率數萬人屢攻金柱關，官軍數破之。灣沚賊又犯清水，會鮑超軍至，乘霧猛攻，遂取灣沚。」〔註460〕李世賢之名仍誤。

「藍二順與兄大順由雲南昭通府倡亂，犯四川，入陝西，通粵賊。西安將軍多隆阿使總兵藍斯明會漢中李雲麟軍破賊，復山陽縣。」〔註461〕多隆阿在前一年奉命率軍入陝，是年底授西安將軍。

三年，「都統多隆阿平藍大順，卒於軍。藍大順陷盩厔，多隆阿督攻，穿地道，城崩丈餘。諸將齊登，多隆阿頭受丸，傷甚，回營傳令曰：『此城速克，傷重亦可瘳；如不克，雖輕亦不欲復活。』諸將聞令奮擊，日夜不已，遂拔之。大順遁漢陰，主事管泍迎擊，斬之，並禽李登福等，誅之。大順自咸豐九年在雲南倡亂，至此始平。多隆阿遂卒於盩厔軍中。多隆阿身經千百戰，所向有功，料敵如神，愛士如親。威令嚴明，凡所指揮，湯火不敢避。死之日三軍雨泣，天下皆痛惜之」〔註462〕。多隆阿卒前仍任西安將軍，此處又改稱都統，不妥。

「浙江提督鮑超破句容，誅項大英、方正宗。鮑超攻句容賊，夜望城東火光燭天，知內亂已作，急引軍東向，而賊已啓南門出衝。諸軍乘勢勦殺，賊縛二酋以獻，即偽翰王項大英、列王方正宗也，乃誅之，復縣城。又設伏茅

〔註458〕第 229 頁。
〔註459〕第 232～233 頁。
〔註460〕第 234 頁。
〔註461〕第 241～242 頁。
〔註462〕第 246 頁。

山，破賊復金壇縣……」〔註463〕被殺的列王名為方成宗，不叫「方正宗」。

「金陵平，行告祭之禮，封爵功臣。……浙江提督鮑超輕車都尉世職。」〔註464〕「粵賊全平，……浙江提督鮑超一等子爵。」〔註465〕未述其後鮑超所部譁變、會攻捻軍、稱病引退諸事。

46. 左宗棠及「左京堂」

書中除了晚清重臣左宗棠，還有一個令人迷惑的「左京堂」如影隨形，初讀之下似乎如曾國藩與曾貞幹一般，不是親兄弟也像同族兄弟：咸豐九年，「巡撫駱秉章與邑紳左京堂、左宗棠傳檄諸郡，一月得軍四萬」〔註466〕。

「十一年，黃文金犯景德鎮，總兵鮑超、左京堂迎戰破之。」〔註467〕

「總兵左京堂擊李侍賢〔註468〕於青華街，大破之。……左京堂擊之，斬二千餘人，賊尤死戰不退，京堂出奇兵大破之，乘勝進。而城中別賊出犯樂平，京堂追扼於柳家街，接戰大勝，而援賊又至，京堂返旆復戰，破之……」〔註469〕

「總兵左京堂與李侍賢戰樂平，大破之。李侍賢由鄱陽湖犯范家村，左京堂時參曾國藩軍務，率兵勇擊敗三千人。京堂以景德陷，拔營赴樂平，侍賢來攻，連疊至十餘里，京堂開門奮戰，縱橫盪決，殲五千人，侍賢易服遁去。」〔註470〕

至此，關於「左京堂」的敘述完結，清代並無一位叫左京堂的總兵，查覈史料，上述事蹟都是左宗棠的。可能是因左宗棠曾以四品京堂候補，故作者會有此誤。

之後的敘述就走上正軌了：「太常卿左宗棠與李侍賢戰梧樹嶺，破之。左宗棠一軍追李侍賢直至廣信府，賊走入鄱陽。宗棠抵景德，賊聞而宵遁。宗棠追戰梧樹嶺，破之，遂復景德。」「太常卿左宗棠與賴裕新戰新建，破之。曾國藩以婺源界江、皖、浙三省之衝，尤為扼要，命左宗棠分兵移屯。宗棠已

〔註463〕第 247 頁。
〔註464〕第 251 頁。
〔註465〕第 253 頁。
〔註466〕第 196 頁。
〔註467〕第 209 頁。
〔註468〕應為李世賢，下同。
〔註469〕第 210 頁。
〔註470〕第 211 頁。

克建德,乃移婺源,而賴裕新之二萬人來犯,據新建。宗棠進戰破之,斬千餘人。」〔註471〕

同治元年,「巡撫左宗棠破楊輔清於開化,斬藍以道於馬金。楊輔清犯浙江開化,伺衢州。左宗棠率練兵入浙,連破賊巢,斃二千餘人。復大克馬金,斬藍以道,殲五千餘人,遂平開化。尋援衢州,克招賢關,走李侍賢,又破江山、石門之賊」〔註472〕。

二年,「閩浙總督左宗棠攻富陽,破陳炳文。浙東肅清後,左宗棠統軍攻富陽,進圖杭州,偽聽王陳炳文由餘杭赴臨安,以襲後路,為左宗棠所破,再犯新城而敗,悉棄攻具去」〔註473〕。「總督左宗棠克餘杭,殲鄧光明、高連升。杭州賊屢來犯,左宗棠馳抵富陽,進勦餘杭賊,斃數百人……」〔註474〕

三年,「總督左宗棠破吳海勝,復武康」〔註475〕。

四年,「閩浙總督左宗棠擊嘉應賊,平之。福建官軍進克鎮平縣,賊又據嘉應州,左宗棠攻拔之。粵賊勦滅,東南底平,宗棠向以〔註476〕功錫恪靖伯」〔註477〕。實際上左宗棠獲封恪靖伯在同治三年,攻佔嘉應州時已是同治五年。

47. 趙景賢

咸豐十年,「道員趙景賢三戰破賊,解湖州及杭州圍。賊破甯郡、廣德,直赴湖州。先是,趙景賢舉行團練法,獨任其事,在蘇聞警馳歸,與湖州守瑞春圖捍禦。部署即定,賊大至圍攻,景賢提刀登陴誓必死,與江南援軍夾擊,數千人皆死,圍三日解。尋蘇州陷,楊輔清眾十萬來犯,沿城大掠,火光燭天,景賢閉城,意氣自若。會鹽運使蕭翰慶自石埭來,馬躓被害,所部敗散入城,景賢拊而用之,兵力稍厚。時賊已圍五門,景賢血戰數晝夜,斬馘無算,圍始解,而杭州城再被圍。景賢率兵馳援,圍始解,而湖州又告急,即回援,則賊已至峴山。副將劉仁福自平湖潰歸,通款賊中,率廣兵二千佯為援兵,謀入城內應。景賢偵之,陽治具善待,館之於外,陰簡精兵圍擊,殲之,磔仁福於市,竿其首以示賊。賊為奪氣,解圍遁。詔以景賢三次解圍之功賞按察

〔註471〕 第 213 頁。
〔註472〕 第 220 頁。
〔註473〕 第 236 頁。
〔註474〕 第 243 頁。
〔註475〕 第 246 頁。
〔註476〕 兩字倒置。
〔註477〕 第 255 頁。

使」〔註478〕。所賞實為按察使銜。

同治元年,「賊陷湖州府城,執福建布政使趙景賢以歸。賊酋李世賢、譚紹洸犯湖城,據大錢口,內外隔絕,糧道不通。賊恨前敗,掘趙景賢父墓。先是,賊陷城率用地道,湖城環大河,掘隧見水,技無所施。雲梯、衝車亦無所用,惟築壘、樹柵漸進逼,為坐困計。景賢選死士三千出擊,奪十餘壘,獲糧入城。自是賊不復近,而城內糧食會且盡。時帝甚惜景賢才,寄諭曾國藩,密令輕裝赴任,移其捍衛桑梓之力以固閩疆。景賢感泣,誓死益堅,密寄書上海報其叔炳麟,有『眾志成城,守死善道』之語,且云:『使我家出一良臣,不如出一忠臣!』其志蓋素定矣。自三月以後,軍民羅雀掘鼠,食草根樹皮皆盡,景賢言笑如常。時縣丞欲通賊,事露,立禽斬之。五月,城陷。景賢大呼曰:『死無憾,死我十數萬軍民為憾耳!』賊渠譚紹洸擁至營,景賢冠帶見賊,喝曰:『速殺我,毋殺軍民!』紹洸曰:『亦不殺汝。』景賢拔刀自刎,為所奪,執之去。僕陸二自刎死。賊執景賢至蘇州幽獄,羅禁甚嚴。景賢求死不得,賊陵辱脅降,不屈。偽英王李世賢為下士狀,百計誘說,不為動,遂有遣歸之意。紹洸不可,世賢赴江北,誡勿殺景賢。後紹洸稍稍善視之,景賢見輒詈罵,益不屈」〔註479〕。趙景賢於前一年擢福建督糧道,是年賞加布政使銜,並非「福建布政使」,「密令輕裝赴任」即指赴福建督糧道任。英王為李秀成,勸降趙景賢的是李秀成,並非侍王李世賢。軍民「食草根樹皮皆盡」時仍「言笑如常」,這與下文「毋殺軍民」存在一定矛盾。只書「城陷」,其實是守軍開門投降。

次年,「福建布政使趙景賢死節於賊中。賊自太倉敗歸,揚言景賢將襲蘇州。譚紹洸懼,乃招飲。酒半,詰曰:『汝通妖兵耶?』曰:『我本官兵,何謂通賊?』曰:『汝欲獻蘇州耶?』曰:『蘇州本大清地,何謂獻耶?』又曰:『汝死期至矣。』景賢仰天大笑曰:『求之一年而不得,今何幸也?!』連舉巨觥,罵益厲。賊舉洋槍,對擊其胸而殞。賊壯其節,具棺瘞之。景賢,前刑部侍郎趙炳言第三子,身材不踰中人,口可容拳,大小百餘戰,皆親冒矢石,善撫循士卒,人樂為用。天性好殺,嘗曰:『吾得殺人下酒,乃快事耳!』所俘皆浮白斬之。後見曾國藩《解散歌》始悟,脅從皆獲免。詔建專祠,賜諡忠節」〔註480〕。文中對太平軍將領描寫生動,並未刻意醜化,文末則不惜用「殺人下酒」

〔註478〕 第203～204頁。
〔註479〕 第225～226頁。
〔註480〕 第234～235頁。

「浮白斬之」的變態行為褒揚趙景賢知錯能改,並烘托出曾國藩的形象。

48. 華爾、何伯、卜羅德、白齊文、戈登

書中寫道:同治元年,「賊侵上海,英、佛、米之水師提督合擊破之。賊侵上海縣,會佛國輪船開砲相助,斃賊無算。賊退據天馬山,參將李恒嵩破其壘,賊退入青浦,又別據高橋,欲斷要隘。米國人華爾約英國水師提督何伯、佛國水師提督卜羅德率砲船列海濱。華爾與米國人白齊文進擊掃蕩賊巢。各國自天津成和議,集上海貿易,極敦和好,立會防局,至是竟得協助之力。先是,上海守吳煦曾募呂宋人為兵,令米里堅人華爾統之,每戰爭先,克復松江城……於是遂有洋槍隊之設,號為常勝軍。」〔註481〕。「佛」「佛國」均指法國。按照日本的譯法,美國在書中被稱為「米國」,簡稱「米」,「米里堅」即美利堅。

「參將李恒嵩率米人華爾等大破賊,復青浦縣。李恒嵩率松滬軍與副將銜米人華爾之常勝軍攻克嘉定,進圖青浦。華爾攻東門,英、佛將士攻南、西二門,青浦知縣廖秩瑋攻北門。賊負固抵拒,西兵發炸彈塌牆,由西門登城,華爾督勇繼進,諸軍一擁而斬悍賊千餘人,禽三千餘人,遂復青浦。英國提督何伯、佛國提督卜羅德奉詔嘉獎,華爾授副將。」〔註482〕華爾由副將銜到副將的敘述無誤,但其加入中國籍為清廷授官的前提,書中僅在下文追述。

「佛國提督卜羅德與賊戰南橋,死之。……賊恃三道土城,槍砲雨射,佛國提督卜羅德奮勇冒煙衝入,賊眾驚潰,遂取南橋。又進攻柘林……次日追賊至南匯。卜羅德於南橋督戰,中槍陣亡,賜祭並賞庫貂、彩絨給其家。」〔註483〕

「道員張景渠、英國提督何伯破賊於寧波、鎮海。……張景渠借助何伯共攻寧波、鎮海,克之。」〔註484〕

「賊圍松江,巡撫李鴻章、米國提督華爾戰破之。……華爾砲擊奪賊營,以通上海。賊益攻城,兩晝夜不絕。會常勝軍三百人自寧波歸,破賊於賣福濱,華爾又夜率常勝軍猝破大馬山,入青浦城,盡焚輜重,亦破泗涇賊。」〔註485〕

〔註481〕 第 219～220 頁。
〔註482〕 第 223 頁。
〔註483〕 第 224 頁。
〔註484〕 第 225 頁。
〔註485〕 第 227 頁。

「米國提督華爾復慈溪，力戰死之。……華爾自上年在上海呈請隸清國版圖，屢以戰功由四品頂翎洊升副將。聞寧波告警，率常勝軍直抵慈溪，揮兵先登，城立復。會賊砲洞其胸而殞。得旨於寧波、松江兩府建專祠，仍從優議卹。」〔註486〕

「英國提督何伯破譚紹洸，復嘉定。……英人何伯將受代歸，乃請（李）世忠會攻嘉定，新任提督英人周伯又率英、佛兵助戰（李）鴻章，使白齊文率常勝軍繼進。何伯令西兵燃炸砲坍城牆數十丈，分布雲梯，一擁而登，遂復嘉定。」〔註487〕

書中對華爾歿後白齊文史事並未繫年，直接提前敘述：「華爾戰歿而白齊文繼之，攻克嘉定、青浦，以功大酬薄，頗生觖望，遂劫餉銀往投賊，為之謀主。嘗勸李秀成盡棄江浙兩省之地，斬伐茶桑，焚燬廬舍，然後並合大隊轉戰，直趨北方，據齊豫秦晉上游之勢，以控東南。其地為洋人之力所不至，乃可以逞幸。秀成戀故土，其說不行。白齊文，米之無賴子也。始助官兵，繼投賊，屢次被擒，終以無專治洋人之法，致之米領事。領事與之約毋再入清國，乃放之東洋。白齊文復由日本潛至漳州，再助賊。後左宗棠獲之於閩，米之福州領事慶樂為之力請，謂送國正法，宗棠以其罪大不許。由閩送浙，道經山陰，舟覆而死。」〔註488〕白齊文投太平天國及赴日在同治二年，次年由日本潛歸，溺亡於同治四年。

書中如此記述接替白齊文的英國人戈登：同治二年，「……李秀成自金陵返蘇州圖解圍，水陸官軍三路襲之，洋將戈登、龐發乘輪船繼之，燬十餘壘，遂取寶帶橋」〔註489〕。次年，「賊據宜興、荊溪，李鴻章令郭松林、洋將戈登、美敘羅殿攻城……」〔註490〕未述其指揮常勝軍事。

49. 王韜

本書第一章曾引述了增田貢給王韜的信：「貢頃著《清史攬要》，同治元年之記揭綱曰：『賊侵上海，英佛米之水師提督合擊破之。』其目曰：『吳郡處士王韜獻策，始有洋槍隊之設，故得破賊。』」〔註491〕

〔註486〕第 228 頁。
〔註487〕第 228～229 頁。
〔註488〕第 220 頁。
〔註489〕第 239 頁。
〔註490〕第 244 頁。
〔註491〕陳錚編《黃遵憲全集》，中華書局 2005 年版，第 802 頁。「破賊」處漏下引號。

查考《清史攬要》正文，實際內容更細：「先是……吳郡處士王韜獻策曰：『招募洋兵，人少餉費。不如以壯勇充數，而請洋官領隊，平日以洋法教演火器，務令精練。西官率之以進，則膽壯力奮，似亦可收功於行間。』於是遂有洋槍隊之設，號為常勝軍。」〔註492〕洋槍隊的設立過程曲折複雜，不能全歸於王韜獻策。他向清政府獻策當在咸豐年間。同治元年他因此前化名向太平天國獻策而被清廷緝拿事並未記載，此事增田貢當無從知曉。

第五節　《清史攬要》的史事敘述

馮爾康老師在其專著《清史史料學》中提到了《清史攬要》在民國初年的修訂：「《清史攬要》，日本人增田貢原著，浙江遂安人毛淦補編，仁和人汪厚昌、錢塘人顧梓田訂正。敘事起於太祖天命十一年（1626年），迄於同治十三年（1874年），共8卷。其為『攬要』，就是不以繁富為務，欲令人得到清史的要旨。但是這部簡略的書中，史實錯誤太多。」〔註493〕

《清史攬要》原版中的史實錯誤，讀者當能從本書的解讀中窺見一斑。需要說明的是，本書主旨並非勘誤，在研究中發現的舛誤均在行文中提及，其書實際錯誤應多於筆者指出之數。為了研究增田貢筆下「清史的要旨」，除了上節勾勒的人物刻畫，明瞭其對史事的敘述方式當也是途徑之一。

一、關於明清易代史事

（一）明末農民戰爭

明末農民戰爭是清軍入關的時代背景，農民軍也是清軍入關後的一大敵手。生活在明治初年的增田貢，撰史所用的材料以清朝官書為主，也沒有超越其時代的先進史觀指導，書中對李自成、張獻忠領導的起義軍完全持貶斥態度。

關於李自成，除了上節吳三桂形象中已經引述的史事，還有如下記述：順治元年，「時李自成已陷燕京，自成潛〔註494〕稱帝，國號大順」〔註495〕。「一日，自成晨離大隊，以十餘騎入禱九宮山，拜廟前，鄉民狙之以鋤，碎其首而

〔註492〕第219～220頁。
〔註493〕馮爾康《清史史料學》，故宮出版社2013年版，第73頁。
〔註494〕應為「僭」。
〔註495〕第14頁。

斃⋯⋯」眉批「自成斃」。〔註496〕

關於張獻忠，除了上節李定國形象中已經引述的眉批「獻賊餘孽」〔註497〕，書中僅記述了其結局：順治「三年，肅親王豪格征張獻忠於四川，平之。⋯⋯時張獻忠使其將劉進忠守保寧，進忠迎降，而賊不知也。清師襲獻忠于西充，斬之，四川略定」〔註498〕。

（二）明清戰爭

1. 描寫戰爭的殘酷

書中所記述戰爭的殘酷性在清軍入關前已經顯露無遺。天命四年，努爾哈齊初起時金明之間的薩爾滸大戰：「太祖又馳赴尚閒崖，遇北路明兵二萬，乃陳山麓，下馬步戰。傳令未徧而敵突至，諸旗縱馬馳突，人自為戰，諸貝勒貫陣出背，表裏夾擊，聲震天地。明兵大敗，河水為赤。」〔註499〕

天命六年渾河之戰，「明兵入營發火器，多殺傷，已而丸盡，短兵接。清兵萬矢環射，（明總兵陳）策、（童）仲揆揮刃衝突，各殺十餘人乃死。是役明以萬人當清數萬，雖力屈而覆，為遼左用兵以來第一血戰」〔註500〕。

天命十一年〔註501〕寧遠之戰，「清兵十三萬抵寧遠，（袁）崇煥刺血書誓將士。清兵進攻，戴楯穴城，矢石雨下不退。崇煥令閩卒發西洋巨礮，一發決血渠數里，傷數百人。」〔註502〕

2. 記述清軍的屠殺

不同於清朝的官書，《清史攬要》對清軍入關時的屠戮並未隱晦：順治二年，「豫親王多鐸屠揚州，⋯⋯清兵留十日，屠殘而南」。眉批「屠揚城」。〔註503〕不過眉批中直書屠城的也僅此一例，正文中還有：「阮大鍼導清兵屠金華。」〔註504〕「將軍尚可喜屠廣州。」〔註505〕

〔註496〕 第 19 頁。
〔註497〕 第 36 頁。
〔註498〕 第 24 頁。
〔註499〕 第 9 頁。
〔註500〕 第 10 頁。
〔註501〕 誤為「十二年」。
〔註502〕 第 11 頁。
〔註503〕 第 19～20 頁。
〔註504〕 第 25 頁。
〔註505〕 第 34 頁。

二、關於清代起事起義

對於清代各民族、各階層群眾反抗清朝統治的武裝活動，及清廷進行的疏導與鎮壓，《清史攬要》是如何表述的呢？下文將從清代民族問題及秘密結社的反抗鬥爭兩個方面進行分析。

（一）清代民族問題，以關鍵字「苗」為例

關於清廷對西南少數民族的治理，前文胤禎、岳鍾琪、福康安、畢沅、傅鼎的人物形象刻畫中已有所反映，此外還有一些描寫：

在雍正三年的記事中，作者寫道：「犿苗負險肆逆，議撫久無成。」（雲貴總督）鄂爾泰奏：欲百年無事，宜悉令獻土納貢，違者勦之。帝大悅……三路進勦，焚其七寨，克羊成犿苗，窩黨悉就禽。」〔註506〕「犿」用反犬旁反映了當時的民族歧視。

雍正「十一年，貴州提督哈元成〔註507〕擊黔苗，破之。初苗疆闢地三千里，當貴州全省之半，巡撫元展成駐兵。時秋稼未獲，苗佯聽版築，刈獲甫畢，即傳與上下九股數百寨偕叛，圍大營，樵汲皆斷。營中掘草根死守彌月，援至始解。提督哈元生攻苗于蓮花坉，坉據萬山巔，四面削箐，糧支二年。官兵六路破之，設戍其上」〔註508〕。

「十三年，黔苗陷諸縣，命揚威將軍哈元生等討之。苗疆吏徵糧不善，各寨蠭起，陷重安等數處，焚掠及鎮遠、思州。省兵徵調殆盡，奔救不遑，詔發滇、蜀、楚、粵兵，特授哈元生揚威將軍。苗見援至，棄城不守，轉攻新疆〔註509〕，臺拱、清拱、丹江、八寨同時告急。元生遣兵攻燬各巢，副將馮茂復誘殺降苗六百餘及頭目三十人以冒功。苗怒逃歸，詛盟益堅，多手刃妻女出抗官兵，蔓延不可招撫。又陷青溪縣城。柳羅、丹江糧盡援絕，至九月圍始解。」〔註510〕

乾隆元年，「湖廣總督張廣泗擊貴州苗，平之。先是，以張廣泗為七省經略，乃調全黔兵集鎮遠，以通雲貴大路，簡選將士，面授方略，以精兵四千攻上下九股，自以五千餘攻清江寨，所向克捷。是年，復增兵分八路進勦〔註511〕，

〔註506〕第 78 頁。
〔註507〕應為「生」。
〔註508〕第 82 頁。
〔註509〕指貴州少數民族地區，下段同。
〔註510〕第 83 頁。
〔註511〕前後多用「勦」，用字不統一。

其遺孽盡竄牛皮犬箐，其中盤互數百里，蛇虺所窟，雖苗蠻亦無測其邃，故恃官兵不能至，俟軍退，復圖出沒。廣泗扼箐口，布奇兵，以漸進偪。蠻人飢餓隕死匡谷者以萬計。廣泗乘勝勦附逆熟苗，先後共燬千二百餘寨，赦三百八十寨，斬萬七千六百，俘二萬五千，獲銃礮四萬六千五百，刀矛弓弩標甲十四萬八千，乃設九衛，屯田養兵戍之。詔盡豁新疆錢糧，永不徵收，以免官胥之擾，其苗訟從苗俗處分，不拘律例，以廣泗總督貴州兼管巡撫事。自是南夷不復反」〔註512〕。

「五年，湖南、廣西猺同叛，貴州總督張廣泗擊平之。靖州武岡猺、橫嶺苗與廣西猺同叛，詔廣泗復以欽差大臣節制軍務，先後斬馘五千、俘獲五千以班師。」眉批「湖廣苗平」。〔註513〕「猺」用反犬旁同樣反映了清代的民族歧視問題。

二十三年，「湖南巡撫楊錫紱平土苗之亂。楊錫紱屢平王〔註514〕苗之變，並捕黔苗，審知苗民愚而嗜利，其黠者動以書符煽惑聚眾。錫紱捕其首謀，更行保甲法，凡逆苗田產入官，即使苗民承種，收其租以資積貯，借給貧苗。既勦且撫，苗民咸化之」。眉批「化苗」。〔註515〕

「六十年，貴州苗石柳鄧反，陷永綏，命雲貴總督福康安征之。銅仁府苗石柳鄧、乾州鎮篁苗吳半生叛，陷永綏，同知宋如椿死之。詔雲貴總督（福）康安、四川總督和琳合兵勦之，破黃瓜（寨）、烏龍（岩）之苗，貴州略定。會總兵福甯攻乾州敗走，苗軍大振，其酋吳八月據平隴，稱三桂後，煽動遠近，自稱吳王，勢轉盛，石柳鄧等皆附之。時苗酋皆許官爵、花翎，散苗優以金錢，吳隴鄧〔註516〕亦許禽吳八月自效。八月雖被禽，其子廷禮、（廷）義復與隴登仇殺，負嵎自若。」〔註517〕福甯實為總督，並非總兵。

該書眉批最後一次出現關鍵字「苗」是嘉慶十一年，「知府傅鼐擊貴州苗」事。眉批將正文提煉為「苗兵三長」：「大抵苗疆用兵異他處，穹山峭壁，苗人驀越如平地，一長也；地不可容大眾，其進無部伍行列，退則獸散於密箐中，伏賊忽起，從暗擊明，敵難猝防，二長也；銃銳且長，隨山起伏多命

〔註512〕第85～86頁。
〔註513〕第87頁。
〔註514〕應為「土」。
〔註515〕第95～96頁。
〔註516〕應為「登」。
〔註517〕第111～112頁。

中，惟腰繩藥，無重衣裝，三長也。鼎因苗地用苗技」，終於「平之」。〔註518〕

（二）秘密社會的反清活動

1. 天地會

書中首次提及天地會之名是乾隆「五十二年」，「臺灣民林爽文叛，陷彰化、諸羅。林爽文居彰化之大理杙，地險族強，聚羣不逞，結天地會數十年，將吏務為覆蔽不之問，黨羽橫熾。總兵柴大紀使知府孫景燧調兵三百往捕，勒村民禽獻。景燧焚無辜數小村怵之，爽文遂因民怨集眾夜攻營，軍覆，將吏死焉」〔註519〕。林爽文起事實在前一年。

嘉慶十九年，江西巡撫阮元「獲崇義縣天地會匪鍾體剛誅之，民情大安」〔註520〕。

道光十一年，「永州猺趙金龍犯湖粵。錦田趙金龍與常寧猺趙福才以巫鬼惑其眾，時楚粵奸民結天地會屢刼猺寨牛穀，於是金龍煽動其黨倡言復讎，使趙福才糾合廣東猺、湖南猺六七百人，殺掠兩河口，殺天地會徒二千餘人」〔註521〕。所述涉及當時瑤族群眾與天地會的衝突。

2. 白蓮教

乾隆「五十八年，白蓮教徒劉之協謀反，事覺而逃，乃誅其黨。教匪劉之協、宋之問唱教授徒，徧川陝湖北，日久黨益眾，遂謀不軌，倡言劫運將至，以同教鹿邑王氏子曰發生者，詭為明裔朱姓，以煽惑流俗。至是發覺，其黨伏誅，發生以幼童免死戍新疆，惟劉之協遠遁不獲，詔天下大索」〔註522〕。「宋之問」應為宋之清。

嘉慶元年，「湖廣總督畢沅擊白蓮教賊，大破之。湖北枝江賊張正謨起，詭稱白蓮教，宜都、長陽、長樂教匪一時應和，四出焚掠……」〔註523〕關於此次川楚陝白蓮教反清活動，除了畢沅，前文劉清人物形象中也已經述及。

嘉慶二年，「襄陽姚之富與白蓮教首林齊之妻王氏陷竹山、保康，犯四川酉陽，官兵殺賊不下數萬，賊勢益熾……」。三年，「明亮等連戰殱賊，首逆林

〔註518〕 第 123 頁。
〔註519〕 第 108 頁。
〔註520〕 第 130 頁。
〔註521〕 第 136 頁。
〔註522〕 第 111 頁。
〔註523〕 第 113 頁。

齊王氏、姚之富隕厓死，斬其首傳三省」。〔註524〕「林齊」為齊林之誤，「林齊王氏」應為齊王氏，即王聰兒。

3. 天理教

不知何故，書中將天理教均寫作「天里教」，事在嘉慶「十八年秋，帝獮木蘭，天里教賊李文成、林清謀反襲京城，留守諸官擊破之，清遂伏誅。天里教者，亦名八卦教，聚眾歛財，愚民苦胥吏者爭與焉……」〔註525〕。

4. 邊錢會

增田貢在與王治本筆談時曾問及此會，事見本書第一章第一節。

《清史攬要》中如此記載：咸豐六年，「邊錢會賊圍廣信城，江西巡撫沈葆楨拒戰破之。江西建昌府有邊錢會者，以錢塗硃描金為號，以煽惑愚民。屢禁不已，徒眾蔓延，遂結粵賊入南豐，連陷新城、瀘溪，遂圍廣信。沈葆楨時籌糧于河口鎮，聞變單騎馳還，則已賊〔註526〕迫城，吏民盡散。葆楨徒步登陴區處，妻林氏為林則徐之女，同在危城，躬汲爨以飼士卒，軍皆感奮，葆楨開門擊賊，斬三千餘人，斃其渠酋，餘黨潰散，郡境肅清」〔註527〕。

增田貢發問時所寫為「廣東邊錢會匪」〔註528〕，而史如所載，邊錢會是江西的秘密結社，應是其記憶有誤，或是筆談中的筆誤。

5. 太平天國

從前述洪秀全人物形象可以看出，作者對太平天國運動基本上持否定態度。這種態度使《清史攬要》在臧否人物時存在一定程度的歪曲，如書中述石達開的結局：同治二年，「達開以八千人走老鴉璇〔註529〕，進退無路，總兵楊應剛禽之，凌遲處死。餘黨三千人，圍殺無遺。自洪秀全倡亂，偽王五人，馮雲山、蕭朝貴斃湖南，楊秀清、韋昌輝自相殘殺，惟石達開素蓄大志，假仁義以籠絡其下，賊爭附之，獨樹一幟，幾不可制。至是為蜀軍禽戮，天下快之」〔註530〕。

記述同治三年清軍攻破天京後，作者總結：「秀全倡亂廣西於今十五年，

〔註524〕第 116～117 頁。
〔註525〕第 127 頁。
〔註526〕兩字倒置。
〔註527〕第 179～180 頁。
〔註528〕陳錚編《黃遵憲全集》，中華書局 2005 年版，第 800 頁。
〔註529〕應為「漩」。
〔註530〕第 236～237 頁。

據金陵亦十二年，蹂躪十數省，淪陷數百城，至是始平。」〔註531〕觀點姑不論，單看「於今」二字，可見其史料剪裁之粗疏。

三、關於清代涉外史事

（一）書中歐美國家

1. 荷蘭

《清史攬要》未述鄭成功從荷蘭殖民者手中收復臺灣事，書中述及荷蘭船隻與清軍的兩次聯合作戰：

康熙「三年，靖南王耿繼茂等破鄭經，取金、廈兩島。耿繼茂率李率泰、施琅、黃梧進兵，並檄荷蘭夾板船會剿，克金、廈兩島，降其兵一萬八千，鄭經遁歸臺灣」〔註532〕。此戰當在前一年，鄭經赴臺確在三年。

「十九年，水師提督萬正色破廈門，鄭經遁歸臺灣。劉國軒據海澄，三面環海，陸地一面掘濠引潮以阻清軍，兼列艨艟守諸島，相持一年不決，乃議檄荷蘭夾板船為助，詔萬正色督湖南江浙戰船二百由海赴閩，姚啟聖新修三百艘，又縱反間，重賞購募降官四百餘員、兵萬四千進攻，復海澄。正色克復海壇，水陸並偪廈門，復降其戈船將朱天貴，乘勢搗澳寨。鄭經戰敗，棄金、廈二島而歸臺灣。」〔註533〕

關於書中記述荷蘭使者在《尼布楚條約》簽訂中發揮的作用，詳見下文俄羅斯部分。

2. 英國

英國在書中首次出現是乾隆「六十年」，「英吉利遣使來聘。英使言前歲大將軍率兵至西藏西南之的密部落時，英國兵船亦相助，倘嗣後有需用，西洋兵願效力。清廷始知前此廓爾喀之役，其南界亦有邊警外患也」〔註534〕。馬戛爾尼使團抵華是乾隆五十八年，此處所述為廓爾喀向英國東印度公司求援未果事。嘉慶二十一年的阿美士德使團來華並未提及。

嘉慶「十三年，逮兩廣總督吳熊光，戍伊犁。英吉利兵船十三艘泊香山雞頭洋，其酋度路利以兵船三入黃埔，並有三板船入省河，聲稱防禦法蘭西，

〔註531〕第251頁。
〔註532〕第46頁。
〔註533〕第59～60頁。
〔註534〕第112頁。

意殊難測。故事，外洋兵船或寄內洋，俱調兵驅逐。吳熊光念海寇雖稍戢而師殊老，故務為鎮靜，唯諭英人令歸國，而英舶遷延至十月起碇。詔奪熊光職，遂逮戍伊犁」〔註535〕。此事由英軍入侵澳門引起，書中並未述及。

同年，「封安南阮福映為越南國王。安南擊英吉利船，破之。……初安南禁鴉片煙、天主教，久絕其市舶。是年，英吉利將駐印度者聞越南新造可乘，驅十餘艦入富良江。越南人盡斂舟藏之，數百里如無人，伺英船深入，小舟百餘夜出下流，乘風潮火攻之，燬其七艦，海口餘艘得僅脫」〔註536〕。封阮福映實在嘉慶八年。

鴉片戰爭爆發，道光二十年，「英人圍寧波，將軍伊里布戰禽其女酋。英國發戰艦數十艘來，陷舟山，分路侵浙東，遂圍寧波。以伊里布為大將軍赴禦，戰餘姚，英艦膠沙而止，鄉勇集攻，有女酋挺身奮鬬，手斬數人，鄉勇辟易，一人揮槍自後撞之，女酋傷，眾因禽之，並獲二十餘人。女酋，其國王第三女也。英將贈書餘姚令曰：還王女則還侵地，往廣東。奉令不報，遂至京師請和，帝命欽差大臣琦善赴廣東議之」〔註537〕。所述「女酋」為王女事匪夷所思，當時英王為維多利亞女王，其長女這一年才剛出生，何況「第三女」？前任英王也未見符合條件的「王女」。實際上，在餘姚被俘的是英軍鳶號運輸船船長夫人安妮·諾布爾。〔註538〕

關於道光二十二年簽訂的《南京條約》，書中如此概括：「……於江寧為盟書，其略曰：清國焚滅鴉片，納銀二千六百萬兩償之，以廣州、福州、寧波、廈門、上海為英國交易之區，香港永歸英國，清英官吏以同等交接無相背矣。」〔註539〕實際上，條約規定的賠款是2100萬銀元，合銀約1500萬兩。

同年，「臺灣民殺英人，命免總兵洪達。英人遇颶於臺灣而船壞，臺人惡英人有年，乘其難禽船人。總兵洪達命殺之。英將噗嘯喳致書曰：暴殺如此而

〔註535〕第125頁。
〔註536〕第125～126頁。
〔註537〕第138～139頁。
〔註538〕姚薇元《鴉片戰爭史實考》，人民出版社1984年版，第72頁。參見王曉秋《鴉片戰爭對日本的影響》，《世界歷史》1990年第5期，第94頁。日本學者增田涉亦有論述，見由其民、周啟乾譯《西學東漸與中國事情》，江蘇人民出版社2010年版，第63頁。
〔註539〕第142頁。

不罰，則我將以兵問之。命解洪達職，命琦善謝之」〔註540〕。此事細節頗多可議之處，最大的硬傷在於「洪達」應為達洪阿。

道光二十七年，「廣東民逐英人。廣民怨英人沁骨，每以小故爭鬪，至是廣民抗拒，悉逐在留英人。香港英將聞之，竊遣數艦襲廣東壘砦取之。廣東總兵自至香港謝，英將復侵地，並許英國軍艦駐港警變」〔註541〕。所述為廣州黃竹岐抗英事件，該書對道光二十一年廣州三元里抗英事件並未著墨。

關於第二次鴉片戰爭，咸豐七年，「廣東吏捕人英船，領事巴篤斯發兵焚省城。時葉名琛為廣東總督，其府吏往捕廣民犯令私役英船者十二人，英人拒之。吏怒，焚英館。英領事巴篤斯發兵陷黃埔諸砦，遂焚省城。廷議遣官出償金與英人和，兵姑罷。明年，廣人復掠英之商船，領事訴之，府吏輕視，不治犯人。領事怒，復攻廣東諸砦，自是兩國兵結不解者連年」。葉名琛實為兩廣總督，所述涉及英國發動第二次鴉片戰爭的藉口——亞羅號事件，其細節頗多可議之處，該書未述葉名琛被俘事。

「八年，英人引佛人攻廣東，轉入天津。英、佛二國協議攻廣東，轉入北河，破諸砦，直入天津。帝患其擣北京，命穆親王至天津以視事，英、佛偕請曰：開諸港互市，弘〔註542〕耶穌教，留公使于北京。穆親王錄其所請，還而以聞，於是二國兵引去。明年，二國使臣至天津，問去年所約之事，進船入北河，守兵砲擊殺數十人，使臣以事出不意，僅以身免。」〔註543〕「佛人」在本書中指法國人，「佛國」即法國，詳見下文。清朝歷史上並無「穆親王」，至天津議和的是大學士桂良和吏部尚書花沙納。

十年，「……會京師有英、佛之警戒，官文請以都興阿助僧格林沁以修攻戰，並與曾國藩、胡林翼各請提兵入衛，已而英、佛就和議，都興阿仍赴江北督軍事。」

「郡王僧格林沁與英、佛兵戰北河，破之。英、佛合兵二萬，駕百艦直擣北河，僧格林沁率滿兵與二國軍戰河口，敗之。英人佯休戰旗為紿，竊分軍襲後夾擊，滿兵竟敗，因揚旗放俘議休戰，二國疑其偽，不聽，急攻大沽，陷之，滿兵盡失沿河之守，於是二國復致使請議和，請開天津諸港，贈償金

〔註540〕 第 142～143 頁。
〔註541〕 第 144～145 頁。
〔註542〕 缺最後一筆避弘曆諱。
〔註543〕 第 187 頁。

八百萬兩。議尤未成，二國兵向北深入，僧格林沁之滿騎突戰，大破之，禽英將一人，二國兵遂不退。」所述涉及第二次大沽口之戰。

「英、佛兵入北京，帝避熱河，與二國平。英、佛率精銳萬餘人，萬砲電擊入通州，僧格林沁力戰數次，滿騎多殲於丸，軍遂大敗。帝聞大驚，率后妃諸王避熱河，命恭親王留守。時二國兵長驅逼北京，恭王急馳使議和，二國將曰：返俘囚，修盟好，期以三日，不得命則直躒北京。恭親王之報過期不至，二國兵遂入京城，燼圓明園之宮觀，二國復贈書恭王，請如前約。恭王遂聽之，乃還俘囚，引二國將于禮部廳修盟書，出償金一千二百萬兩以與二國，又以牛莊、登州、臺灣、潮州、瓊州、九江、漢江〔註544〕為互市塲。和議告成，二國引兵去。」〔註545〕《北京條約》議定的賠款數額實為英法兩國各八百萬兩。

太平天國戰爭中，咸豐十一年，「賊逼上海，刑部郎中潘曾瑋入朝定洋兵會勦之議。自蘇州失守，避難者四集上海，賊氛甚惡，欽差大臣龐鍾璐招潰兵，募壯勇，又勸諭英、佛各國會勦，雖頗有擒斬，勢遂不可支。鍾璐聞曾國藩軍威大盛，因遣使乞援。會帝軫念東南，博求將帥，國藩上疏舉李鴻章，乃令率師進援。時賊又陷浦東，上海知縣鄒郇膏赴援軍敗，於是官紳集議請立會防局。潘曾瑋航海入京，謁議政王、軍機大臣，定洋兵會勦之議而還」〔註546〕。所述涉及英、法等國干涉太平天國起義事，其後同治年間「英國提督何伯」「新任提督英人周伯」〔註547〕「洋將戈登」〔註548〕諸事前一章已述。

3. 西班牙

書中僅出現一次的「伊斯把爾亞」，亦譯為日斯巴尼亞，即西班牙。鴉片戰爭前夕，道光十九年，「會伊斯把爾亞船在洋，清兵疑為英船襲燒之」〔註549〕。

4. 法國

法國在書中被譯為佛國，其實文中述嘉慶十三年事已有「法蘭西」〔註550〕之稱。

〔註544〕應為「漢口、鎮江」。
〔註545〕第206～207頁。
〔註546〕第218頁。
〔註547〕第228～229頁。
〔註548〕第239頁。
〔註549〕第138頁。
〔註550〕第125頁。

　　除了前文所述連用的「英、佛」「英、佛、米」，法國單獨出現僅有一次：

　　同治「八年」，「天津民殺佛人，焚教堂，遣大學士、直隸總督曾國藩辦理之。天津民怒佛人倡天主教於內地，結黨殺教徒，焚法堂。佛國領事怒訟之……」〔註551〕。此天津教案當在次年，詳見前文曾國藩人物形象。

　　此外，除了前述同治元年與太平軍作戰的「佛國提督卜羅德」〔註552〕，同治三年出現的「英國副總兵達爾第福」〔註553〕，實際上亦為法國人。

5. 美國

　　按照日本的譯法，美國在書中被稱為米國。除了前述「英、佛、米」史事及華爾、白齊文這兩個「米人」之事，書中僅出現兩次「米領事」「米之福州領事」〔註554〕，指美國領事，所涉白齊文事前文已述。

（二）部分周邊國家

1. 俄羅斯

　　俄羅斯首次在該書中出現是順治「十五年，俄羅斯東北老察寇邊。黑龍江之老察犯邊，諭朝鮮發鳥槍手助軍」〔註555〕。並未眉批。

　　康熙「二十八年，俄羅斯使來議定黑龍江之經界。先是，俄羅斯東部羅剎來據黑龍江城，清兵圍之，死守不去。時荷蘭貢使在京，稱與俄羅斯鄰，乃付書達其國汗。明年，俄羅察汗上疏乞和，命撤兵。此年使果至，始與我大臣索額圖會議于黑龍，立石勒會議七條五體文于黑龍江西岸，于是東北數千里化外不毛之地盡入版圖。」〔註556〕此段述及雅克薩之戰和《尼布楚條約》的簽訂。「黑龍江城」應為雅克薩，「黑龍」應為尼布楚。「我大臣」當屬史料剪裁問題。從「俄羅斯東北老察」「黑龍江之老察」到「俄羅斯東部羅剎」，反映了史料中用詞的變化〔註557〕，作者並未進行處理。

　　俄羅斯後兩次出現均與蒙古土爾扈特部有關：康熙「五十年，土爾扈特來貢，遣使報之。土人於明季與厄魯特不睦，西投俄羅斯。俄人以其行國界

〔註551〕 第 256 頁。
〔註552〕 第 224 頁。
〔註553〕 第 244 頁。
〔註554〕 第 220 頁。
〔註555〕 第 42 頁。
〔註556〕 第 64～65 頁。
〔註557〕 參見阿拉騰奧其爾《從「羅剎」到「俄羅斯」——清初中俄兩國的早期接觸》，《中國邊疆史地研究》2014 年第 1 期，第 155 頁。

地使游牧，已七八十年。是歲聞準夷敗滅來貢，命兵部郎中圖理琛往報之，悉其要領，假道俄羅斯，往返經三歲，繪圖獻之。」〔註558〕圖理琛回京後授員外郎，翌月升郎中。

乾隆三十六年，「土爾扈特來歸。初，土爾扈特之汗阿玉奇投俄羅斯，居額濟勒河。及阿玉奇曾孫握巴錫，以俄羅斯蔑佛教，又苦征調，遂挈所部以來，眾十餘萬……」〔註559〕。此事前文弘曆形象已述及。額濟勒河即伏爾加河。

俄羅斯在書中再次出現已是晚清：咸豐十年，「（英、佛）二國引兵去，尋割黑龍江北二千七百里之地與俄羅斯，大購槍砲以嚴邊海之備」。眉批：「與地俄人。」〔註560〕這一年簽訂的是中俄《北京條約》，認可了咸豐八年簽訂的割讓黑龍江北的《璦琿條約》，又割讓了烏蘇里江右岸。

2. 浩罕

浩罕汗國的史事在該書中首先出現在張格爾之亂中：道光「六年，回酋張格爾叛……敖罕酋亦援……」，「……有浩罕賊兩千誘官軍入伏……」。「敖罕」即浩罕的不同譯法，該書中並未統一。

清軍平亂之後，「十一年，浩罕遣使來盟，通商納貢。浩罕聞官兵大至，遣使求貢俄羅斯，欲以乞援。俄羅斯以浩罕新搆釁清國，拒其使不許入境。浩罕已無外援，乃有求市意」。〔註561〕此事當在前一年，其背景在上節楊遇春及楊芳人物形象已引述，是書並未提到該國在乾隆年間與清廷的交往。

作者再次述及浩罕是道光二十二年，「布噶爾伐敖罕，滅之。布噶爾虜敖罕王子，伯克來告捷。布噶爾尤強大，先以女嫁敖罕，伺之多年，遂滅之，以為屬部」。「布噶爾」今習譯為布哈拉，此事不應如書中眉批概括為「敖罕亡」〔註562〕，因浩罕不久即成功復國，在光緒初年方被俄國吞併。

3. 日本

本書各卷卷首均有「大日本　東京　增田　貢著」〔註563〕字樣，全書末尾所述也基本上都是涉日史事。由於作者的身份、立場，書中的涉日內容是

〔註558〕第 69 頁。
〔註559〕第 102 頁。
〔註560〕第 207 頁。
〔註561〕第 133～135 頁。
〔註562〕第 142 頁。
〔註563〕第 7、45、85、127、175、219 頁。

筆者，可能也是各位讀者最感興趣的部分，故於此壓軸敘之。

（1）關於漂民

清初即有涉及日本事。順治二年，「命朝鮮還我大日本漂流之民。諭朝鮮王曰：前有日本國民人十三名飄泊至此，已給衣糧，念其父母妻子遠隔天涯，深用憫惻，使臣至日，備船送還。」〔註564〕所述為在順治元年遇險的日本漂流民倖存者，他們回到日本後口述見聞，彙集成《韃靼漂流記》一書。

（2）關於通好

明治維新後，日本政府希望與清政府訂約通商。《清史攬要》述其事於同治八年，「柳原前光致國書，其文曰：大日本國從三位外務卿清原宣嘉、從四位外務大輔藤原宗則致書於大清國總理外國事務大憲臺下：茲者我國往昔以降，與貴國往來交誼特深，方今因與西洋諸國定約貿易者，或謂我國未曾與貴國結盟。竊思兩國友誼有餘而未免名分不定之嫌，擬早年遣使更修盟約，祇以國家多故未果其願，然此事終不可久曠也。今本省業經奏准，權派從四位外務權大丞〔註565〕藤〔註566〕原前光、正七位外務權少丞〔註567〕藤原義質、從七位文書權正鄭永甯等，命往貴國定其通信、通商事宜以便。復有我國欽差大員一，入貴國定其通信、通商正約，或駐紮京師，或往來各港等因，該官員等投至貴憲臺下，則祈隨即接待，聽其陳迷〔註568〕本國所望事件，並求貴憲著實周旋，從善襄成，為此本省特附此書致上。謹言。明治三年歲次庚午七月。」明治三年（1870），即同治九年，並非八年。眉批：「通好於我日本。」〔註569〕此眉批語義不妥，從正文來看，所述內容為日本望通好，史實也是如此。

（3）關於應寶時與安井仲平的交往

同治「十年」，「以應寶時為江蘇按察使。應寶時在江南數接日本使臣，得其款情。先是獲安井仲平所著《管子纂詁》《左傳輯釋》，為序之贈仲平。仲平風節矯矯，為日本宿儒。」〔註570〕安井仲平是增田貢的老師，此當為兩國

〔註564〕第 24 頁。
〔註565〕應為「丞」。
〔註566〕應為「柳」。
〔註567〕應為「丞」。
〔註568〕應為「述」。
〔註569〕第 257 頁。
〔註570〕第 257 頁。

學術文化交流史上的一段佳話。應寶時《〈管子纂詁〉序》作於同治六年，同治八年任江蘇按察使。〔註571〕

（4）關於通交

同治十一年，「日本領事官來統通交事務。領事官本廳在福州者，兼管廈門、臺灣、淡水事務；在上海者，兼管鎮江，漢口，九江，寧波；在香港者，兼管廣州，汕頭，瓊州。」〔註572〕

（5）關於日本侵臺及相關談判

書中寫道：同治「十三年，日本辦理大臣大久保利通來會攝政恭親王等，成盟約，撤駐臺之師。先是，我日本備中民及琉球人漂到臺灣生番地，為所殺害，蓋其地清國政教之所不及也。於是日本問罪之議起，乃以陸軍中將西鄉從道任番地事務總督，從道率兵艦五隻到臺灣，番人狙擊，殺傷兵士數人，於此一戰，斬牡丹社酋，成〔註573〕武大振，生番十八社酋長降者相踵。從道營於龜山，專務剿撫。清國以生番之境聯其屬地，求我日本之撤其兵。日本不肯，兩國之釁將開，日本以參議兼（內）務卿大久保利通任全權辦理大臣，使清國令解兩國紛紜。利通航上海，轉入北京，與清國政府論生番所屬，數日不決。利通見議不協，憤然將去，英國公使威氏在北京，居間調停，周旋備至，和議遂成。和碩恭親王，軍機大臣、協辦大學士、吏部尚書寶鋈，軍機大臣、大學士、管理工部事務文祥等相共會議，建兩國和好條款，連署鈐印為交換，其文曰：會議條款互立辦法文據事。照得各國人民有應保護不致受害之處，應由各國自行設法保全，如在何國有事，應由何國自行查辦。茲以臺灣生番曾將日本國屬民等妄為加害，日本國本意為該番是問，遂遣兵往彼向該生番詰責。今與中國議明退兵並善後法，開例〔註574〕三條於後：一曰本國此次所辦原為保民義舉起見，中國不指此為不是；二曰前次所遇難民之家，中國定給撫恤銀兩，日本所有在該處修道、建房等件，中國願留自用，先行議定籌補銀兩，別有議辦之據；三曰所有此事兩國一切來往公文，彼此撤回註銷，永為罷論。至於該處生番，中國自宜設法妥為約束，以期永

〔註571〕　　參見易惠莉《日本漢學家岡千仞與王韜——兼論 1860～1870 年代中日知識界的交流》，丁日初主編《近代中國》（第十二輯），上海社會科學院出版社 2002 年版，第 171～172 頁。

〔註572〕　　第 258 頁。

〔註573〕　　應為「威」。

〔註574〕　　應為「列」。

保航客不能再受兇害。其會議憑單事，臺灣一事現在經英國威大臣同兩國議明，並日本在立辦法文據，日本國從前被害難民之家，中國先准給撫恤銀十萬兩，又從日本退兵在臺灣地所修道、建房等件，中國願留自用，准給費銀四十萬兩。又經議定，准於日本國明治七年十二月二十日、清國同治十三年十一月十二日，日木〔註575〕國全行退兵，清國全數付給銀兩，亦不得愆期。日本國未經全數退兵盡之時，中國銀兩亦不全數付給。立此為據，彼此各執一紙存照。盟約已成，……利通遂自航臺灣，傳撤兵之令。西鄉從道等凱旋……」〔註576〕。

琉球難民遇害事在同治十年。日本備中州人佐藤利八等僅被搶奪衣物，並未被殺，事在同治十二年。次年，總理衙門曾在給日本外務省的照會中指出：「臺灣一隅，僻處海島，其中生番人等，向未繩以法律，故未設立郡縣，即《禮記》所云不易其俗、不易其宜之意，而土地實係中國所屬。」〔註577〕日本並未因此放緩出兵侵臺的腳步。

（6）關於日本逐步併吞琉球

該書在同治十三年事中如此記載：「琉球先王舜天者，日本人皇後裔，大里按司朝公子，為浦添按司。其後天孫氏逆臣利勇弒君自立，舜天起兵誅之，眾推為王，遂代天孫氏。云其國所置經書，悉係日本所刻，有寶曆、永祿、元和、寬永、貞享諸名色。其那霸港礁石莋碍，港口數里皆鐵板砂，土人恃險不設備，而薩人猝至，執王去，王遂臣附日本。」〔註578〕

日本薩摩藩入侵琉球事在明萬曆年間，而日本設立琉球藩在同治十一年，最終於光緒五年（1879）吞併琉球。

（7）關於李鴻章、王凱泰請遣公使

書中記載：同治十三年，「大學士、直隸總督、北洋通商大臣李鴻章建議請遣公使於日本及西洋通商各國。李鴻章建議曰：各國互市遣使，所以聯外交，而中國並其近者而亦置之，殊非長駕遠馭之道。同治十年，日本初議條約，臣與曾國藩均奏請立約後中國應派員駐紮日本，管束我國商民，藉可聯

〔註575〕應為「本」。
〔註576〕第259～260頁。
〔註577〕《籌辦夷務始末》，同治卷九三，上海古籍出版社2007年版，第八冊，第497頁。
〔註578〕第260頁。

絡。此舉未可再緩，擬請敕下總理衙門王大臣，遴選熟悉洋情、明練邊事之三四品京堂大員請旨賞給崇銜，派往駐紮日本。聞橫濱、長崎、箱館各處中國商民約近萬人，既經立約，本不可置之度外，俟公使到彼，應再酌設總理事官分駐口岸自理訟賦，以維國體。不特此也，即泰西諸大邦，亦當特簡大臣輪往兼駐，重其祿賞而定以年限，以通情款。其在中國交涉事件有不能議結或所立條約有大不便者，逐與往復辨證，隨時設法商辦，似於通商大局有裨。」實際上此前此後李鴻章曾多次建議遣使。

「福建巡撫王凱泰建議請通商各國於都城設公使，於行省設領事。王凱泰建議曰：一、遣使外洋。夫通商各國於都城設公使、於行省設領事，無非欲聯中國之交，而知中國之情，乃有來而無往，猶面牆而思快睹，掩耳而欲速聞也。擬請每國敕派正副二員，不拘內外臣工，擇精力強固、有知謀膽略者任之。假以崇銜，予以厚祿，駐紮彼國，實任者不闕本缺，兩年一換，專理和好事宜，各國如何情形，隨時馳報，庶幾耳目較靈，不致中外隔閡。如蒙俞允，應需遣官經費，請敕總理各國事務衙門酌定，在於各關庫提交，准予作正開銷。一、調護華商。人之在外洋者，聞暹邏約有二三十萬人，呂宋約有二三萬人，新加坡約有十數萬人，檳榔嶼約有八九萬人，新舊金山約有二三十萬人，長崎亦不下萬餘人，此係統經商、傭工併計之。若於遣使之外更選才幹官員分往各處，如彼國之領事妥為經理，其重大事情仍由使臣核辦，凡經商貿易皆官為之扶持調護，商之害官為釐剔，商之利官不與聞，則中國出洋之人孰不願為中國用？其有奇技異能者送回中國，優給薪資，酌予獎勵，行見海外洋人爭思自奮，況中國殷商知外洋有官護持，絲茶大賈皆可廣為招徠，自行運銷，中國之氣日振也！」〔註579〕王凱泰此奏確在同治十三年。

至此全書已到尾聲，其後僅有一條：同治「十三年〔註580〕，帝崩，醇親王子載湉入嗣位……改元光緒……」〔註581〕，《清史攬要》即告完結。

〔註579〕第260～262頁。
〔註580〕該書寫兩次「十三年」。
〔註581〕第262頁。

第三章 《滿清史略》與《清史攬要》之比較

　　明治十二年十一月十三日（1879 年 11 月 13 日），增田貢編撰的《滿清史略》兩卷本在日本獲得了出版許可，之後於次年四月出版。2008 年，該書收入《外國人著清史八種》，由國家圖書館出版社影印出版。是書內容和《清史攬要》有何異同？本章將從兩書的體裁與結構、字數及標點，凡例和序跋，眉批、註釋及按語，人物及形象刻畫，史事敘述，對華影響共六個方面進行比較。

第一節　體裁與結構、字數及標點

一、兩書體裁與結構的異同

　　不同於《清史攬要》，《滿清史略》並無目錄，而前有序，後有跋，下節詳述。其正文分為上下兩卷，卷上開篇即敘：

　　「清（自太祖天命戊午，至太宗崇德癸未，二十六年。自世祖順治甲申一統，至穆宗同治癸酉，二百三十年。合十主二百五十六年。）」〔註1〕

　　其後開始記述清太祖史事，不同於《清史攬要》，該書對努爾哈齊起兵的明萬曆十一年，僅書「明萬曆中」，對天命、天聰、崇德史事均未繫年，而《清

〔註1〕第二冊，第 255 頁。天命戊午為天命三年（1618），天命元年丙辰（1616）至崇德癸未（1643）實為 28 年。同治癸酉為同治十二年（1873），順治甲申（1644）至同治十三年甲戌（1874），實為 231 年。《清史攬要》天命年間未書干支，同治十三年甲戌無誤。

史攬要》自天聰元年即開始繫年。

《滿清史略》自清世祖順治元年開始繫年，上卷至清高宗乾隆六十年結束。下卷自清仁宗嘉慶元年始，終於清穆宗同治十三年。該書和《清史攬要》均為編年體史書，但《滿清史略》並非綱目体，事無綱要，亦不提行，每事開頭畫一個○標識。

二、兩書字數及標點之比較

《滿清史略》影印本每頁 10 行，每行 19 字，正文不分段，文中常有兩排小字夾註〔註2〕，與《清史攬要》完全不同。

不同於《清史攬要》，《滿清史略》全書均有句讀，但和日語認讀符號混雜，常難識別，能識別者亦有諸多不妥之處。本書引用時所加的現代標點均為筆者所添。

《滿清史略》兩卷正文的頁數及年數為：

卷上，《外國人著清史八種》第二冊第 255～330 頁共 75 頁，記事如按自明萬曆十一年（1583）算起共 212 年；如按後金天命元年（1616）算起則共180 年；如按實際繫年開始的清順治元年（1644）算起共 152 年。

卷下，第 331～414 頁共 83 頁，自 1796～1874 共 79 年。

兩卷頁數相差不大，與《清史攬要》一樣，其分卷是朝年和字數綜合考慮的結果。

考慮到因夾註增加的字數，估算上卷約 1.5 萬字，下卷約兩萬字。全書正文及註釋合計約 3.5 萬字，篇幅大概是《清史攬要》的一半。其序跋及眉批字數見下節。

第二節　凡例與序跋

不同於《清史攬要》，《滿清史略》沒有凡例，但有序和跋。從凡例可以瞭解作者撰著時對體裁體例的設想，序跋則有助於我們瞭解該書的寫作背景。

一、《滿清史略》的序

該書有兩篇序，首為川田甕江所作，次為作者自序。

〔註 2〕為便於閱讀，本書均用括號表示，如上注例。

1. 川田甕江序

該序不到五百字，署名「翁江川田剛撰」，他就是本書第一章筆談末尾所述託增田貢辦事的川田甕江。時任東京昌平校教授，是增田貢的好友。書寫者則另有其人，署名「桂洲藤仉平書」，所用正楷，識讀極易。

序言從當時日本史學界看重的《十八史略》《元明史略》說起，認為填補空白的「清史略」「以此書為始」。此前出版的林正躬《清國史略》被其無視了。

在指出了中日關係的重要性之後，川田分析了清朝沒有史略的原因：「十主二百五十年間，治亂盛衰，典章文物，散見諸書。姑就余所寓目舉之。其記闡國創業，則有《東華錄》《三朝實錄》《開國方略》焉；守成施治，則有康熙以下列朝上諭焉；考制度，則有清律、會典、一統志焉；攘外寇，則有《親征朔漠方略》《平定兩金川方略》《平定準噶爾方略》《平臺紀略》《平閩記》《武功紀盛》《聖武記》《夷匪犯疆錄》《天津剿寇紀略》《北支那戰爭記》焉；平內亂，則有《平定三逆方略》《三藩紀事本末》《四王合傳》《越〔註3〕匪紀略》《戡靖教匪述編》《楚南被難記》焉；辨臣工忠奸，則有《滿漢名臣傳》《貳臣傳》《先正事略》及諸家文集所載誌傳行狀焉。而彼此會萃，撮要成編，其業至難。先儒之未敢下手，不亦宜乎？」從其所列的書名，可以看到清朝史籍在日本的流傳情況，這些都可能是增田貢著史的史料來源。

川田隨後稱讚：「友人岳陽增田君博覽強記，精力過人。先是，著《清史攬要》六卷，為清人張斯桂、沈文熒、王紫詮諸子所稱揚。今又削繁補遺，約為二卷，名曰《滿清史略》。」他認為該書視《十八史略》《元明史略》「有過而莫不及焉」。〔註4〕沈文熒和王韜對《清史攬要》的稱揚，前已述及，看來張斯桂也持是論〔註5〕。

2. 增田貢自序

增田貢此序五百餘字，由他親筆用行草寫就，不少字句難以辨認。

他首先回顧了中國歷史上北魏、遼、金、元諸少數民族政權，「勢雖昌熾」然「百年而滅」，而清朝已二百年之久，疆域之大超越漢唐，並非易事。「太祖

〔註3〕應為「粵」。
〔註4〕第二冊，第243～248頁。
〔註5〕張明《張斯桂研究》，寧波大學2014年碩士論文，第63～64頁提及增田貢請張斯桂和王韜修改《清史攬要》事。

之於楊鎬，太宗之於袁崇煥，世祖之明裔，聖祖之三藩，世宗之允禵，高宗之
王倫，仁宗之林清，宣宗之英吉利，文宗之英佛，穆宗之洪秀全」，「或自外而
至，或自內而起」。「以是八旗貴精而不貴多。」「故世祖曰：『吾夥定天下者，
傳號也。不敢忘。』以是嗣主祭祚，必為木蘭之獵。聖祖弦矢之盛，親殪猛
虎。」

在總結了清朝對武略和滿洲舊俗的重視之後，作者總結：「清人有察於此，
故歷朝有動亂則必懲必懋，以善於後。」「語曰胡運不過百年。鑒可為魏、遼、
金、元言而不可為滿清說也。向清使之未至，自著《清史攬要》」，「復著《滿
清史略》，而其事反精於前。乃略治亂之跡，則善鑒於彼而戒於我云。」〔註6〕

增田貢認為《滿清史略》比《清史攬要》記事要精，他著史的目的是發
揮清史對日本的鏡鑑作用。

二、《滿清史略》的跋

該跋很短，僅約150字，署名是「高粱藤田久道顥甫識」，用行書寫就，
雖個別字不好識別，還是能夠從整體上把握基本內容的。其文主要是強調史
書「觀古準今」「鑑彼戒我」的作用，讚揚《滿清史略》「此篇方成，定稱善鏡
矣」。〔註7〕

第三節　眉批、註釋及按語

《清史攬要》和《滿清史略》都有眉批，不同之處在於後者設定了基本
數量，大多頁都是4個，個別頁是5個，而前者各頁眉批從1個到23個不
等，數量相差很大。

一、《滿清史略》的眉批及分類

經筆者統計，《滿清史略》的眉批共約630個，合計約三千字，大概是《清
史攬要》的三分之一。其內容亦可分為人物和史事兩類。

1.《滿清史略》眉批包含的人物

《滿清史略》的眉批包含人物近三百個，也差不多是《清史攬要》的三

〔註6〕第二冊，第249～254頁。
〔註7〕第二冊，第415～416頁。

分之一。詳見下表：

《滿清史略》眉批包含人物一覽表

序號	人名或稱謂	眉批頁碼、內容及正文補充	備　註
1	努爾哈齊	255 天命，甲三十，兵百人；256 七大憾，八旗制。	詳見下節
2	楊鎬	256 破楊鎬。	
3	皇太極	257 國號清，紅衣礮，取朝鮮。	詳見下節
4	福臨	258 卻裘叱媼；276 幸太學；277 立衙門鐵牌，試騎射。	詳見下節
5	多爾袞	258 多爾袞輔政；260 武功成；261 攝政王；273 多爾袞卒。	詳見下節
6	吳三桂	258 吳三桂求援；281 征緬師興；283 三桂蓄禍心；284 三桂反；289 三桂勢孤；290 三桂死。	詳見下節
7	劉某	259 明偽太子（被誅）。	
8	孔胤植	259（封）衍聖公。	
9	朱由崧	260 福王立；264 執福王。	正文與《清史攬要》（以下簡稱《攬要》）同誤為「朱由松」
10	李自成	262 李自成殪。	
11	錢謙益	263 錢謙益降屈。	《攬要》無
12	高傑	263 殺高傑。	
13	史可法	263 史可法死節。	
14	黃得功	264 黃得功刎。	
15	左懋第	264 左懋第詩。	詳見下節。《攬要》無
16	閻應元	265 閻應元（殉節）。	詳見下節
17	許用	265 許用大殉節。	正文亦誤，詳見下節
18	朱常淓	265 潞王亡。	
19	朱聿鍵	265 唐王立；267 禽唐王。	
20	黃道周	266 黃道周殉節。	
21	朱以海	266 魯監國。	

22	孔聞謤	266 罪孔聞謤。	
23	張獻忠	267 獻賊平。	
24	馬士英	268 誅馬（士英）。	
25	阮大鋮	268（誅）阮（大鋮）。	
26	何騰蛟	268 何騰蛟（收左良玉）；272 何騰蛟死節。	
27	朱聿鐭	268 紹武立。	
28	朱由榔	268 永曆立；279 明主入緬；282 永曆亡。	
29	鄭芝龍	269 鄭芝龍降；281 誅芝龍。	
30	鄭成功	269 鄭成功起；275 鄭成功捷，招成功；280 鄭成功胜敗，鄭成功取台灣，求援日本書；282 鄭成功卒。	詳見下節
31	瞿式耜	269 瞿式耜守桂；274 瞿（式耜）、張（同敞）死節。	詳見下節
32	焦璉	270 焦璉功；274 焦璉遇害。	
33	張家玉	270 張家玉如生。	
34	金聲桓	271 金聲桓反；273 金、李平。	
35	白貴	271 白貴戰死。	《攬要》無
36	李成棟	271 李成棟反；273 金、李平。	
37	張名振	271 張名振據舟山。	
38	張氏	272 妖婦反。	
39	姜瓖	272 姜瓖平。	
40	曹志建	273 曹志建捷。	
41	李東斗	273 李東斗城守。	《攬要》無
42	趙吉士	274 趙吉士平盜。	《攬要》無
43	張同敞	274 張（同敞）死節。	
44	李定國	275 李定國衝桂林；277 李定國敗。	詳見下節
45	孔有德	276 孔有德刎。	
46	劉文秀	276 劉文秀取兩川。	
47	尼堪	277 尼堪戰死。	
48	孫可望	278 孫可望降。	詳見下節
49	那燾	279 那燾（闔門焚死）。	《攬要》無
50	寶望	279 寶望（三百人盡死）。	《攬要》無
51	梁化鳳	280 梁化鳳功。	
52	朱之瑜	281 朱之瑜（請日本兵）。	《攬要》無
53	阮進	281 阮進（乞師日本）。	《攬要》無

54	鄭經	282 招鄭經；286 鄭經圖海澄；292 鄭經卒。	
55	張煌言	283 張煌言死節，絕命詩。	
56	孔四貞	283 孔四貞（與孫延齡偕行）。	《攬要》無
57	玄燁	284 鰲拜革職，移三桂；288 封長白山，取士法；289 殿試發題，擢五十人；290 罷親征；292 帝射虎；293 命釣游；293 召伯禽后；293 花火記；294 蠲江南賦，親征噶爾丹；295 見毛奇齡；296 勒功于拖諾山，三駕漠北平；297 召梅文鼎；298 廢太子，六旬誕節；300 千叟宴，用心政治。	詳見下節
58	鰲拜	284 鰲拜革職。	
59	尚可喜	284 尚可喜撤藩。	
60	王輔臣	285 二王反。	
61	王屏藩	285 二王反；287 王屏藩平。	《攬要》眉批無，正文敘事不同
62	耿精忠	285 耿精忠反；287 精忠降；292 誅精忠。	
63	孫延齡	285 孫延齡反；288 延齡首殺馬雄。	
64	傅弘烈	285 傅宏烈討賊；291 傅宏烈死節。	避弘曆諱
65	董宏毅	286（知縣）董宏毅等。	《攬要》無
66	蔡毓榮	286（總督）蔡毓榮等。	《攬要》無
67	于成龍	286（知府）于成龍等。	
68	張勇	287 張勇進攻。	《攬要》眉批無，正文敘事不同
69	范承謨	287 范承謨遇害。	
70	尚之信	288 尚之信乞降。	
71	馬雄	288（孫）延齡首殺馬雄。	荒誕不經，《攬要》未述此事
72	殷化行	289 殷化行殿（後）功。	
73	朱彝尊	290 朱彝尊等。	詳見下節。《攬要》無
74	劉國軒	290 劉國軒用兵；291 國軒勝敗。	
75	吳世璠	292 吳世璠平。	
76	鄭克塽	293 鄭克塽降。	

77	東野・沛然	293 召伯禽后。	
78	楊朝正	294（知府）楊朝正祈天。	《攬要》無
79	夏逢龍	294 賀逢龍變。	正文亦誤，《攬要》正
80	噶爾丹	294 親征噶爾丹；296 噶酋敗走。	
81	毛奇齡	295 見毛奇齡。	詳見下節。《攬要》無
82	黃章	297 黃章（年九十九入闈）。	《攬要》無
83	吳日炎	297 吳日炎（十四歲中式）。	《攬要》無
84	梅文鼎	297 召梅文鼎。	詳見下節。《攬要》無
85	張霖	297 誅張霖。	
86	李天極	298 誅李天極。	
87	胤礽	298 廢太子。	
88	佛尼勒	299 佛尼勒戰死。	
89	岳鍾琪	299 岳鍾琪平西藏；303 岳鍾琪破虜，見獸走知有虜；305 岳鍾琪斬二酋；307 岳鍾琪破虜，岳鍾琪免；313 岳鍾琪赴軍，岳鍾琪破蠻；314 十三人抵苗營；316 岳鍾琪卒，名將之冠。	詳見下節
90	朱一貴	299 朱一貴反台灣。	
91	藍廷珍	300 藍廷珍（突鹿耳門）。	
92	陳鵬年	301 陳青天。	
93	胤禛	301 謝際世罷，孫嘉淦疏；304 立昭忠祠，幽允禵；306 授鉞禮，勇健軍；310 吏皆稱職。	詳見下節
94	謝濟世	301 謝際世罷。	字同《攬要》誤
95	魯裕	301 魯亮儕（名大）著。	詳見下節。《攬要》無
96	孫嘉淦	301 孫嘉淦疏。	
97	蔣祝	302 蔣公柳。	詳見下節。《攬要》無
98	朱宏	302 朱公生祠。	詳見下節。《攬要》無
99	朱之璉	302 明後朱之璉。	

100	允禵 （胤禵）	304 幽允禵。	
101	楊名時	304 楊名時抑興利；310 楊名時特徵。	《攬要》無前事
102	汪樹	305 汪樹舉父。	
103	郭江	305 郭江割肝。	《攬要》無
104	曾靜	306 曾靜圖反。	
105	哈元生	306 哈元生射二酋（黑寡、暮末）。	
106	黑寡		
107	暮末		字誤，《攬要》正
108	傅爾丹	307 傅爾丹敗；308 傅爾丹再敗。	
109	策凌	307 策凌捷。	
110	策零	308 策零入寇。	
111	方苞	309 方望溪辭內閣。	《攬要》無
112	弘曆	310 楊名時特徵；312 雪兩朝憤；313 撰大清會典，誅張廣泗；314 幸孔廟；315 紫光閣功臣像；320 禁邪教，召嚴長明。	詳見下節
113	黃永年	310 黃永年（平反疑獄）等。	詳見下節。《攬要》無
114	張廣泗	311 張廣泗破貴苗；313 誅張廣泗。	
115	袁枚	311 袁隨園治蹟。	詳見下節。《攬要》無
116	彭苣豐	311 彭苣豐奏八旗。	《攬要》無
117	劉綸	312（順天尹）劉綸（稱職）等。	《攬要》無
118	傅清	315 傅清（自盡）。	《攬要》90 正文有，眉批無
119	拉布敦	315 拉布敦（遇害）。	同上
120	羅卜藏丹津	317 獲羅酋。	正文寫作「羅木藏丹津」
121	阿睦爾撒納	317 阿酋反。	正文寫作「阿睦撒納」

122	兆惠	317 兆惠受圍；319 兆惠苦戰。	
123	湯老	318 湯老百九十四。	正文「百四十九」
124	蔣士銓	318 蔣心銓為編修。	正文「蔣士銓（心餘）」，《攬要》無
125	霍集占	318 回酋反；319 霍集占平。	318 註釋「兄曰布那敦」
126	嚴長明	320 召嚴長明。	詳見下節。《攬要》無
127	陳宏謀	320 陳宏謀等。	
128	趙翼	321 趙甌北為鎮安（知府）；323 趙翼進策。	詳見下節。《攬要》無
129	王世芳	321 王世芳一百七。	
130	楊應琚	321 戮楊應琚。	
131	明瑞	322 明瑞破象陣，明瑞敗死。	
132	傅恒	322 傅恒伐緬。	
133	沈德潛	323 沈德潛卒。	
134	姚鼐	323 姚鼐等。	詳見下節。《攬要》無
135	紀昀	324 紀曉嵐精百家。	
136	阿桂	324 阿桂破金川。	
137	溫福	324 溫福戰死。	
138	王倫	325 王倫平。	
139	索諾木	325 金川平，誅索酋。	
140	孫士毅	326 孫士毅破阮惠；327 士毅敗。	
141	阮惠	327 封越南王。	應為「安南」
142	林爽文	327 台灣林爽文反。	
143	柴大紀	327 柴大紀城守。	
144	太宰純	328 太宰純（校孔傳）。	《攬要》無
145	福康安	329 福康安等。	
146	和珅	332 誅和珅。	
147	劉清	332 劉青天；334 劉清入賊營；345 劉清破賊。	

148	張大鵬	332 張大鵬殉難。	《攬要》無
149	顒琰	333 欲行三年喪；344 帝回蹕；347 崩熱河。	詳見下節
150	畢沅	333 畢沅撫苗。	
151	王文雄	333 王文雄克（白蓮教）；336 王文雄戰死。	《攬要》無
152	宜綿	334（總督）宜綿等。	
153	羅思舉	334 羅必勝。	
154	王三槐	334 禽三槐。	
155	阮元	335 阮元造船砲；346 阮元平江西賊。	
156	蔡牽	335 蔡牽寇；342 蔡牽溺斃。	詳見下節
157	羅其清	335 六賊平。	
158	冷天祿		
159	徐天德		335 正文誤為「徐天福」，337 正
160	王廷登		
161	冉天元	335 六賊平；337 禽冉天元。	
162	武億	336 武君德等。	正文與《攬要》同誤為「武君億」
163	朱射斗	336 朱射斗陳歿。	
164	楊遇春	336 楊遇春連捷；339 楊遇春叛討，方柴關敗；345 二楊討賊；349 楊遇春渾河克，二楊破張格爾。	詳見下節
165	楊芳	337 楊芳戰功；340 楊芳至賊營；346 楊芳平陝。	詳見下節
166	德楞泰	337 德楞泰敗。	
167	傅鼐	338 傅鼐破賊；340 傅鼐平苗。	
168	李長庚	338 李長庚破蔡牽；340 李長庚大捷；341 李長庚戰死。	詳見下節
169	朱珪	339 朱珪（卒）。	
170	王杰	339 王杰卒。	
171	長齡	340 長齡等；351 長齡等。	
172	百齡	341 百齡威名。	
173	吳熊光	342 吳熊光貶；353 吳熊光等（卒）。	其卒繫於道光十二年誤，《攬要》繫於十三年正

174	戴衢亨	343 戴衢亨卒。	
175	林則徐	343 林則徐出身；349 林青天；353 林則徐勤鄉試；353 林則徐治能；355 譏林則徐；359 滇人祭林則徐；361 林則徐討賊卒。	詳見下節
176	強克捷	343 強克捷死。	
177	林清	345 誅林清。	
178	李文成	346 李文成焚死。	
179	湯金釗	347 湯金釗等。	
180	董教增	347、348 董教曾等。	名與《攬要》同誤
181	魏源	348 魏源試卷；378 魏源卒。	
182	彭永思	348 彭永思等。	詳見下節。《攬要》無
183	張格爾	349 二楊破張格爾。	
184	那彥成	350 那彥成善後策。	《攬要》正文有此人，未述此事
185	旻寧	350 誅回俘，誅容安；358 出償金割香港。	詳見下節
186	容安	350 誅容安。	
187	趙金龍	352 趙金龍等。	
188	何凌漢	352 何凌漢（典）鄉試	《攬要》無，詳見下節
189	松筠	353 松筠（卒）。	《攬要》無
190	張琦	353（知縣）張琦等。	詳見下節。《攬要》無
191	黃爵滋	354 黃爵滋請（禁鴉片）。	
192	陳化成	355 陳佛；357 陳化成殉難。	
193	沈貞	355 沈貞等禽女酋。	《攬要》有其事無其名，詳見第五節
194	琦善	356 琦善、伊里免官。	
195	伊里布	356 伊里免官。	正文無誤
196	葛雲飛	356 葛雲飛等戰死。	
197	韋逢甲	357 韋逢甲等戰死。	
198	劉鳳姑	357 劉鳳姑等殉。	

199	裕謙	357 裕謙等戰死。	
200	鄧紹良	358 鄧紹良功；379 鄧紹良殉。	
201	鄧廷楨	358 鄧廷楨破虜。	《攬要》記另一事
202	李星沅	359 李星沅（平亂）。	
203	洪秀全	359 洪秀全亂；362 賊僭號；406 秀全服毒斃。	詳見下節
204	曾國藩	360 曾國藩出處；371 曾國藩投水；373 曾國藩危殆；378 曾國藩奔喪；390 翁心存奏；413 國藩坐鎮，曾國藩卒。	詳見下節
205	潘世恩	361 潘世恩（薦林則徐、姚君瑩）等。	《攬要》無，應為姚瑩
206	張必祿	361 張必祿亦卒。	「亦」恐因前述林則徐卒
207	向榮	361 向榮（治軍）；376 向榮敗，向榮卒于軍。	
208	江忠源	361 江忠源（討賊）；366 江妖來；369 江忠源殉節。	
209	烏蘭泰	362 烏蘭泰卒。	
210	馮雲山	362 殪馮雲山。	
211	李啓詔	362 李啓紹殉。	正文名無誤
212	祥厚	364 祥厚等殉。	
213	郭嵩燾	365 郭嵩燾平賊策。	《攬要》無
214	奕訢	366 堅清法；369 誅敗將（馮景尼）；386 帝避寇熱河，割黑龍江地。	詳見下節
215	江忠濟	368 江忠濟烈戰；375 忠濟、澤南殉難。	
216	李續賓	368 李續賓大捷；380 續賓、國華殉。	
217	馮景尼	369 誅敗將。	
218	吳文鎔	369 吳文鎔殉節。	
219	駱秉章	370 駱秉章等。	
220	楊鄭白	370（知縣）楊鄭白等殉。	
221	李孟群	372 李孟群七捷；381 孟群、毓衡殉。	372 正文誤為「李孟郡」
222	李鴻章	372 李鴻章出身；392 李鴻章鎮上海；396 洋人服鴻章；411 鴻章代國藩；414 李鴻章、王凱泰請公使。	詳見下節
223	官文	374 官文代（楊霈）。	
224	楊霈	374 官文代。	

225	塔齊布	374 塔齊布涅臂。	
226	胡林翼	374 胡林翼（破賊）；389 胡林翼卒于軍。	詳見下節
227	羅澤南	374 羅澤南（獻策）；375 忠濟、澤南殉難。	
228	曾國華	376 曾國華等；380 續賓、國華殉。	
229	和春	377 和春；383 和春、張國梁殉；384 和春傷、張國梁殉。	
230	沈葆楨	377 沈葆楨（戰廣信）等。	眉批字誤
231	曾國荃	377 曾國荃等；391 曾國荃獻策；392 二曾並下；398 曾國荃等；	
232	多隆阿	378 多隆阿（破賊）；405 多隆阿傷卒。	
233	鮑超	378 鮑超等；397 鮑超降七万。	
234	李成謀	378 李成謀大捷。	
235	溫紹原	380 溫紹原殉。	
236	吳毓衡	381（生員吳）毓衡殉。	
237	金玉貴	381（布衣）金玉貴等。	《攬要》無
238	郭沛霖	382（道員郭）沛霖（殉）。	
239	周佩濂	382（知縣周）佩濂殉。	
240	李續宜	382 李續宜等。	
241	張國梁	383 張國梁等，和春、張國梁殉；384 和春傷、張國梁殉。	《攬要》用「樑」
242	彭玉麟	384 彭玉麟（取樅陽）。	
243	左宗棠	384 左宗棠（大破賊）；387 左京堂等。	384 正文字誤，詳見下節
244	應寶時	384 應寶時復松江。	
245	僧格林沁	385 僧王與英佛戰；411 僧格林沁戰死。	
246	翁同書	386 翁同書等。	
247	吳熊	387（知縣）吳熊等殉。	
248	龔德樹	387 斬龔瞎子。	亦作龔得樹
249	何長治	387（邑紳）何長治等。	
250	瑞昌	389 杭州陷、瑞昌殉。	
251	翁心存	390 翁心存奏。	詳見下節曾國藩形象
252	沈文熒	390 沈文熒破賊；400 沈文熒獻策平賊。	詳見下節

253	沈虹	390 沈虹（死之）。	
254	羅江	390 羅江（死之）。	
255	王韜	391 吳郡王韜策。	詳見下節
256	曾貞幹	392 曾貞幹等，二曾並下；399 曾貞幹卒。	
257	勝保	393 勝保斬二陳。	
258	陳玉成	393 二陳（陳玉成）。	
259	陳士才	393 二陳（陳士才）。	
260	王其昌	393（知縣）王其昌殉。	
261	華爾	394 米人華爾功；396 華爾戰死。	
262	卜羅德	394 佛人卜羅德殉。	
263	李慶琛	394（知府）李慶琛等。	
264	趙景賢	394 趙景賢為賊執；401 趙景賢死節；402 賊葬景賢。	
265	程學啟	395 程學啟等；404 程學啟傷卒。	
266	張遇春	396 二張力戰。	
267	張志邦	396 二張力戰。	
268	李秀成	397 二李援金陵；408 礫秀成等。	
269	李世賢	397 二李援金陵。	
270	李兆受	398 李世忠等。	改名前與何桂珍事在372
271	李鶴章	398 李鶴章（破之）。	
272	張芾	399 張芾不屈死。	
273	石達開	399 石賊據蜀；401 石賊平。	
274	白齊文	399 白齊文始末。	
275	丁羲	400 丁羲守（皖城）。	
276	丘振家	400 監生丘振家。	
277	唐友耕	401（摠兵）唐友耕等。	
278	劉連捷	401 劉連升等。	正文亦誤，彭毓橘眉批無
279	郭松林	402 郭松林等。	
280	載淳	403 賜（文宗）御製詩文集。	詳見下節
281	何勝必	405（提督）何勝必等。	

282	達爾第福	406 英（副摠兵）達爾第福卒。	國籍與《攬要》同誤
283	李臣典	407 李臣典等力戰。	《攬要》均誤為「李成典」
284	洪天貴福	408 洪福瑱脫；410 磔福瑱。	
285	朱九妹	408 三烈女。	
286	金陵李氏		《攬要》有，眉批無
287	王憲香		
288	洪仁政	409 誅二洪。	
289	洪仁玕		
290	陳得才	410 陳得才自斃。	
291	黃文金	410 斬（黃）文金。	《攬要》有，眉批無
292	張運蘭	410 張運蘭殉。	
293	慈禧太后	412 問軍務勞。	詳見下節
294	安井衡	413（日本宿儒）安井衡。	《攬要》寫作安井仲平
295	王凱泰	414 王凱泰請公使。	詳見第五節

2.《滿清史略》眉批涉及的史事

為對《滿清史略》眉批涉及的史事進行分類比較，筆者抽取了與《清史攬要》前表相同的關鍵字詞進行檢索，詳見下表：

《滿清史略》眉批所涉部分史事一覽表

序號	抽取的關鍵字詞	眉批頁碼、內容及正文補充	備　註
1	戰	296 昭莫多戰；398 金陵營苦戰；407 鏖戰（金陵）諸門陷。	詳見第五節
2	大戰	371 大戰復武昌。	
3	大捷	402 無錫大捷。	
4	賊	267 獻賊平；329 白蓮賊；331 枝江賊；……	詳見第五節
5	屠	無	詳見第五節
6	城守	264 江陰城守；408（金陵）城守賊殲。	

7	日本	267 日本漂民；280 日本甲螺，求援日本書；413 通好日本，日本領事來；414 日本師降臺灣，使領事往日本。	詳見第五節
8	象	291 象陣。	
9	荷蘭	291 蘭舩為助，295 荷蘭使。	詳見第五節
10	俄	279 俄羅斯寇東邊；295 定清俄經界；351 敖罕乞援俄人。	詳見第五節
11	礮	無。257 紅衣礮。	《史略》用「礮」字
12	砲	385 失五砲台。	
13	炮	276 號炮警備。	
14	苗	305 平定盧苗；309 苗人帶刀；329 貴苗反。	詳見第五節
15	回	318 回酋反；321 回部亂；326 回徒反；349 回部反；350 回部平。	
16	藏	299 岳鍾琪平西藏。	
17	臺	280 鄭成功取台灣；299 朱一貴反台灣；308 台灣北蕃平；327 台（正文用「臺」）灣林爽文反；328 臺灣平。	《史略》「台」「臺」混用
18	英	329 英人聘；342 英人入安南；354 英人侵廣東；379 英人攻廣城，廣民掠英船，英佛入天津；382 英佛至天津；385 英佛入通州。	詳見第五節
19	浩罕	無。351 敖罕乞援俄人。	詳見第五節
20	天地會	眉批無，正文有	詳見第五節
21	白蓮教	329 白蓮賊；333 白蓮教徒反。	詳見第五節
22	天理教	343 天里教賊亂。	詳見第五節
23	邊錢會	無	詳見第五節
24	伊（西班牙）	眉批無，正文有	詳見第五節
25	米（美國）	394 米人華爾功。	詳見第五節
26	佛（法國）	412 天津民殺佛人。	詳見第五節

二、《滿清史略》的註釋

　　《滿清史略》書中有大量的註釋，這是相對《清史攬要》的一大改進之處。其形式是以小號字在正文間雙行書寫〔註8〕，其內容可分為地理、歷史及其他解釋說明三類，以下分別述之。

〔註 8〕為便於閱讀並強調其作用，本書用括號表示。

1. 關於地理

（1）說明位置

或許是受到了《清史攬要》眉批「賊犯趙」〔註9〕的啟發，增田貢為便於讀者明瞭史事發生地的位置，在書中多用更古老的地名解釋清代地名，應該是當時日本讀者對中國古史更為瞭解的緣故。

書中這類註釋數量最多，包括：濟南（齊）、兗州（魯）〔註10〕、南京（金陵）〔註11〕、燕京（漢右北平）、高密（齊）、太原（晉）、陝西（秦）〔註12〕、西安（漢長安）〔註13〕、浙（越）〔註14〕、鰲厔〔註15〕（秦）〔註16〕、川（蜀）〔註17〕、舟山（在寧波海中）〔註18〕、敘州（蜀）〔註19〕、東川（蜀）〔註20〕、隴右（秦）、岳州（楚）〔註21〕、海鹽（浙江）〔註22〕、真定（趙）〔註23〕、石堡城（唐時屬吐蕃）〔註24〕、烏蒙（四川）〔註25〕、杭愛山（古燕然山，竇憲勒功處）〔註26〕、江甯（金陵）〔註27〕、偃師（河南縣）〔註28〕、甘肅（西邊）〔註29〕、南充（蜀）〔註30〕、達州（蜀）〔註31〕、夔州（蜀）〔註32〕、

〔註 9〕第 158 頁，參見本書第二章第三節末尾。
〔註10〕第二冊，第 257 頁。
〔註11〕第二冊，第 260 頁。
〔註12〕第二冊，第 261 頁。
〔註13〕第二冊，第 262 頁。
〔註14〕第二冊，第 265 頁。
〔註15〕第二冊，405 頁，「厔」誤為「屋」。
〔註16〕第二冊，第 269 頁。
〔註17〕第二冊，第 272 頁。
〔註18〕第二冊，第 278 頁。
〔註19〕第二冊，第 282 頁。
〔註20〕第二冊，第 283 頁。
〔註21〕第二冊，第 286 頁。
〔註22〕第二冊，第 289 頁。
〔註23〕第二冊，第 302 頁。
〔註24〕第二冊，第 303 頁。
〔註25〕第二冊，第 305 頁。
〔註26〕第二冊，第 308 頁。
〔註27〕第二冊，第 311 頁。
〔註28〕第二冊，第 314 頁。
〔註29〕第二冊，第 326 頁。
〔註30〕第二冊，第 332 頁。
〔註31〕第二冊，第 333 頁。
〔註32〕第二冊，第 334 頁。

黑水洋（溫州）〔註33〕、滑縣（河南）、長垣東明（直隸）、曹州定陶（山東）
〔註34〕、滑城（衛）〔註35〕、太行（晉地，絕險）〔註36〕、開封府（河南
魏）〔註37〕、山西垣曲（魏）、曲沃（韓）、欒城（趙）、天津（燕）〔註38〕、
江西（楚）〔註39〕、高唐（齊）〔註40〕、隨州（楚）〔註41〕、廣信（江西）
〔註42〕、華陽鎮（楚）〔註43〕、通州（去京四十里）〔註44〕、武關（秦）、
洛邑（周）、新野（楚）、閿鄉（河南）、南陽（楚）、房縣（楚）〔註45〕、興
安（秦）〔註46〕、西安（秦）、子午谷（秦）、漢南（楚）〔註47〕、徐州（楚）
〔註48〕等。

其中西安出現兩次，一註「漢長安」，一註「秦」。南京、江寧均用「金
陵」解釋，亦無誤。

此類註釋及相關正文有錯誤之處，如「盛京（遼陽）」〔註49〕，「遼陽」
應為瀋陽。「路城（趙）」〔註50〕，「路城」應為潞城。亦有位置不妥者，如「鎮
安知府（廣西極邊）」〔註51〕、「入渭南禽知縣曹士鶴（秦）」〔註52〕。

書中有些地名沒有註釋，如第265頁福州、徽州，273頁南昌、信豐、南
雄，346頁輝縣，393頁隨州、應城、樊城等。

〔註33〕第二冊，第342頁。
〔註34〕第二冊，第343頁。
〔註35〕第二冊，第345頁。
〔註36〕第二冊，第346頁。
〔註37〕第二冊，第366頁。
〔註38〕第二冊，第367頁。
〔註39〕第二冊，第368頁。
〔註40〕第二冊，第371頁。
〔註41〕第二冊，第374頁。
〔註42〕第二冊，第377頁。
〔註43〕第二冊，第378頁。
〔註44〕第二冊，第385頁。
〔註45〕第二冊，第393頁。
〔註46〕第二冊，第400頁。
〔註47〕第二冊，第406頁。
〔註48〕第二冊，第411頁。
〔註49〕第二冊，第260～261頁。
〔註50〕第二冊，第367頁。
〔註51〕第二冊，第321頁。
〔註52〕第二冊，第393頁。

（2）說明屬性

此類註釋包括：水西（地名）〔註53〕、嘉定（地名）〔註54〕、老官屯（地名）〔註55〕、彰化（地名）〔註56〕、磨刀石（地名）〔註57〕、博羅（地名）〔註58〕、長蘆（地名）〔註59〕、陸家行（地名）〔註60〕、無錫（地名）〔註61〕等。

除了標註「地名」，還有一例「南海子（苑池）」〔註62〕，亦可算解釋地理屬性。

2. 關於歷史

包括：喀爾喀（唐回鶻）〔註63〕、西藏（唐吐蕃）〔註64〕、安南（古交趾）〔註65〕、越南（安南國）〔註66〕、舟山（古甬東，勾踐欲移封夫差）〔註67〕、杭州（錢鏐據，南宋都）〔註68〕等。

其中舟山前已註「在寧波海中」〔註69〕，此註為對其歷史的解釋說明。

3. 其他解釋說明

如對清朝官制的解釋：候選知府（已得其官，尚未有任，故待闕而選用之，曰候選）〔註70〕。又如對包含範圍、詞意內涵的解釋：禁邪教（白蓮社、明尊教、白雲宗之類）〔註71〕、凌遲（寸斬）〔註72〕、粵賊（洪黨）〔註73〕。

〔註53〕第二冊，第 283 頁。
〔註54〕第二冊，第 314 頁。
〔註55〕第二冊，第 323 頁。
〔註56〕第二冊，第 327 頁。
〔註57〕第二冊，第 337 頁。
〔註58〕第二冊，第 338 頁。
〔註59〕第二冊，第 367 頁。
〔註60〕第二冊，第 398 頁。
〔註61〕第二冊，第 402 頁。
〔註62〕第二冊，第 293 頁。
〔註63〕第二冊，第 295 頁。
〔註64〕第二冊，第 299 頁。
〔註65〕第二冊，第 326 頁。
〔註66〕第二冊，第 352 頁。
〔註67〕第二冊，第 355 頁。
〔註68〕第二冊，第 383 頁。
〔註69〕第二冊，第 278 頁。
〔註70〕第二冊，第 399 頁。
〔註71〕第二冊，第 320 頁。
〔註72〕第二冊，第 401 頁。
〔註73〕第二冊，第 406 頁。

有的解釋有誤，如清朝官名：筆帖式（史官）〔註74〕。有的不夠準確，如太平天國爵名：閬天義（名）〔註75〕、孝天義（名）〔註76〕。

有一條很長的註釋尤其值得注意：乾隆四年，「戶部尚書彭苣豐奏八旗生齒日繁……宜移閒〔註77〕散人丁於黑龍江、寧古塔，分置邊屯，使世享耕牧之利，以時講武，且可充實駐防。嘉納之。（寧古塔歷伐〔註78〕不知何所屬，數千里內外，無寸碣可徵。上古之風依然，不令而治，道不拾遺，又能敬長上。）」〔註79〕從中可見明治初年日本學者對我國東北史地的關注。

三、《滿清史略》的按語

《滿清史略》中出現了四段按語，此亦為《清史攬要》所無。

第一段述及太平天國戰爭中的冷兵器：咸豐五年，「瑞州陷，知府劉希洛戰沒。副將周鳳山赴援破之（令曰：『賊之勁悍唯藤牌手，我鈎連鎗足制。』遂用之勝。貢按：藤牌明戚繼光所創，左手持之捍身，右手揮刀直入，最稱便利。鈎連鎗見《水滸傳》，槍刃有枝者，蓋用之鈎取藤牌也。）」〔註80〕。

第二段述及上海的歷史沿革：同治元年，「陳炳文（六万人）侵上海（貢按：上海本名滬瀆，又名申江。楚春申君封邑。晉孫恩之亂，吳郡內史袁山松死節滬城，此處也。）」〔註81〕。「袁山松」在史籍中亦作袁崧，此段可以反映出增田貢對中國古代歷史地理的瞭解，他並未考慮數千年來海岸線變化的問題。

第三段按語為對太平天國運動的評價，詳見本章第五節關於太平天國史事。

第四段按語涉及清朝駐日使臣，詳見本章第四、五兩節末尾。

這四段按語前兩個加入作者增田貢之名，用「貢按」，雖然內容只是解釋說明，並非史論，而格式頗有《左傳》「君子曰」、《史記》「太史公曰」、《資治

〔註74〕第二冊，第 306 頁。
〔註75〕第二冊，第 397 頁。
〔註76〕第二冊，第 401 頁。
〔註77〕應為「閒」。
〔註78〕應為「代」。
〔註79〕第二冊，第 312 頁。
〔註80〕第二冊，第 375 頁。
〔註81〕第二冊，第 395～396 頁。

通鑑》「臣光曰」遺風，不過後兩個又用「案」〔註82〕，格式並不統一。

第四節　人物及形象刻畫

　　為比較這兩部史著中的人物及形象刻畫之異同，本節按前一章的分類，以清帝形象、書中其他重要人物形象、其他人物形象三部分，分別按首次眉批時間先後排列依次分析。所述其他人物分為兩種，首列《清史攬要》原有人物，次列《滿清史略》增補人物。

一、《滿清史略》中的清朝皇帝形象

1. 清太祖努爾哈齊

　　該書開篇敘述：「太祖姓愛親覺羅，名弩爾哈赤。塔克世（名）子，東韃靼女真部人。建元天命，國號滿洲，在位十一年。○太祖有雄才，善用兵。其先發祥長白山……」〔註83〕清太祖之名從《清史攬要》中的「努爾哈赤」改為「弩爾哈赤」，「國號滿洲」仍從其舊。

　　努爾哈齊卒後的史評與《清史攬要》基本相同，略有刪節。

2. 清太宗皇太極

　　不同於《清史攬要》，該書對皇太極有了整體評價：「太宗智勇絕倫，用兵如神。」記載其「無疾而殂」後，又述：「太宗寬仁，不殺而威。〔註84〕桀驁如薩哈爾、卦爾察、瓦爾喀、虎兒哈諸國，亦稱臣。蒙古部落亦多來降。」〔註85〕其實皇太極之死當有其病因。〔註86〕

3. 清世祖福臨

　　《滿清史略》增述福臨幼年即位之事以刻畫人物形象：「帝六歲即位，初出宮，寒甚，內侍進貂裘，卻之。乳媼欲升輦同坐，叱曰：『此非汝所乘。』其岐巍如此。」〔註87〕

〔註82〕第二冊，第409、414頁。
〔註83〕第二冊，第255頁。
〔註84〕該書原句讀為「太宗寬仁不殺。而威。」
〔註85〕第二冊，第257～258頁。
〔註86〕參見趙晨嶺《論〈清史稿·太宗本紀〉編纂中對皇太極形象的刻畫》，《清史纂修研究與評論》，上海古籍出版社2012年版，第336頁。
〔註87〕第二冊，第258頁。

福臨去世後的追記與《清史攬要》略同，只是把其享年從二十四誤改為「二十五」〔註88〕。

4. 清聖祖玄燁

該書又給玄燁改了名字：「聖祖名元燁，世祖次子。」〔註89〕「元」字當是避諱之誤，同樣的問題出在雍正帝首次登場時：「帝崩。（顧命曰：『四子允禎肖朕，宜嗣大位。』）帝好學，用心政治。常曰：『朕觀人必先心術，次才學。心術不善，縱有才學何用？』以此能致康熙之盛矣。」〔註90〕所引述之語與《清史攬要》相同。

《滿清史略》增述數事：康熙十七年，「詔開博學宏詞科，布衣除檢討者四人：李因篤（富平人）、嚴繩孫（無錫）、潘來〔註91〕（吳江）、朱彝尊（秀水），均預修明史」〔註92〕。考試實在次年。

二十三年，「元夕，大放燈火于南海子（苑池），使臣民縱觀」〔註93〕。

三十一年，「南巡，幸會稽，帝遙見毛奇齡，遣侍衛勞問。及謁行在，賜御書，命年老勿跪」〔註94〕。是年康熙帝並未南巡，此事當在四十二年。

同年，「西巡，問隱倫之賢，輔臣以李遇（關中）、張沐（河南）、梅文鼎對。乃召文鼎候河，入御舡，從容垂問。（凡三日，特賜『積學參微』四大字。）」〔註95〕未書梅文鼎籍貫安徽，體例不統一。是年康熙帝並未西巡，此事當在四十二年南巡途中，反映出玄燁對自然科學的興趣。

5. 清世宗胤禎

該書沒有延續「允禎」之誤，雍正帝的名字第二次出現時被寫為「胤禎」〔註96〕，與《清史攬要》相同，「禎」字依然不對。

作者為胤禎所寫的史評為：「帝耽書史，善綴文，好評品人才，吏皆稱職。」〔註97〕詞句主要從《清史攬要》雍正元年記事中移用，雖寥寥數字，而較為

〔註88〕 第二冊，第 281 頁。
〔註89〕 第二冊，第 281 頁。
〔註90〕 第二冊，第 300 頁。
〔註91〕 應為「未」。
〔註92〕 第二冊，第 290 頁。
〔註93〕 第二冊，第 293 頁。
〔註94〕 第二冊，第 295 頁。
〔註95〕 第二冊，第 297 頁。
〔註96〕 第二冊，第 300 頁。
〔註97〕 第二冊，第 310 頁。

傳神，但「皆」字過於絕對，不若改成「多」。

6. 清高宗弘曆

關於乾隆帝，該書增述的史事是：乾隆十年，「詔撰《大清會典》」〔註98〕。《大清會典》在康熙朝創修，雍正朝續修，乾隆朝再次續修於乾隆十二年。

「二十七年，南巡金陵，嚴長明以書生獻賦，召試，授內閣中書，直軍機所。（上海趙璞函〔註99〕亦獻詩。）」〔註100〕「軍機所」應為軍機處。

作者為弘曆增寫的史評為：「帝天縱多能，筆不停綴，詞臣罕能賡和者。」〔註101〕僅述及其文學才能，不夠全面。

7. 清仁宗顒琰

該書沿用《清史攬要》「永琰」之名，作者為顒琰增寫的史評為：「帝純孝，有至性，嘗欲躬行三年之喪，又能掃除姦回，登庸廉幹，即位六日，誅和珅，天下服其英明。」〔註102〕「姦回」當指張格爾。是論全為褒揚，不夠客觀。

8. 清宣宗旻寧

該書記述：「宣宗名綿寧，仁宗第二子」〔註103〕，《清史攬要》「高宗第二子，仁宗弟」〔註104〕」之誤被糾正，而本已寫對的名字又被改錯了。

該書沒有道光元年至八年字樣，作為編年體史書是極大的疏漏。作者在道光初年史事中增述：「帝覽魏源試卷，手批嘉賞，入為中書舍人。」〔註105〕並未繫於九年。在咸豐六年述魏源卒時再次註釋：「宣宗嘗取其試卷，手批嘉賞。」〔註106〕魏源實卒於次年。

該書在關於鴉片戰爭的註釋中增述道光帝在戰略指揮中的失誤之處：林則徐「又請勦撫兼施。手勒曰：『既有此番舉動，若再示柔弱，則大不可。朕不慮卿等孟浪，但戒卿等不可畏葸。先威後德，控制之良法也。』尋請留貿易。又勒曰：『該夷自外生成，是彼曲我直，中外咸知，尚何足惜？』」眉批：

〔註98〕第二冊，第313頁。
〔註99〕應為「函」。
〔註100〕第二冊，第320頁。
〔註101〕第二冊，第330頁。
〔註102〕第二冊，第347頁。
〔註103〕第二冊，第347頁。
〔註104〕第131頁。
〔註105〕第二冊，第348頁。
〔註106〕第二冊，第378頁。

「先威後德。」〔註107〕

作者為旻寧增寫的史評為：「帝初政封疆得才，故師平北漠，威行南服。後憚西寇，納幣結盟，可謂失体矣。」〔註108〕正反兩方面都有，較為客觀。

9. 清文宗奕詝

《滿清史略》增寫了對咸豐帝的史評：「帝能任將才不疑，然賊亂未平，加有英佛之難，至軫念以畢世。」〔註109〕點明了當時清廷的內憂外患，以及奕詝用人不疑之處。所謂用人不疑是相對的，奕詝對清軍將帥也有控制與抑制的一面。

10. 清穆宗載淳

《滿清史略》將清穆宗之名改正為載淳，但仍未先述其為幼年即位，亦未述後來親政之事。作者在同治二年增加一條：「頒賜文宗御製之詩文集。」〔註110〕三年增加一條：「以金陵平，命曾國荃詣明孝陵致祭（明太祖也）。」〔註111〕

書中保留了曾國藩陛見時慈禧太后問勞一事，在卷末增加了史評：「帝以幼沖嗣位，太后綜攝，將相盡瘁，故能平積年之亂矣。」〔註112〕作者於此補敘載淳幼年繼位，把平定太平天國、捻軍等歸功於統治集團──「太后」與「將相」。

二、其他重要人物形象

從眉批分佈來看，《清史攬要》中的其他重要人物在《滿清史略》中依然是形象刻畫的重點，以下分述之：

1. 多爾袞

《滿清史略》於「改元順治」後，增敘「鄭親王濟爾哈朗、睿親王多爾袞輔政」。「多爾袞伐明，得吳三桂（平西伯）求援書，始知明帝（懷宗）殉難。大學士范文程（明降臣）勸出師討李自成，從之。」〔註113〕

順治元年，「多爾袞以武功成，祭旂纛于南苑」。「多爾袞為攝政王，命造

〔註107〕第二冊，第354頁。
〔註108〕第二冊，第360頁。
〔註109〕第二冊，第389～390頁。
〔註110〕第二冊，第403頁。
〔註111〕第二冊，第409頁。
〔註112〕第二冊，第414頁。
〔註113〕第二冊，第258頁。

碑記功。」〔註114〕

二年，「多爾袞東伐明，明禮部尚書錢謙益先降，欲樹德自解罪，使辯士周筌進說曰：『吳俗弱，飛檄而定，可無用兵。』多爾袞從之，州郡望風迎降」〔註115〕。

該書未述順治五年多爾袞為皇父攝政王事。關於多爾袞去世時間，與《清史攬要》同誤在六年，亦未述及平反事。

2. 吳三桂

《滿清史略》增述：順治十七年，「信郡王卓爾平滇班師。時明主在緬，朝廷亦度外置之，而吳三桂欲窮討貪功，故征緬之師亦興」〔註116〕。信郡王實名多尼。

康熙三年，「吳三桂伐水西（地名）土司安坤，平之。三桂部下皆獻賊之勁勇，倚以為重。三桂鎮滇已久，歲買陝馬三千匹，以蓄禍心」。十二年，「特召吳三桂移鎮關東，欲銷其禍心。三桂伴奉命，故緩行，激勵將士。將士怒離藩，而使者促日急，三桂乃托治裝大閱于野。即日，使前隊先發，忽稱病不進，益嗾將士。將士怒巡撫，斬其首，歸示曰：『反耳。』三桂大喜，以其首祭旗，執使者，遂反」〔註117〕十七年，「滇蜀屢凶，徵催嚴迫，怨民望王師，而三桂恣聲色，不理軍務。精忠、之信反正，鄭經退縮，而三桂勢益孤。王師並力定湖南，三桂退守成都。李本深降，夏國相遁，及王師壓境，胡國桂〔註118〕（三桂婿）密謀歸順，三桂聞其變，氣噎仆地，遂絕，不復甦。（自搆逆五年，年七十五。）」〔註119〕所添細節雖然生動，但可信度存疑。

3. 鄭成功

該書記述：順治四年，「鄭芝龍以福州來降，其子成功諫不聽。成功樹『殺父報國』旗，屢攻邊海（時成功年十三，或曰二十。其母日本人，以兵死。之龍年甫十八，遇父怒，從巨商往日本娶婦，即成功母也。）」〔註120〕。較《清史攬要》增加了幾個細節，是年鄭成功當為二十四歲。

〔註114〕第二冊，第 260～261 頁。
〔註115〕第二冊，第 263 頁。
〔註116〕第二冊，第 281 頁。
〔註117〕第二冊，第 283～284 頁。
〔註118〕應為「柱」。
〔註119〕第二冊，第 289～290 頁。
〔註120〕第二冊，第 269 頁。

　　該書增述鄭成功收復臺灣事：順治「十七年」，「日本甲螺（頭目）何斌，與荷蘭酋長生隙，誘成功攻臺灣，取之。蘭酋遁」。其事當在次年。

　　增田貢還在「鄭成功取臺灣」之後的註釋中記錄了一封鄭成功的「求援日本書」：「成功勢日蹙，乞援生國日本。先是魯王舍人朱之瑜，請日本兵見拒，乃留不還。故成功致書之瑜復求援，其書曰：『一別萬里雲外，常望東天眷戀不休。俯以忠孝之道，原於君寵父慈之德。剩森家世厚，上希鴻恩，森微身而其中生成也。然則忠孝併單在奉君主無餘矣，此以森不背光武重興之義，不得舍于寢食之間。雖然，力微勢疲，無奈狼狽，今欲遠憑日本諸國侯假多少兵，恭望台下代森乞之諸國侯，便是與台下曾謀之所也。台下今傚採薇客而莫忘國恩懇懇，若托諸庇得復運之勢，森之功聞知台下手裏者也。黃泉朽骨，不敢空忘，俯賜明鑑。』」〔註121〕印刷不清，似有誤字，標點亦存疑。

4. 岳鍾琪

　　《滿清史略》增述岳鍾琪被革職事：雍正十年，「虜侵哈密，岳鍾琪所遣之石雲倬遲發逸虜，鍾琪治其罪。而鄂爾泰劾鍾琪玩忽縱賊，詔奪少保、三等侯。張廣泗亦劾其調度乖方，遂落職論死，尋放歸田里。」〔註122〕岳鍾琪論死在雍正十二年，放歸在乾隆二年。

　　增田貢在岳鍾琪卒後的註釋中追記：「向廢歸其鄉臨洮也，構園於百花潭，時手一編，吟詠自適。暇則課農桑，徜徉山水。……鍾琪能以功名終，為清朝名將之冠。」眉批：「名將之冠。」〔註123〕這可謂是書中對武將的最高評价。岳鍾琪雖祖籍甘肅，所歸之鄉實為四川成都。

5. 楊遇春及楊芳

　　該書記述：嘉慶「五年，甘州提督楊遇春連勝，獲冉天士等，進勦冉天元于蒼溪。賊奇兵斷後，穆將軍左翼潰，令經略右翼亦危。遇春據斷牆，擲炬山下，勁弩亂射，殊死戰，賊遂敗走」〔註124〕。仍未書經略額勒登保名，且將《清史攬要》中的「將軍穆克登布」〔註125〕直接簡稱為「穆將軍」，若非對讀，實難索解。

〔註121〕 第二冊，第 280～281 頁。
〔註122〕 第二冊，第 307～308 頁。
〔註123〕 第二冊，第 316 頁。
〔註124〕 第二冊，第 337～338 頁。
〔註125〕 第 119 頁。

同年楊芳出現，比《清史攬要》早了五年：「楊開甲、張天倫赴渭南，參將楊芳倍道扼南雄，大破之。又克階州、成縣，追及磨刀石（地名），手刃十餘賊，傷足墜馬，仍徒步戰，復傷臂，不撓，大破賊，射殺伍懷忠。」〔註126〕

該書其餘關於「二楊」的敘述與《清史攬要》略同，但道光初年未繫年，且仍未述楊芳因功封侯事。

6. 林則徐

書中林則徐提前出現：嘉慶「十六年，以林則徐為庶吉士，派習國書，授編修。（時年二十七，究心經世學，綜核無遺。識者知為公輔器。）」〔註127〕「授編修」當在三年散館之後。

道光初年，「林則徐為江蘇按察使」〔註128〕。《清史攬要》繫在三年。

道光「十七年」，「林則徐入覲（賜紫禁城騎馬），為欽差大臣，泹廣東經理海務。（奏虎門收查英吉利躉船鴉片已十逾八，又請勦撫兼施。手勅曰：『既有此番舉動，若再示柔弱，則大不可。朕不慮卿等孟浪，但戒卿等不可畏葸。先威後德，控制之良法也。』尋請留貿易。又勅曰：『該夷自外生成，是彼曲我直，中外咸知，尚何足惜？』）」〔註129〕「入覲」事在次年。

「林則徐為兩廣總督，命英商悉出鴉片焚之。（乾隆、嘉慶兩次焚數千函，嗣後弛禁，至販數万函，帝患之，〔註130〕便宜從事，則徐張兵威臨之，始呈千餘函，責其少，斷餽餉。英商恐，悉出之，示眾焚銷，獨絕英之互市，故英人怒。）英人驅兵艦逼請復互市，林則徐固執不許。……」〔註131〕林則徐任兩廣總督的時間並未改正，還更提前了。

7. 洪秀全

同治三年，「發洪秀全屍，凌遲焚之」。作者於此加一註釋：「訊偽婢，於偽宮中堀出，体被黃龍袍，頭禿無髮，鬚髮間白。尚邪教，不用棺木，蓋作亂時年四十餘。」〔註132〕洪秀全享年51歲，金田起義時實不到四十歲。

〔註126〕第二冊，第338頁。
〔註127〕第二冊，第343頁。
〔註128〕第二冊，第348～349頁。
〔註129〕第二冊，第353～354頁。
〔註130〕有漏字。
〔註131〕第二冊，第354頁。
〔註132〕　　第二冊，第408頁。

8. 曾國藩

書中曾國藩的出場提前到了道光三十年，「曾國藩為禮部侍郎（十八年進士）」〔註133〕。不但補敘其出身，咸豐三年還述及其師承：「吳文鎔（曾國藩坐師）。」〔註134〕

同年，「曾國藩遣湘勇軍援南昌不利。（郭嵩燾進策曰：『東南州縣多阻江湖，順風數百里，賊舟瞬息可達。官兵常自陸路躡之，其勢常不及。長江數千里之險，獨為賊所有。且賊上犯以舟楫，而官軍以營壘防之，求與一戰而不可得，宜賊勢之日昌也。』江忠源大是之，具疏大造戰艦數十。長江水師之盛自是始。遂以此收克捷。）」〔註135〕所增註釋主要刻畫郭嵩燾形象。

四年，「水師遇風岳州。（損礮船。）曾國葆等軍敗。（退入城，賊攻甚急。國藩擊賊，拔出軍民，退長沙。）國藩上疏自劾。」「曾國藩水師不利，退入彭蠡湖，為賊舫所圍。」「曾國藩水師擊賊靖港，不利。（西南風發，為賊所乘，國藩自投水，左右救之得免。）」〔註136〕增述靖港之敗投水事。

五年，「水師（舢板）入翻陽湖〔註137〕追賊，至大姑塘陷重圍。（賊築壘斷後路，遂與外援隔絕。）」「賊夜襲水營，曾國藩座舩陷於賊中，馳出得免。（文卷蕩然無存，急棹小舟入羅澤南營，欲以身殉，草遺疏千餘言。澤南力諫乃止。）」「水師破賊青山，奪回曾國藩之座舩。」〔註138〕又述一敗，人物形象較《清史攬要》更加立體。

七年，「曾國藩奔父喪（名麟書）解任」〔註139〕。補敘其父之名。

同治元年，「大學士翁心存奏：『蕪常紳民結團自保，視曾國藩如父母，請分遣其偏裨，由常熟、江陰進取，以從民望。』詔從之」〔註140〕。「曾國藩力辭四省節制之任，詔不許。」「詔行黜陟之大典，以曾國藩戰功卓著，甄拔賢能各稱職，從上考。（同時考績之最，官文、駱秉章耳。）」〔註141〕「曾國

〔註133〕第二冊，第 360 頁。

〔註134〕第二冊，第 365 頁。

〔註135〕第二冊，第 365～366 頁。

〔註136〕第二冊，第 370～371 頁。

〔註137〕應為鄱陽湖。

〔註138〕第二冊，第 373 頁。

〔註139〕第二冊，第 378 頁。

〔註140〕第二冊，第 390 頁。

〔註141〕第二冊，第 392 頁。

藩請命親臣赴江南會理軍務。（詔以任國藩一人不許。）」〔註142〕三年，「是歲封疆臣膺上考者，兩江總督、協辦大學士曾國藩，胡廣總督〔註143〕官文，四川總督駱秉章，閩浙總督左宗棠，江蘇巡撫李鴻章，凡五人」〔註144〕。所添內容不但刻畫了曾國藩的形象，還表現了清廷對他的信任和重用。

關於同治十一年曾國藩去世，註釋中增加了細節描寫：「（與子紀澤觀花園，忽呼足麻，還廳端坐而卒。）」〔註145〕

9. 李鴻章

《清史攬要》中在同治元年開始稱「巡撫李鴻章」〔註146〕，至四年才說是江蘇巡撫。《滿清史略》則在同治元年述：「李鴻章為江蘇巡撫，將淮南軍。（國藩薦鴻章才大堪任封疆，以淮南勁勇立一軍，令將之。）」在註釋中補敘前一年曾國藩對他的舉薦。

「李鴻章率湘淮軍往鎮上海。（江蘇紳士錢鼎銘、潘馥來迎，故有是命。洋人見淮軍之弊裝，譏笑。鴻章曰：『兵貴能戰，豈在華衣？待吾一試而笑未晚也。』尋為江蘇巡撫。」〔註147〕語言描寫生動。為江蘇巡撫事前已述。

同年，「李鶴章（鴻章弟）攻青浦」。《清史攬要》沒有交代兩人的關係。

「陳炳文屯泗濱，與程學啓相持，李鴻章自將破之（用劈山礮）。炳文、郜雲官（數萬）大圍學啓營（填濠拔柵，遇礮擊而屍平濠，賊殊死蹈之爭登，別賊伺上海。）鴻章率七營來援，破賊徐家匯，學啓望其旗，出擊亦破之。（於是洋人服鴻章之英武，翕然聽命。鴻章曰奏西洋兵難恃，舍上海赴鎮江之非便，詔許之。）」〔註148〕所添涉及作戰細節和李鴻章對在華列強勢力的看法。

「當李秀成圍大營，譚紹洸、陳炳文（十萬）侵上海，李鴻章使弟鶴章破之陸家行（地名），郭松林破之方泰鎮，劉士奇等破之三江。〇二賊又圍劉士奇于四江，李鴻章親援督戰，郭松林擊左，程學啓攻右，劉銘傳突中，皆負傷善戰，賊軍敗潰。」「米國將白齊文，閉松江城索餉銀，遂至上海大譁。李

〔註142〕第二冊，第 397 頁。
〔註143〕應為湖廣總督，其餘「總督」亦不妥。
〔註144〕第二冊，第 404 頁。
〔註145〕第二冊，第 413 頁。
〔註146〕第 221 頁。
〔註147〕第二冊，第 392 頁。
〔註148〕第二冊，第 396 頁。

鴻章奪其兵捕治，裁常勝軍為三千人，以戈登、李恒嵩同鎮之。」〔註149〕所添為李鴻章的軍事指揮細節及他對常勝軍白齊文的處理。

三年，「李鴻章克沙山三河等處，積屍斷流，水為之赤」〔註150〕。此處著力描寫了戰爭的殘酷。

三、其他人物形象

（一）《清史攬要》原有人物

1. 閻應元

《清史攬要》中的「博託」〔註151〕改成了博托：「博托二十萬眾圍攻江陰，而守禦益固，殺我一驍將。會中秋，閻應元給民以賞月錢，自攜酒登譙樓，吟嘯自若。許用大作《五更曲》歌之，聲音悲壯。士感慨淚下。已而大雨城崩，遂不支。應元投水被執，大罵死。用大闔門焚死。（先是城鳴，又有鳥如兒啼。果有此禍。）」〔註152〕增加了「賞月錢」「《五更曲》」的細節描寫，「《五更曲》」全稱《五更轉曲》，其作者當是諸生許用，或作許用德〔註153〕，而非「許用大」。

2. 李定國與孫可望

關於李定國，該書增加了桂林之戰的一些細節，不過主要刻畫的是其對手孔有德的人物形象：順治「八年」，「……定國設象陣，待其至乘之。有德疾戰，象奔還，定國斬御象者，鼓進，象復衝突。天大雷雨，有德敗入桂林。定國就圍，城遂陷。有德衣冠向北再拜，自刎死。（家口一百二十人悉被害，唯幼女四貞免。友〔註154〕德，孔子裔也。）」〔註155〕此戰當在次年，《清史攬要》無誤。

關於孫可望，該書在註釋中敘述了其最終結局：順治十四年，「孫可望與李定國生隙相攻，大敗，降於洪承疇軍前。（召至京，封義王。後從獵被射死。）」〔註156〕

〔註149〕第二冊，第 398～399 頁。
〔註150〕第二冊，第 404 頁。
〔註151〕第 23 頁。
〔註152〕第二冊，第 265 頁。
〔註153〕徐秉義《明末忠烈紀實》，卷一六，見《明代傳記資料叢刊》第一輯第 9 冊，北京圖書館出版社 2008 年版，第 158 頁。
〔註154〕應為「有」。
〔註155〕第二冊，第 275～276 頁。
〔註156〕第二冊，第 278 頁。

3. 兆惠

書中增述：雍正「八年」，「兆惠自筆帖式（史官）入直軍機所，為大學士。」〔註157〕筆帖式解釋為史官並不恰當，兆惠入值軍機處在次年，當時職務是軍機章京。

4. 阮元

書中增述：嘉慶「三年」，「海賊蔡牽擾閩越，浙江巡撫阮元請造大船巨砲，并捕土寇以剪海寇〔註158〕之翼。尋破賊太平，而牽寇平陽、定海，元又遣兵擊走之。」眉批：「阮元造船砲。」〔註159〕阮元署理浙江巡撫在次年，五年實授。

該書把「阮元為雲貴總督」誤繫於道光九年，並在道光十二年的註釋中補敘：「浙江試院桃李門前學使阮元植桃李數百株，蔚然成林。」〔註160〕

5. 李長庚與蔡牽

該書沿《清史攬要》誤書「浙江撫督李長庚」〔註161〕，在「李長庚戰死」後的註釋中增述：「（長庚治兵有紀律，恩威並用。常在軍緘落齒寄家，蓋以身許國，慮不能歸骨也。又能詩文，修寧波學宮。著有《水戰紀略》及詩文遺集。）」〔註162〕

該書詳敘：嘉慶「十四年，浙江提督王得祿、福建提督邱良功（李長庚舊部將）大破蔡牽于黑水洋（溫州）。圍合，牽窘急，自燔船溺斃。閩浙二洋始平。（禽牽義子來祭李長庚，梟其首于墓次。）」〔註163〕《清史攬要》時間之誤被改正。

6. 魏源

書中增述：道光初年，「帝覽魏源試卷，手批嘉賞，入為中書舍人。」〔註164〕這雖在一定程度上修正了《清史攬要》將此事繫於道光二十二年的錯誤，但仍未繫於道光九年。

〔註157〕第二冊，第 306 頁。
〔註158〕「寇」與「寇」未統一。
〔註159〕第二冊，第 335 頁。
〔註160〕第二冊，第 350 頁，352 頁。
〔註161〕第二冊，第 338 頁。
〔註162〕第二冊，第 341 頁。
〔註163〕第二冊，第 342 頁。
〔註164〕第二冊，第 348 頁。

咸豐「六年」,「高郵知府魏源,文筆奧衍,熟掌故,尤悉心時務,精輿地學,又有獲賊之功,是年卒。(宣宗嘗取其試卷,手批嘉賞。名籍甚。)」〔註165〕魏源實卒於次年,其時他已辭官,當書「前高郵知府」。

7. 左宗棠

《滿清史略》中左宗棠首次在眉批出現是咸豐十年,較《清史攬要》晚了一年。該頁正文把「左」字寫錯,且誤書其官職為「摠兵」〔註166〕。他在正文首次出現於註釋中,與《攬要》同誤:「(駱秉章與左京堂、左宗棠檄召得兵四萬。)」〔註167〕該書繼續把部分左宗棠史事歸於虛擬人物「左京堂」:「摠兵左京堂破賊建昌,又克浮梁。」「左京堂破李侍賢于青華街。」〔註168〕李世賢的名字也未改正。

8. 胡林翼

《滿清史略》在述胡林翼卒於軍時,增加了刻畫人物形象的註釋:「(傑貌電眼,威稜懾人,聰強敏給,應機立斷。其治軍務明紀律,加意將才,又好學,著讀史兵略若干卷。)」〔註169〕內容與《清史攬要》相比有增有刪,增加外貌描寫,刪去「需才之喻」〔註170〕,增述其著作。

9. 曾國荃

書中補敘:同治元年,「以曾國荃為浙江按察使。(因浙江失守,自劾請嚴議。)」〔註171〕此為正月事,次月即升任江蘇布政使,故與《清史攬要》並不矛盾。

「朝議命常勝軍(上海洋兵)圖蘇州,曾國荃獻策曰:『金陵為賊根本,急攻之,賊以全力赴援,而後蘇杭可圖。』曾國藩壯其謀,巳以金陵事屬國荃、以浙事委左宗棠、蘇事任李鴻章以平賊,於是大局始定。」眉批:「曾國荃獻策。」此段著力刻畫了曾國荃在曾國藩制定鎮壓太平天國軍事戰略中發揮的作用。

〔註165〕第二冊,第378頁。
〔註166〕第二冊,第384頁。
〔註167〕第二冊,第382頁。
〔註168〕第二冊,第387頁。
〔註169〕第二冊,第389頁。
〔註170〕第216頁。
〔註171〕第二冊,第390頁。

10. 王韜

如本書第一章所述，出版《滿清史略》前，增田貢曾與王韜筆談。書中如此敘述王韜之事：同治元年，「賊侵上海，英佛米之三將合勦破之。（先是，雇洋兵立會防局。吳郡奇士王韜獻策曰：『招募洋兵，人少餉費。不如以壯勇充數，而請洋官領隊，平日以洋法教演火器，務令精練。西官率之以進，則膽壯力奮，似亦可收效於行間。』於是遂有洋槍隊之設，號為常勝軍……）」〔註172〕。《清史攬要》中的「收功」成了「收效」，更值得注意的是「處士」〔註173〕改成了「奇士」。作者對見過面的王韜評價更高了。

（二）《滿清史略》增補人物

甲、南明臣民

1. 左懋第等

順治二年，「明使臣左懋第聞南京陷，絕食請死，遂害之」。其下註釋：

絕命詩曰：

峽圻巢封飯路廻，片雲南下意如何？

寸丹冷魄消將盡，蕩作寒煙總不磨。

南京陷，有乞兒題詩百川橋上曰：

三百年來養士朝，如何文武盡皆逃？

綱常留在卑田院，乞丐羞存命一條。

遂投水死。恨失其名。

「南京陷，下薙髮令。江陰書生許用大登明倫堂，大言曰：『頭可斷，髮不可薙！』率鄉兵殺縣令林之驥，遂據城。陳明遇等助之，招明故典史閻應元為主，大兵日攻不利。（同時有賣扇翁歐某、蓄鳥商薛叟、賣薪民某，聞此令，義不屈而自殺。）」〔註174〕「許用大」之誤前文閻應元形象已述及。

2. 瞿式耜、張同敞

順治七年，「孔有德攻桂林，城兵潰亂，趙印選、胡一清亦遁。瞿式耜與張同敞衣冠坐署就執。有德勸降，不屈而死」。其下註釋：

絕命詩云：

從容待死與城亡，千古忠臣自主張。

〔註172〕第二冊，第391頁。

〔註173〕第219頁。

〔註174〕第二冊，第264～265頁。

　　　　三百年來恩澤久，頭絲猶帶滿天香。〔註175〕

瞿、張被俘後多有唱和傳世，此詩為瞿式耜所作。

乙、循吏直臣

1. 駱鍾麟

順治「四年」，「駱鍾麟為盩厔（秦）知縣，察微洞隱，治稱神明」〔註176〕。是年駱鍾麟中進士，順治十六年方任盩厔知縣。

2. 任辰旦

順治「十二年」，「任辰旦為上海知縣，清苦自勵，敏悟能斷」〔註177〕。任辰旦順治十四年中舉，任上海知縣在康熙十四年。

3. 魯裕

雍正元年，「田文鏡威嚴為治，奏罷中牟令李甲，代以魯裕（亮儕）。裕入境，見令賢而民惜之。召令告己意，直還白其實。文鏡嘆，使裕追取前疏而復，遂不改令。（裕名大著。）」田文鏡於次年方調任河南，此事時間有誤。同樣，前一條「謝際世為御史，以劾河南巡撫田文鏡不稱旨而罷」〔註178〕延續了《清史攬要》的錯誤，不但謝濟世名字寫錯，且未繫於雍正四年。

4. 蔣祝

雍正元年，「蔣祝為普州知府，興農桑，嚴保甲，浚河渠，植柳于堤，民呼為蔣公柳」〔註179〕。是年蔣祝中進士，為普州知府當在其後。

5. 朱宏

雍正元年，「朱宏為昌樂知縣，持大体，多善政，民為立生祠」〔註180〕。朱宏為昌樂知縣當在次年。

6. 余甸

雍正元年，「余甸為江津知縣（年羹堯征青海，額外徵發之檄屢至，不應。）」〔註181〕。余甸為江津知縣當在康熙朝。

〔註175〕第二冊，第274頁。
〔註176〕第二冊，第269頁。
〔註177〕第二冊，第278頁。
〔註178〕第二冊，第301頁。
〔註179〕第二冊，第301～302頁。
〔註180〕第二冊，第302頁。
〔註181〕第二冊，第302頁。

7. 尹會一

雍正五年，「尹會一為襄陽知府，有惠政」〔註182〕。此當無誤。

8. 黃永年

乾隆元年，「黃永年（菘甫）平反疑獄，稱其職」〔註183〕。黃永年實號崧甫而非「菘甫」。

9. 趙青藜

乾隆元年，「趙青藜為御史，能持大体，不為激切」〔註184〕。此當無誤。

10. 錢澧

乾隆「三十四年」，「錢澧為都御史，劾山東巡撫國泰貪墨穢亂」〔註185〕。事當在四十七年，錢澧時任監察御史。

11. 陶澍

道光初年，「四川總督蔣攸銛陛見，奏陶澍治行為四川第一，可大用，遂擢山西按察使」〔註186〕。陶澍被剛即位的道光帝擢授山西按察使，時為嘉慶二十五年。

12. 彭永思

道光初年，「故楚雄知府彭永思卒。知醫，遇獄囚及貧民病，輒親診之」〔註187〕。彭思永所任為楚雄知縣，實卒於道光二十二年。

13. 石家紹

石家紹在書中前後出現兩次，均述其卒。首在道光初年，「贛州知府石家紹，發奸摘伏，有神明稱。是年卒」〔註188〕。次在「十七年」，「石家紹知贛州，發奸摘伏，有神明稱。是年卒」〔註189〕。實際上石家紹卒於十九年，兩述皆誤。

14. 何凌漢

道光「十二年」，「禮部侍郎何凌漢典浙江鄉試，重經解，訪優行，試事

〔註182〕第二冊，第305頁。
〔註183〕第二冊，第310頁。
〔註184〕第二冊，第310頁。
〔註185〕第二冊，第323頁。
〔註186〕第二冊，第348頁。該書沒有道光元年至八年字樣，當為疏漏。
〔註187〕第二冊，第348頁。
〔註188〕第二冊，第348頁。
〔註189〕第二冊，第354頁。

整肅，士習日醇。每試得經術士，命教官補舉優行以勵之」〔註190〕。該書誤寫兩次「十二年」，何凌漢任浙江鄉試主考官實在前一年。

15. 張琦

道光「十五年，館陶知縣張琦在任歲久，多美政，是年卒（地無良醫，民多夭死，琦見病者自診之。又設惠民局，命族子司其事，貧者並給藥，全活亡算。化大行。）」〔註191〕。張琦任館陶知縣八年，實卒於道光十二年。

16. 俞德淵

道光十五年，「兩淮鹽運使俞德淵卒（前任多惠政，荊溪、長洲士民皆流涕請祀。）」〔註192〕。此當無誤。

丙、文人學者

1. 袁枚

乾隆「五年」，「袁枚（隨園）為溧水知縣，再改江甯（金陵）。所至明敏能斷，奸民斂跡（向去溧水也，吏民泣送，贈以萬民衣，金字刺繡合郡人姓名也。時年二十有七。及四十，絕意仕官，徜徉山水。）」〔註193〕。袁枚晚年自號隨園主人、隨園老人，他任溧水知縣實在乾隆八年，辭官隱居時則為三十四歲。該書並未提及袁枚的文學成就。

2. 張問陶

「乾隆」「十五年」，「張問陶（船山，善詩）為吏部侍郎」〔註194〕。張問陶號船山，生於乾隆二十九年，他從未任過吏部侍郎，其任吏部郎中在嘉慶十四年。

3. 錢大昕

乾隆「十五年」，「南巡嘉定（地名），錢大昕（竹汀）獻賦，召試舉人，入內閣中書」〔註195〕。錢大昕晚號竹汀居士，所述之事當在次年。該書並未提及錢大昕的史學成就。

〔註190〕 第二冊，第 352 頁。
〔註191〕 第二冊，第 353 頁。
〔註192〕 第二冊，第 353 頁。
〔註193〕 第二冊，第 311 頁。
〔註194〕 第二冊，第 315 頁。
〔註195〕 第二冊，第 315 頁。

4. 趙翼

乾隆「三十年」,「以趙翼為鎮安知府(廣西極邊。)。民醇訟簡,而吏緣為奸,痛革其弊,又獲海盜百八人(鎮民悅服。)」〔註196〕。授官事當在次年,三十二年到任。

「三十四年,大學士傅恒伐緬由戞鳩江,提督五福由普洱進。參贊趙翼(號甌北)進策曰:『大軍欲由戞鳩渡,則偏師宜由蠻莫、老官屯(地名)夾江下,造舟通徍來,庶兩軍可互連絡。』傅恒善之。(其後渡戞鳩之兵遇瘴多病,而阿文成所統江東岸一軍獨完,遂具舟迎傅恒於孟養而歸。又克老官、蠻莫,得以成事。)」〔註197〕「阿文成」應指阿桂。書中並未提及趙翼的學術成就。

5. 王鳴盛

乾隆「三十三年」,「王鳴盛(粹史學)為內閣學士兼禮部侍郎」〔註198〕。事當在二十四年,王鳴盛於乾隆二十八年辭官。

6. 姚鼐

乾隆「三十四年」,「姚鼐為刑部郎中(善古文)」〔註199〕。事當在三十七年。

7. 王文清

乾隆五十七年,「蘸州知府王文清(九溪)勤求民瘼,振興士氣,一方稱治」〔註200〕。王文清號九溪,卒於乾隆四十四年,曾任嶽麓書院山長,並未擔任過蘇州知府。

8. 張維屏

道光初年,「張維屏為黃梅知縣,有治聲」〔註201〕。張維屏任黃梅知縣在道光二年,該書並未提及他的文學成就。

9. 唐鑑

道光「二十一年,江寧布政使唐鑑劾琦善、耆英誤海疆事,直聲大振」

〔註196〕 第二冊,第 321 頁。
〔註197〕 第二冊,第 322～323 頁。
〔註198〕 第二冊,第 322 頁。
〔註199〕 第二冊,第 323 頁。
〔註200〕 第二冊,第 328 頁。
〔註201〕 第二冊,第 348 頁。

〔註202〕。前一年唐鑑已由江寧布政使內召為太常寺卿。該書並未提及他的理學成就。

丁、駐日使臣

1. 沈文熒

同治元年初，「賊據餘姚，舉人沈文熒集鄉兵攻之。屢戰殺偽天將等七百餘人，賊棄城敗走。尋聞鄉兵乏糧，復歸攻之。鄉兵遂敗，義民沈灯、羅江死之。二人後賜旌卹」。眉批：「沈文熒破賊。」〔註203〕

同年底，「賊復入餘姚、慈溪、壯鄉。總兵張景渠用舉人沈文熒策破之，又攻克上虞，賊遂西走。自此曹娥江以東賊悉平」。眉批：「沈文熒獻策平賊。」〔註204〕

根據本書第一章第四節的記述，以上很可能是增田貢向駐日使館隨員沈文熒訪談而來的口述史料。

2. 何如璋、張斯桂

在該書最後一個按語中，作者寫道：「至光緒三年，始命何如璋、張斯桂往日本為領事。」〔註205〕何、張分別為清朝駐日的正使、副使，從本書第一章可見，雖不如沈文熒般熟稔，他們也是與增田貢有交往的中國友人。光緒三年已經超出了該書的記事範圍，作者通過增添按語的方式，把兩人的名字留在了自己編纂的史書之中，並沒有進一步刻畫人物形象。

第五節　史事敘述

以下根據第二章第三節及本章第三節列出的關鍵字詞，分析《滿清史略》在史事敘述上與《清史攬要》的異同之處。

一、關於明清易代史事

（一）明末農民戰爭

《滿清史略》對明末農民軍的態度與《清史攬要》並無不同，均以「賊」

〔註202〕　第二冊，第355～356頁。
〔註203〕　第二冊，第390頁。
〔註204〕　第二冊，第340頁。
〔註205〕　第二冊，第414頁。

稱之。

李自成首次出現是「大學士范文程（明降臣）勸出師討李自成，從之」〔註206〕。後述順治元年，「多爾袞破李自成（闖賊首）于山海關」〔註207〕。李自成的註釋晚出，不合史體。

關於張獻忠：同年，「張獻忠（賊首）自江西轉侵江南，聲勢復熾。」〔註208〕順治十四年白文選的註釋為「（素獻賊將）」〔註209〕。

（二）明清戰爭

從前節敘述可知，《滿清史略》對南明遺臣遺民史事進行了大量增補。該書關於清初戰爭殘酷性的描寫相比《清史攬要》則大為減少，應該是限於篇幅，因太祖朝敘事只有一頁半，太宗朝則僅有一頁。

關於清兵屠城的敘述可謂有減有增，未述「揚州十日」、屠金華、屠廣州，但增加了「清兵進屠南雄」〔註210〕。

二、關於清代起事起義

（一）清代民族問題，以關鍵字「苗」為例

關於涉及關鍵字「苗」的記事，《滿清史略》相比《清史攬要》減多增少。雍正三年鄂爾泰事未載，「七年貴州提督黃廷桂擊平廬苗」事仍在，只是「擊」改為「伐」，眉批從《清史攬要》的「黃廷桂」〔註211〕變成了「定平廬苗」〔註212〕。

對雍正十一年哈元生事，略其起因經過，而增加一註釋，著眼點被帶偏：「十一年，黔苗數百寨偕叛，圍大營。貴州提督哈元成〔註213〕伐破之。（苗人年十六，無不帶刀，其鋌自始生時鍊至成童，故最銛利，以黑漆雜皮為鞘，常恃此雄。）」眉批：「苗人帶刀。」〔註214〕

〔註206〕第二冊，第258頁。
〔註207〕第二冊，第259頁。
〔註208〕第二冊，第260頁。
〔註209〕第二冊，第278頁。
〔註210〕第二冊，第273頁。
〔註211〕第78～79頁。
〔註212〕第二冊，第305頁。
〔註213〕應為「生」。沿《清史攬要》誤。
〔註214〕第二冊，第309頁。

對乾隆元年張廣泗事,則略其後果,僅述:「湖廣摠〔註215〕督張廣泗為七省經略,大破貴州苗,焚千二百寨,俘斬四萬餘人。」眉批:「張廣泗破貴苗。」〔註216〕

乾隆二十三年楊錫紱事,未提「化苗」,沒有眉批,僅述:「楊錫紱為湖南巡撫,伐土苗,平之。」〔註217〕

乾隆六十年事眉批:「貴苗反。」內容與《清史攬要》略同,「摠兵福寧」〔註218〕之誤未改,吳八月之子僅書廷禮,未提廷義。

嘉慶十一年「傅鼐平苗」事增述人物評價:「平苗之功,鼐為冠。」〔註219〕「苗兵三長」〔註220〕說則被刪去。

(二)秘密社會的反清活動

1. 天地會

《滿清史略》中天地會之名未入眉批,正文仍有,林爽文起事從《清史攬要》中的乾隆五十二年變成了「五十三年」:「臺灣彰化(地名)奸民林爽文結天地會數十年,黨羽橫熾,殺緹騎而反……」〔註221〕,本應提前一年,結果推後一年。

嘉慶十九年,除了江西巡撫阮元「獲天地會匪鍾體剛」事,還添加了一條:「廣西按察使趙慎畛捕天地會匪藍耀青,誅之。(摘律例中易犯者五十餘事,刊示之。)」〔註222〕

趙金龍起事從《清史攬要》中的道光十一年誤改為「十二年」〔註223〕,其與天地會仇殺事則未載。

2. 白蓮教

《滿清史略》中白蓮教的出現比《清史攬要》更早,乾隆二十三年,「禁

〔註215〕當用「總」,下同。
〔註216〕第二冊,第310～311頁。
〔註217〕第二冊,第320頁。
〔註218〕第二冊,第329頁。
〔註219〕第二冊,第340頁。
〔註220〕第123頁。
〔註221〕第二冊,第327頁。
〔註222〕第二冊,第346頁。
〔註223〕第二冊,第351頁。

邪教（白蓮社、明尊教、白雲宗之類）」〔註224〕。五十八年劉之協首次出現被
誤為「劉協」〔註225〕，《清史攬要》中誤為「宋之問」的宋之清並未提及。原
書中嘉慶二年白蓮教首「林齊之妻」之誤〔註226〕未改，更錯成了「休齊及妻」
〔註227〕，「休」當為「林」字之誤，「之妻」改成「及妻」則從一個人變成了
兩個人。史實錯誤未能發現，作者對白蓮教的負面評價也沒有變化。

3. 天理教

書中依然將天理教均寫作「天里教」，述李文成、林清「二人聚財結黨至
數萬」〔註228〕，《清史攬要》中「愚民苦胥吏者爭與焉」〔註229〕這一原因揭
示沒有保留。

4. 邊錢會

書中未提邊錢會之名，只述「賊圍廣信（江西），巡撫沈葆楨（林則徐婿）
捍戰破之」〔註230〕。

5. 太平天國

該書對太平天國運動的書寫依然是從清朝視角出發，在眉批「金陵陷」
下的註釋中，添加了「校官夏履常」的一首絕命詩：

首蓿何堪繼采薇，坦然全受復全歸。

半生養就凌雲志，化作貞魂一片飛。

之後寫道：「賊交刃，不屈死。」〔註231〕

不過值得注意的是，《滿清史略》中對太平天國的認識有了一定程度的深
化。雖然論及石達開結局時註釋基調未變：「達開素富人，蓄大志，假仁義以
篝絡其下，賊爭附之。」〔註232〕而述及天京城陷時則專加按語，「案：嘉慶川
楚之役，蹂躪僅及四省，淪陷不過十餘城。康熙三藩之役，破十二省，三百餘
城。惟此賊及十六省六百餘城。倡亂廣西於今十五年，據金陵亦十二年。悍

〔註224〕第二冊，第320頁。
〔註225〕第二冊，第329頁。
〔註226〕第116頁，詳見本書第二章第五節。
〔註227〕第二冊，第333頁。
〔註228〕第二冊，第343頁。
〔註229〕第127頁。
〔註230〕第二冊，第377頁。
〔註231〕第二冊，第364頁。
〔註232〕第二冊，第401頁。

黨李開芳守馮官，林啓容守九江，蕭〔註233〕芸來守安慶，皆堅忍不屈。此次城平，十餘万賊無一降者，至聚眾自焚而不悔。實為古今罕見之賊。」〔註234〕「於今」二字仍沿《清史攬要》未改，不合史體。此段按語大體上從曾國藩等告捷的奏摺中摘出，原文只是為了強調平定不易，而經過該書作者的剪裁，從其列舉的「悍黨」戰例，以及把「堅忍不屈」「古今罕見」的評價當作結論來看，增田貢對太平天國運動已不是簡單的否定態度。

三、關於清代涉外史事

（一）書中歐美國家

1. 荷蘭

《滿清史略》增述鄭成功從荷蘭殖民者手中收復臺灣事，詳見本書上節鄭成功形象。

關於清軍與荷蘭船隻的兩次聯合作戰，康熙三年事略去了李率泰〔註235〕，十九年事則將海澄誤為「海徵」〔註236〕。

關於荷蘭使節在清俄和談中發揮的作用，該書亦有提及，詳見下文俄羅斯部分。

2. 英國

乾隆「六十年」，「英吉利遣使來聘」〔註237〕。時間並未改正，該書亦述及此前廓爾喀向英國東印度公司求援未果事，只是把正文改成了註釋。嘉慶十三年吳熊光事略同，文雖省而事未增。

關於鴉片戰爭，道光二十年，「英人（數十船）陷舟山（古甬東，勾踐欲移封夫差），分路侵浙東，遂圍寧波。大將軍伊里布赴援，戰餘姚。英艦膠沙，鄉勇沈貞等獲其女酋。（女酋手斬數人而負傷為禽，其王女也。）○英人請還王女不報，遂至京師請和……」〔註238〕。增加了鄉勇沈貞之名，而「王女」事仍沿《清史攬要》之誤。《南京條約》規定的賠款金額，仍誤寫為「二千六

〔註233〕應為「葉」。
〔註234〕第二冊，第409頁。
〔註235〕第二冊，第283頁。
〔註236〕第二冊，第291頁。
〔註237〕第二冊，第329頁。
〔註238〕第二冊，第355頁。

百萬兩」〔註239〕。其後「洪達」之誤亦相沿。

關於第二次鴉片戰爭，增述「英官復攻省城，禽摠〔註240〕督葉名琛而去（囚印度，及死，和成，送返其銅棺。）」。同其後「英吉利引佛蘭西直入天津」〔註241〕，均漏載咸豐八年。「穆親王」之誤未改。「英佛使臣至天津問約事」〔註242〕，漏載咸豐九年。

咸豐十年，「英佛兵（約二万人，戰艦百）自天津過北塘（砲台無守）入仙〔註243〕河。郡王僧格林沁以突騎破之，遂遇炮擊敗還。（失馬四百、駝四十、羊千。）兩軍（英佛）入東沽。（夜築壘，及曉成。）滿兵來擊，遇夾攻，炮戰不利。會太〔註244〕沽火藥失火，滿兵大亂。兩軍奪砲台，走僧格林沁（約五万人，死者千餘人，英兵死者二十二人）。直隸摠督恒福致書兩國，內大臣花沙納自至議和，事遂不成。（先是，英人樹休戰旗，使滿兵出，與五砲台及軍器，滿兵許之，生還亦多。五台費三年之功，忽失之。向破英人所得之三船、十二砲，皆為所奪回。）兩軍（分三隊，為一万人）至通州（去京四十里）。滿兵圍擊之，復遇大礮，軍敗。（死者約二千人，英人傷十七人。）兩軍乘勝突北京（相距廿里），滿兵（三萬）復拒戰，敗走（第五次敗）」〔註245〕。相比《清史攬要》增加了大量細節描寫，還提到了花沙納，不過他去世於咸豐九年，當書其事為追述。

「太弟恭親王奕忻〔註246〕留守，使人議和……（……出償金一千二百萬兩，又以……漢口為互市場）」〔註247〕。金額仍誤，「漢江」之誤則改正。

太平天國戰爭中涉及英國的史事雖較為簡略，但增添了「以戈登、李恒嵩同鎮」〔註248〕常勝軍的敘述，不過法國人達爾第福仍誤為「英國副摠兵」，且眉批「英達爾第福卒」〔註249〕。

〔註239〕第二冊，第358頁。
〔註240〕應用「總」，下同。
〔註241〕第二冊，第379頁。
〔註242〕第二冊，第382頁。
〔註243〕應為「新」。
〔註244〕應為「大」。
〔註245〕第二冊，第385～386頁。
〔註246〕應為「訢」，「太弟」稱呼亦不妥。
〔註247〕第二冊，第386頁。
〔註248〕第二冊，第399頁。
〔註249〕第二冊，第406頁。

3. 西班牙

西班牙在《清史攬要》中的唯一史事仍在，不過從正文變成了註釋：「（會伊斯把爾亞艦在洋，清兵誤為英人燒之。）」〔註 250〕時間則從道光十九年變成了「十七年」，應是刪節不當所致。

4. 法國

《清史攬要》嘉慶十三年事涉法國的語句在《滿清史略》中已被刪去，同治年間天津教案仍有記載，不過從八年又誤改為「七年」〔註 251〕，《清史攬要》中所述的事件起因也被刪去。

5. 美國

《滿清史略》關於美國的記載比《清史攬要》略簡，所涉人與事則基本相同，仍是華爾、白齊文及「米領事」。值得注意的是，關於白齊文，《清史攬要》寫為「以無專治洋人之法」〔註 252〕，而《滿清史略》寫作「以我無專治洋人之法」〔註 253〕，所添「我」字可謂畫蛇添足。

（二）部分周邊國家

1. 俄羅斯

《滿清史略》將順治十五年涉俄事寫為「俄羅斯東部黑龍江之老察寇邊，命朝鮮發鳥鎗手助軍」，眉批「俄羅斯寇東邊」。〔註 254〕

康熙「二十八年，俄羅斯東部羅剎挾火器據黑龍江城，官兵圍攻，死守不去，荷蘭貢使為和解。俄羅斯可汗致使議和，會大臣索額圖定經界（立七條五体文碑黑龍江西岸，於是東北數千里化外之不毛盡入版圖。）」〔註 255〕。敘事比《清史攬要》稍簡，不合史體的「我大臣」已被處理。

「五十年，土爾扈特來貢，遣使報之。（土國明末為厄魯特所迫，西投俄羅斯⋯⋯）」〔註 256〕《清史攬要》敘事中的「土人」成了「土國」，改變了土爾扈特部落的性質。

乾隆三十六年，「土爾扈特可汗握巴錫以俄羅斯蔑佛教，又苦征調，挈所

〔註 250〕 第二冊，第 354 頁。
〔註 251〕 第二冊，第 412 頁。
〔註 252〕 第 220 頁。
〔註 253〕 第二冊，第 399 頁。
〔註 254〕 第二冊，第 278～279 頁。
〔註 255〕 第二冊，第 295 頁。
〔註 256〕 第二冊，第 298 頁。

部十餘萬來歸……」〔註257〕。刪去了阿玉奇事，渥巴錫事則與《清史攬要》完全相同。

咸豐十年，「割黑龍江之地（二千七百里）與俄羅斯，大購砲礮，以嚴海虞」〔註258〕。「槍砲」變成「砲礮」，當是筆誤。

2. 浩罕

浩罕汗國在《滿清史略》道光初年記事中出現的前兩次，先稱「敖罕」，再稱「浩罕」〔註259〕，並未解決《清史攬要》一國兩名不統一的問題。

道光十年，「敖罕聞官軍大至，乞援俄羅斯見拒，乃請通商納貢，詔許之（素無城池，常以騎衝陣，出沒無常，故羈縻之。）」眉批「敖罕乞援俄人」。〔註260〕《清史攬要》中的時間錯誤被改正，長齡的奏摺內容化為了註釋。道光二十二年事未載。

3. 日本

本書上、下卷卷首均寫有「日本　東京　增田貢著」〔註261〕字樣，看上去似乎比《清史攬要》頻頻出現的「大日本」〔註262〕顯得平實些。不過上卷首頁眉批上的紀年稱呼並不含蓄：「太祖」上眉批「大日本元和四年」〔註263〕，實際上太祖天命元年（1616）不能對應日本元和四年（1618）；其後「太宗」上眉批「我寬永七年」〔註264〕，實際上太宗天聰元年（1627）不能對應日本寬永七年（1630）；「世祖」上眉批「我正保九年」〔註265〕，實際上世祖順治元年（1644）不能對應日本正保九年（1652），當為正保元年；「聖祖」上眉批「我寬文三年」〔註266〕，實際上聖祖康熙元年（1662）不能對應日本寬文三年（1663）；「世宗」上眉批「我享保八年」〔註267〕，至此世宗雍正元年（1723）終於與日本享保八年（1723）對應上了；「高宗」上眉批「我元文

〔註257〕 第二冊，第 324 頁。
〔註258〕 第二冊，第 386 頁。
〔註259〕 第二冊，第 349 頁。
〔註260〕 第二冊，第 351 頁。
〔註261〕 第二冊，第 255、331 頁。
〔註262〕 第 7、45、85、127、175、219 頁。
〔註263〕 第二冊，第 255 頁。
〔註264〕 第二冊，第 257 頁。
〔註265〕 第二冊，第 258 頁。
〔註266〕 第二冊，第 281 頁。
〔註267〕 第二冊，第 300 頁。

元年」〔註268〕無誤;之後「仁宗」上眉批的「我寬文八年」〔註269〕年號有誤,此「寬文」應作「寬政」;「宣宗」上眉批「我文政四年」〔註270〕無誤;「文宗」上眉批「我嘉永四年」〔註271〕無誤;「穆宗」上眉批「我文久二年」〔註272〕無誤。雖然前期年代多誤,不過作為日本學者,這方是「我」字的正確用法。

《滿清史略》在註釋中增添了一涉日史事:乾隆「五十六年,石刊《十三經》于大學,用垂永久。(先是刻古文《孝經》,其原本日本太宰純所校《孔傳》也。)」〔註273〕

其餘涉日史事依前章標題分述之:

（1）關於漂民

順治二年,「命朝鮮送還日本漂民十三人」〔註274〕。與《清史攬要》略同。

（2）關於通好

同治「七年」,「始通好於日本」〔註275〕。所述為同治九年事,《清史攬要》誤在八年。

（3）關於應寶時與安井仲平的交往

同治「七年」,「以應寶時為江蘇巡撫。(寶時數接日本使臣,得其款情。以好古學製日本宿儒安井衡所著《管子纂詁》及《左傳輯釋》之序文,寄贈之。)」〔註276〕記事比《清史攬要》提前了三年,依舊不對。「江蘇按察使」〔註277〕被改為巡撫,應寶時並未擔任過巡撫之職。安井衡即安井仲平,名衡,字仲平,號息軒,亦名安井小太郎。

（4）關於通交

同治十一年,「日本領事官來經理通交事務。(其本廳在福州者,兼管廈

〔註268〕第二冊,第 310 頁。
〔註269〕第二冊,第 331 頁。
〔註270〕第二冊,第 347 頁。
〔註271〕第二冊,第 360 頁。
〔註272〕第二冊,第 390 頁。
〔註273〕第二冊,第 328 頁。
〔註274〕第二冊,第 267 頁。
〔註275〕第二冊,第 413 頁。
〔註276〕第二冊,第 413 頁。
〔註277〕第 257 頁。

門、台灣、淡水事務；在上海者，兼管鎮江、漢口、九江、寧波；在香港者，兼管廣州、仙頭、瓊州。）」〔註278〕「仙頭」應為汕頭，《清史攬要》無誤。

（5）關於日本侵臺及相關談判

同治「十三年，日本師伐台灣生蕃，降之。尋其大臣來，會清大臣定善後盟約，還撤師。（生蕃殺日本之漂民，及受討，十八社皆降。）」〔註279〕敘事較《清史攬要》大幅簡化，論調一致。

（6）關於日本逐步併吞琉球

除了前述「生蕃殺日本之漂民」，其餘琉球史事該書均未載。

（7）關於李鴻章、王凱泰請遣公使

同治十三年，「○李鴻章請遣公使於日本及西洋通商各國。（其略曰：聞日本橫濱、長崎、箱館各處，我國商民約近萬人，既經立約，本不可置之度外，俟公使至彼，應再酌設摠理事宜。）○福建巡撫王凱泰請通商各國於都城設公使，於行省設領事。（其略曰：每國敕派正、副二員，不抱〔註280〕內外臣工，擇精力強固、有智謀膽略者任之。假以崇銜，予以厚祿，兩年一換，專理和好事宜。各國如何情形，隨時馳報，庶耳目較靈，不致中外隔閡。○案：李鴻章、王凱泰之議遂行。至光緒三年，始命何如璋、張斯桂往日本為領事。）」〔註281〕並未增補李鴻章此前此後的奏議。所添之按語本書前一節末尾已述。

第六節　對華影響及本書結語

《清史攬要》除了有本書第一章、第三章述及的中國讀者讀過的版本，本書第二章第五節開頭還引述了馮爾康老師提到的該書民國初年在中國出版的修訂本。另據李孝遷老師的研究，尚在清末的 1901 年冬，上海書局即出版了該書，「另有杭州白話報館本，普通學書室本，商務印書館本」〔註282〕。據潘喜顏博士的研究，1904 年該書經毛淯補編後曾以《政典絜要》為名出

〔註278〕第二冊，第 413 頁。
〔註279〕第二冊，第 413～414 頁。
〔註280〕應為「拘」。
〔註281〕第二冊，第 414 頁。
〔註282〕李孝遷《清季支那史、東洋史教科書譯介初探》，《史學月刊》2003 年第 9
　　　　期，第 103 頁。

版。〔註283〕可見在清末民初,該書有多個版本在華出版。其用途是作為教科書使用,能出這麼多種證明該書在當時的中國有需求,有市場,也具備一定影響,「不過此類史書在學堂流傳有限,因時人普遍認為:『我華夏故自有專書可讀,不必乞諸其鄰,轉貽數典忘祖之誚。』」〔註284〕

　　相比《清史攬要》,《滿清史略》在華可謂寂寂無聞。筆者努力搜求,尚未發現關於該書對華影響的任何材料。從本書前面的比較研究可知,該書雖舛誤亦多,但從體例到內容都有其獨到的可取之處,足與《清史攬要》並峙於史林。這般下場未免辜負了增田貢先生數載修訂成書所耗的心力,筆者甚惜之。願本書對讀者暸解兩書的價值和問題有所幫助。

〔註283〕潘喜顏《清末歷史譯著研究(1901～1911)——以亞洲史傳譯著為中心》,復旦大學 2011 年博士論文,第 144 頁。

〔註284〕李孝遷《清季支那史、東洋史教科書譯介初探》,《史學月刊》2003 年第 9 期,第 105 頁。

主要參考文獻

1. 增田貢《清史攬要》，殷夢霞、李強選編《外國人著清史八種》，第五冊，國家圖書館出版社 2008 年版。

2. 增田貢《滿清史略》，殷夢霞、李強選編《外國人著清史八種》，第二冊，國家圖書館出版社 2008 年版。

3. 新修《清史》送審稿，國家清史編纂委員會內部資料，2018 年。

4. 《清史稿校註》，臺灣商務印書館 1999 年版。

5. 陳錚編《黃遵憲全集》，中華書局 2005 年版。

6. 譚其驤主編《中國歷史地圖集》，中國地圖出版社 1982 年版。

7. 馮爾康《清史史料學》，故宮出版社 2013 年版。

8. 劉海峰《百年清史纂修史》，安徽人民出版社 2014 年版。

9. 王新生《日本簡史》，北京大學出版社 2016 年版。

10. 郭影秋編著《李定國紀年》，中國人民大學出版社 2006 年版。

11. 增田涉著，由其民、周啟乾譯《西學東漸與中國事情》，江蘇人民出版社 2010 年版。

12. 顧誠《南明史》，光明日報出版社 2011 年版。

13. 趙晨嶺《〈清史稿·本紀〉纂修研究》，花木蘭文化出版社 2013 年版。

14. 《清實錄》，中華書局 1986 年版。

15. 《籌辦夷務始末》，上海古籍出版社 2007 年版。

16. 顧廷龍、戴逸主編《李鴻章全集》，安徽教育出版社 2008 年版。

17. 昭槤《嘯亭雜錄》，中華書局 1980 年版。

18. 徐珂《清稗類鈔》，中華書局 1984 年版。

19. 徐秉義《明末忠烈紀實》，北京圖書館出版社 2008 年版。

20. 孫玉庭《寄圃老人自記年譜》，北京圖書館出版社 1999 年版。

21. 薛福成《庸盦筆記》，上海古籍出版社 2002 年版。

22. 王韜《扶桑遊記》，文海出版社 1971 年版。

23. 黃東蘭《儒學敘事下的中國史——以明治時期日本的漢文中國史著作為中心》，《江蘇社會科學》2016 年第 3 期。

24. 王曉秋《鴉片戰爭對日本的影響》，《世界歷史》1990 年第 5 期。

25. 喬治忠《〈十八史略〉及其在日本的影響》，《南開學報》2001 年第 1 期。

26. 李孝遷《清季支那史、東洋史教科書譯介初探》，《史學月刊》2003 年第 9 期。

27. 張永芳《黃遵憲游日本東京後樂園詩考論》，《遼寧教育行政學院學報》，2004 年第 11 期。

28. 阿拉騰奧其爾《從「羅剎」到「俄羅斯」——清初中俄兩國的早期接觸》，《中國邊疆史地研究》2014 年第 1 期。

29. 劉曉東《「楚璵」與「魯璵」：朱舜水的家國之思——兼及前近代東亞海域世界的「境界人」問題》，《史學集刊》2020 年第 6 期。

30. 閻崇年《清太祖漢譯名考》，見王崗主編《北京歷史文化研究》，人民出版社 2012 年版。

31. 張杰《清太祖名為「努爾哈齊」論》，《遼寧大學學報（哲學社會科學版）》2011 年第 1 期。

32. 張佳生《清太祖名諱漢字寫法考論》，《大連民族學院學報》2013 年第 2 期。

33. 林東杰《鄭成功從未開創所謂的「東寧王朝」》，《福建日報》2021 年 12 月 28 日。

34. 張一鳴《「星斗南」為佛語訛音——試析林則徐臨終一語》，《福建學刊》1996 年第 2 期。

35. 易惠莉《日本漢學家岡千仞與王韜——兼論 1860~1870 年代中日知識界的交流》，丁日初主編《近代中國》（第十二輯），上海社會科學院出版社 2002 年版。

36. 趙晨嶺《論〈清史稿·太宗本紀〉編纂中對皇太極形象的刻畫》，《清史纂修研究與評論》，上海古籍出版社 2012 年版。

37. 潘喜顏《清末歷史譯著研究（1901～1911）——以亞洲史傳譯著為中心》，復旦大學 2011 年博士論文。

38. 徐磊《清政府的對日情報收集研究（1871～1894）》，吉林大學 2013 年博士論文。

39. 侶紅娜《通過筆談資料看清代首屆駐日公使館館員與日本人交流——以女性認識為中心》，東北師範大學 2014 年碩士論文。

40. 張明《張斯桂研究》，寧波大學 2014 年碩士論文。

41. 張雨樂《王韜與日本明治漢詩研究》，浙江師範大學 2018 年碩士論文。

42. 黃蓉《關於清朝首屆駐日公使隨員沈文熒的研究》，江西師範大學 2019 年碩士論文。

43. 吳海峰《吳三桂形象變遷研究》，天津師範大學 2020 年碩士論文。

後　記

　　本書得以完成，首先要感謝我服務並為之奮鬥了近二十年的國家清史纂修工程，以及參與清史纂修的全體專家和工作人員。清史工程於 2018 年完成的新修《清史》送審稿相關章節，為本書寫作中發現的諸多問題提供了較為可靠的答案，或者指引了進一步探索的路徑。擁有大量紙質文獻以及海量數字資源的清史圖書館，極大地便利了相關查詢及檢索的過程，顯著提高了本書的撰寫效率。

　　本書得以完成，必須感謝中國第一歷史檔案館原館長、這幾年一直在文獻信息處（清史圖書館）及其前身檔案圖書中心指導工作的鄒愛蓮研究館員。為本書寫作錄入史料的同時，我正協助鄒老師組織同仁點校謝承仁先生在清史工程啟動之初捐贈的一千三百餘件清末檔案。通過鄒老師的細緻講解，再實踐點校檔案，我在行草書識別、繁簡體轉換、句讀及標點等方面都得到了進一步鍛鍊和提高，識讀這些日本漢文清史專著的內容也漸漸變得簡單起來。也要一併感謝在認字斷句方面給了我很大幫助的同事張鴻廣、王立新等。

　　本書得以完成，還得感謝國家清史編委會傳記組專家、中華書局陳錚編審。十多年前，我在規劃處做內刊《清史參考》的編輯工作，陳老師是《清史參考》的特邀編審。那幾年跟陳老師學了很多編輯方面的知識和規範，而對他耗費心血編出的《黃遵憲全集》，只知道裏面有《日本國志》，其餘內容並不了解。這次搜尋中發現其中收錄了黃遵憲與日本友人筆談的大量資料，作為本書研究對象的增田貢形象立即清晰了許多。

　　本書得以完成，還要感謝新老領導崔建飛、卜鍵、馬大正、顧春、王江、田欲曉、李立中多年來對我行政工作和學術研究的支持。感念父母對我持續

至今的資助，神京米貴，居大不易，窮窘之中而為此「無用」之研究，實在慚愧。感念妻子對此的理解和操持家中諸務的付出。感念兩娃給我們帶來的歡樂和給智人未來增添的希望。

　　本書得以出版，首先要感謝我的導師徐兆仁教授。十年前我的博士論文答辯完畢，徐老師即告知了花木蘭文化事業有限公司的相關訊息，鼓勵我試一試，由此才有了《〈清史稿・本紀〉纂修研究》的順利出版。也是那一段如坐春風的感覺，讓我決定再跟楊嘉樂副總編輯聯絡，希望出版本書。上次唯一的遺憾，是我摘錄史料時看走了行，把「第一、二期，亦任地理志浙江、選舉志、職官志及同光列傳」〔註1〕一句，從清史館金兆豐名下誤植給了金兆蕃，特此向讀者致歉。由於研究對象的難度並限於本人學識，本書中的舛誤恐怕更多，如有機會，我當在下一篇後記中訂正。

2022 年 3 月於萬泉寺圃

〔註1〕趙晨嶺《〈清史稿・本紀〉纂修研究》，花木蘭文化出版社 2013 年版，上冊，
　　　　第 14 頁。